C·H·Beck
PAPERBACK

W0213393

Der Soziologe und Menschenrechtsaktivist Olaf Bernau zeigt am Beispiel Westafrikas, dass Migration eine ökonomisch wie kulturell seit Jahrhunderten tief verankerte Alltagspraxis darstellt. Sie zu stoppen ist unmöglich, davon zeugen immer neue Tragödien auf den Flucht- und Migrationsrouten. Milliardenschwere Programme zur Fluchtursachenbekämpfung unterschätzen zudem das tatsächliche Ausmaß der Vielfachkrise in Westafrika. Sklaverei und Kolonialismus haben ökonomische und politische Tiefenstrukturen hervorgebracht, die bis heute eine eigenständige Entwicklung der westafrikanischen Länder massiv erschweren. Auf dieser Grundlage beleuchtet Bernau in seinem Buch die gesamte Palette von Fluchtursachen: den ungerechten Welthandel, die Verschuldungspolitik, die schlechte Regierungsführung, die Vernachlässigung der Landbevölkerung, den Klimawandel, die Gewalteskalation im Sahel und vieles mehr. Der Autor greift dabei auf wissenschaftliche, journalistische und literaische Quellen ebenso wie auf die eigene Erfahrung zurück. Seine Vorschläge für eine grundlegende Neuordnung der Beziehungen zwischen Westafrika und Europa beruhen auf einer seit den 1990er Jahren erworbenen Expertise.

Olaf Bernau, geb. 1969, ist Soziologe. Er hält sich jedes Jahr mehrere Wochen in Westafrika auf, wo er im Rahmen eines transnationalen Netzwerks mit Migrant:innen, bäuerlichen Gemeinschaften und Menschenrechtsgruppen zusammenarbeitet. Er veröffentlicht und bloggt insbesondere zum Sahel.

Olaf Bernau

Brennpunkt WESTAFRIKA

DIE FLUCHTURSACHEN
und was Europa tun sollte

C.H.BECK

In Gedenken an Idrissa Cissé (1960–2020)

Mit 2 Karten von Peter Palm, Berlin

Umschlaggestaltung: Kunst oder Reklame, München
Umschlagabbildung: Großer Markt in Bamako, Mali
© Issouf Sanogo/AFP/Getty Images
Satz: C.H.Beck.Media.Solutions, Nördlingen
Druck und Bindung: Druckerei C.H.Beck, Nördlingen
Printed in Germany
ISBN 978 3 406 78246 6

myclimate

klimaneutral produziert
www.chbeck.de/nachhaltig

Inhalt

Einleitung

Afrikanisch-Europäische Beziehungen neu denken

Weshalb Fluchtursachen 2015 ins Rampenlicht rückten

Giraffen, Löwen, Elefanten, vorzugsweise im Abendrot – wer das Stichwort «Afrika» in eine Suchmaschine eingibt, findet unter der Rubrik «Bilder» vor allem Safari-Kitsch. Es ist das hartnäckige Stereotyp von Afrika als leerem Kontinent, das bereits den Kolonialmächten als Rechtfertigung für ihre Raubzüge diente. Afrikaner:innen kommen in diesem Szenario kaum vor, wenn überhaupt als Servicepersonal für Tourist:innen.[1] Anders im zweiten Stereotyp: Dort stehen Menschen im Zentrum, Aufhänger sind die Spendenkampagnen großer Hilfsorganisationen. Würdelose Abbildungen wie aufgeblähte Hungerbäuche oder rotznasige Kindergesichter gehören zwar der Vergangenheit an, doch die Botschaft bleibt die gleiche: Großzügige Europäer:innen unterstützen Afrikaner:innen in prekären Lebenslagen, meist im ländlichen Raum. Keine Weltregion ist derart klischeebeladen wie Afrika. Diese Feststellung ist weder neu noch originell, aber sie verweist auf die ignoranten, mitunter rassistischen Zuschreibungen, denen sich insbesondere das subsaharische Afrika auch im 21. Jahrhundert pausenlos ausgesetzt sieht. Wie tief diese Haltung sitzt, zeigt eine in Deutschland durchgeführte repräsentative Umfrage aus dem Jahr 2017: Danach denken 98 Prozent der Befragten bei dem Begriff «Afrika» an Hunger, einige Prozent weniger an Krankheiten und Flucht, aber nur 29 Prozent an Zukunft.[2] Beide Stereotype werden seit gut zehn Jahren von einem dritten Szenario überlagert, das sich ganz ausdrücklich als Gegenentwurf begreift. In diesem wird das aufstrebende, moderne und optimistische Afrika beschworen, häufig illustriert durch Skylines afrikanischer Megacities. Bezugspunkt ist die rasante Urbanisierung Afrikas: Allein zwischen 1950 und 2010 ist der Anteil von Stadtbewohner:innen an der Gesamtbevölkerung von 9 auf 42 Prozent angewachsen, eine Veränderung, für die Europa knapp 300 Jahre gebraucht hat. Doch auch diese Perspektive ist nicht frei von klischeehaften Zuschreibungen: Einerseits ist immer wieder vom «Chancenkontinent» die Rede. Das klingt fortschrittlich, gemeint sind allerdings die Chancen Europas. So werden nicht nur rasant wachsende Absatzmärkte in den höchsten Tönen gepriesen. Auch Rohstoffe stehen auf dem europäischen Wunschzettel ganz oben, ohne dass allerdings die Frage aufgeworfen wird, ob davon das Gros der afrikanischen Bevölkerung tatsächlich profitiert. Andererseits mischen sich in den Urbanisierungshype auch apokalyptische Untertöne, hier greift die immer wieder beschworene Angst vor der Bevölkerungsexplosion. Beliebtes Beispiel ist Niamey, die Hauptstadt des Sahellandes Niger, das im *Index der menschlichen Entwicklung* der UN konstant einen der letzten Plätze belegt: Aktuell leben dort 1,5 Millionen Menschen, 2050 sollen es bereits 6,7 Millionen sein und am Ende des 21. Jahrhunderts 56,1 Millionen – vorausgesetzt, die ökonomischen und sozialen Verhältnisse bleiben, wie sie sind. Das Panorama unterschiedlicher Afrika-Szenarien zeigt, dass sich die Wirklichkeit gegen simplifizierende Zuspitzungen sperrt: Afrika ist weder urbane Wachstumsmaschine noch Naturschauspiel oder rückständiges Dorfleben. Vielmehr gilt: Afrika ist hochgradig divers, mit beträchtlichen Unterschieden nicht nur zwischen einzelnen Ländern und Regionen, sondern auch zwischen urbanen Ballungsräumen und ländlichen Gegenden. Die Mehrheit der Bevölkerung lebt bis heute auf dem Land – afrikaweit rund 58 Prozent. Erst um 2030 dürfte sich das Verhältnis zwischen Stadt und Land umkehren.

Die Beschäftigung mit solchen Entwicklungen ist heute wichtiger denn je. Denn spätestens seit der als «Flüchtlingskrise» ins kollektive Gedächtnis eingegangenen Ankunft von rund drei Millionen Migrant:innen in den Jahren 2014 bis 2016 ist die Situation in afrikanischen Ländern unter dem Stichwort der «Fluchtursachen» ins Rampenlicht der europäischen Öffentlichkeit getreten. Plötzlich begann Afrika, interessant zu werden, obwohl zum damaligen Zeitpunkt die mit Abstand meisten Migrant:innen aus dem Nahen Osten kamen. Allein die deutsche Bundesregierung veröffentlichte in kurzer Zeit drei Afrika-Strategien. Fluchtursachenbekämpfung avancierte zu einer Art Mantra des politischen Betriebs. Die Zahl neu ankommender Migrant:innen sollte schnellstmöglich reduziert werden – teils durch restriktive Grenzpolitik, teils durch eine Verbesserung der Lebensbedingungen in den Herkunftsländern. Zentrales Problem dabei: Die öffentliche Debatte ist über weite Strecken von Unkenntnis und Fehleinschätzungen geprägt. Das hat nicht nur mit stereotypisierten Afrika-Bildern, selektiver Berichterstattung in den Medien und eigenen, nicht reflektierten Interessenslagen zu tun. Afrikanisch-europäische Realitäten sind auch deshalb schwer zu fassen, weil die langfristigen Auswirkungen von Sklaverei und Kolonialismus bis heute auf den Beziehungen zwischen den beiden Kontinenten lasten. An dieser Gemengelage möchte ich ansetzen. Aufhänger ist die Frage, wie es dazu kommen konnte, dass Europa für viele Afrikaner:innen weiterhin den Status eines Sehnsuchtsortes genießt – auch um den Preis, dass die Risiken einer Reise von Afrika nach Europa ausgeblendet werden, wie ein Migrant aus Guinea in einer 2017 veröffentlichten Untersuchung lakonisch anmerkt: «Scheitern oder gewinnen, das ist eine Frage des Schicksals. Wir sind nicht gleich vor dem Glück. Die Leute wollen ihr Glück versuchen, was auch immer das Risiko dabei ist und trotz der Informationen, die sie über die Gefahren haben.»[3]

Um die tief empfundene Perspektivlosigkeit junger Afrikaner:innen zu verstehen, reicht es freilich nicht, die persönlichen Motive all jener in den Blick zu nehmen, die Richtung Europa aufbrechen. Vielmehr gilt es, die gesellschaftlichen Prozesse in afrikanischen Ländern näher zu betrachten: Was hat dazu geführt, dass es nach der begeistert gefeierten Unabhängigkeit vor rund 60 Jahren nicht zu einer gesamtgesellschaftlichen Aufwärtsbewegung gekommen ist, sondern zu einer von vielen Auf- und Abschwüngen geprägten Dauerkrise? Welche Rolle haben nichtafrikanische Länder gespielt, insbesondere die ehemaligen Kolonialmächte? Und was ist der Grund dafür, dass beträchtliche Teile der Bevölkerung diese Misere mittlerweile als derart quälend empfinden, dass Migration zu einem der wenigen verheißungsvollen Auswege avanciert ist? Gewiss, das sind nicht alle Fragen, um die es im Folgenden gehen wird. Aber sie verdeutlichen, dass Migrationsdynamiken lediglich den roten Faden des vorliegenden Buches bilden, während im Zentrum afrikanische Länder selbst stehen. Ich hoffe, durch diese Prioritätensetzung zur Herausbildung eines gehaltvollen Verständnisses von Fluchtursachen im afrikanischen Kontext beitragen zu können, wobei der Terminus «Fluchtursachen» ausdrücklich auf alle Varianten von Flucht und Migration gemünzt ist. Denn es genügt nicht, Fluchtursachen pauschal auf einige Schlagworte wie fehlende Arbeitsplätze, Gewaltkonflikte oder korrupte Regierungen zu reduzieren. Vielmehr sollten Migrationsbewegungen als Herausforderung begriffen werden, sich ernsthaft und differenziert mit afrikanischen Ländern und Regionen auseinanderzusetzen – nicht zuletzt im direkten Austausch mit afrikanischen Gesprächspartner:innen. Denn die aktuelle Migrationsdebatte leidet unter dem Umstand, dass sie primär um die Befindlichkeiten und Egoismen einzelner europäischer Länder kreist, nicht indes um die Gründe, weshalb junge Menschen aus afrikanischen Ländern immer wieder ihr Leben riskieren, um nach Europa zu gelangen. Wäre die Debatte an diesem Punkt offener und vielfältiger, könnte auch grundsätzlicher thematisiert werden, inwiefern Europa durch seine robuste Interessenpolitik in Vergangenheit und Gegenwart eine erhebliche Mitverantwortung für die aktuelle Vielfachkrise in den afrikanischen Ländern trägt – auch im Sinne jener Geflüchteten-Organisationen, die schon lange propagieren: «Wir sind hier, weil ihr unsere Länder zerstört.»

Fokussierung auf Westafrika als dekoloniale Strategie

In der öffentlichen Debatte wird Afrika häufig als kompakte Einheit adressiert, auch wenn es mittlerweile zum guten Ton gehört, ausdrücklich darauf hinzuweisen, dass sich der Kontinent aus 55 eigenständigen Staaten zusammensetzt. Verständlich wird das erst, wenn man den Bedeutungswandel betrachtet, den der Begriff «Afrika» seit dem 15. Jahrhundert mehrfach erfahren hat. Ursprünglich war Afrika ein bloßer Name. Die Römer:innen bezeichneten damit eine Provinz im heutigen Tunesien, wahrscheinlich unter Bezug auf den in der Region ansässigen Berberstamm der Afri. Im 15. Jahrhundert übertrugen portugiesische Seefahrer den Namen auf den gesamten Kontinent. Gleichzeitig kündigte sich eine grundlegende Verschiebung im europäischen Afrika-Verständnis an. Auslöser war, dass die Portugies:innen 1441 erstmalig zehn Menschen aus dem heutigen Mauretanien als Sklav:innen nach Europa brachten – eine Entwicklung, die mittlerweile als Geburtsstunde nicht nur des atlantischen Sklavenhandels, sondern auch des modernen Rassismus gilt. Denn zur Rechtfertigung der millionenfachen Verschleppung behaupteten die Europäer:innen eine Art fundamentaler Differenz zwischen den beiden Kontinenten, wie der kamerunische Historiker und Philosoph Achille Mbembe in seinem epochemachenden Werk *Kritik der schwarzen Vernunft* detailliert ausführt: Afrikaner:innen verkörperten nun eine «Andersartigkeit in ihrer nacktesten Form», während Afrika selbst zum «Sinnbild einer dunklen und blinden Kraft» degradiert wurde.[4] Die rassistisch begründete Objektivierung Afrikas spitzte sich im Kolonialismus zu, auch durch den immer stärker werdenden wissenschaftlichen Rassismus, dessen Ursprünge im 18. Jahrhundert liegen. Symbolischer Höhepunkt war zweifelsohne die Berliner

Konferenz 1884/85, als die europäischen Mächte den afrikanischen Kontinent am Reißbrett aufteilten. Nach der Unabhängigkeit in den 1950er und 1960er Jahren änderte sich zwar die Tonlage, aber Afrika blieb Objekt externer, insbesondere europäischer Interessen. Demgegenüber haben sich die meisten Menschen in Afrika bis ins 20. Jahrhundert nicht als Afrikaner:innen empfunden. Ein solches Selbstbild entstand nur langsam. Im 19. Jahrhundert waren es Persönlichkeiten wie der liberianische Politiker Edward Wilmot Blyden oder der sierra-leonische Arzt Africanus Horton, die für afrikanische Selbstachtung und Emanzipation eintraten. Beide gelten als wichtige Wegbereiter des Panafrikanismus – einer politischen Bewegung, deren Entstehung sich vor allem den Nachfahren afrikanischer Sklav:innen in der Karibik und den USA verdankt. Ziel des Panafrikanismus war einerseits der antirassistische Brückenschlag zwischen Afrika und schwarzer Diaspora, andererseits die Befreiung Afrikas vom kolonialen Joch, auch wenn zunächst kolonialreformerische Perspektiven überwogen. Eine zweite wichtige Emanzipationsbewegung war die der Négritude. Auch die Négritude hatte starke Wurzeln in der Karibik. Gleichzeitig bemühte sie sich stärker als der Panafrikanismus um eine positive Bezugnahme auf alte afrikanische Werte und Traditionen, ohne diese zu glorifizieren. Es entwickelte sich ein jahrzehntelanger Prozess der Selbstermächtigung, an dessen Ende die Idee eines geeinten und unabhängigen Afrikas als antikolonialer Befreiungsperspektive stand, und somit das Selbstverständnis afrikanischer Menschen, sowohl Afrikaner:innen als auch Angehörige konkreter Familien, Berufsgruppen, Ethnien oder Nationen zu sein. Die Unabhängigkeit erfolgte jedoch auf Basis der kolonial gezogenen Grenzen, mehr ließen die Kolonialmächte nicht zu. Die 1963 gegründete Afrikanische Union – damals noch unter dem Namen «Organisation für afrikanische Einheit» – war insofern nur ein schwacher Abglanz der ursprünglichen panafrikanischen Vision der «Vereinigten Staaten von Afrika». Umso bemerkenswerter ist, dass die Afrikanische

Union im Jahr 2013 – 50 Jahre nach ihrer Gründung – die Agenda 2063 beschlossen hat. Diese umfasst ambitionierte Projekte wie die Einführung eines gemeinsamen Reisepasses, den Bau eines afrikaweiten Eisenbahn-Hochgeschwindigkeitsnetzes sowie die 2021 auf den Weg gebrachte Einrichtung eines gemeinsamen Binnenmarktes.

Angesichts dieser komplexen, mitunter verwirrenden Dynamiken dürfte verständlich werden, weshalb bei afrikapolitischen Debatten immer wieder vom Kontinent insgesamt die Rede ist. Auch die Forschung betont, dass durch Sklaverei und Kolonialismus in den Ländern südlich der Sahara relativ ähnliche Strukturen entstanden seien und es daher naheliege, Afrika als kompakte Einheit in den Blick zu nehmen. Beispielsweise, um Vergleiche zwischen einzelnen Regionen wie West- und Ostafrika anzustellen oder um kontinentübergreifende Zusammenhänge sichtbar zu machen. Im wissenschaftlichen Raum mag das plausibel sein, zumal die Leser:innen wissenschaftlicher Texte in aller Regel über das notwendige Kontextwissen verfügen dürften. Anders bei Veröffentlichungen, die sich ausdrücklich an ein breites, nicht einschlägig informiertes Publikum richten. Hier ist nicht erkennbar, worin der Vorteil der weitverbreiteten Praxis liegen soll, ohne viel Federlesens über Afrika an sich zu schreiben, anstatt regional- oder länderspezifische Schwerpunktsetzungen vorzunehmen. Denn Fakt ist, dass geographische Breite oft nur um den Preis inhaltlicher Oberflächlichkeit oder Selektivität zu haben ist, insbesondere bei einem derart großen, diversen und komplexen Kontinent wie Afrika. Das ist der Grund, weshalb ich mich für ein anderes Vorgehen entschieden habe: Neben der thematischen Fokussierung auf Fluchtursachen möchte ich mich geographisch ausschließlich auf Westafrika konzentrieren – eine Region, zu der 16 Länder mit einer vielfältig verflochtenen Geschichte gehören: Benin, Burkina Faso, Elfenbeinküste, Gambia, Ghana, Guinea, Guinea-Bissau, Cap Verde, Liberia, Mali, Mauretanien, Niger, Nigeria, Senegal, Sierra

Leone und Togo. Doch die Fokussierung auf Westafrika – mit Ausnahme von Cap Verde und Mauretanien[5] – hat nicht nur sachliche Gründe. Ich begreife sie auch als einen Akt der mentalen Dekolonisierung. Denn die europäische Vogelperspektive auf Afrika hat wenig mit den genuin einheitsstiftenden und emanzipatorischen Impulsen des Panafrikanismus oder der Négritude zu tun. Vielmehr schwingt darin häufig eine taxierende Haltung mit, die Afrika in erster Linie als Objekt wirtschaftlicher, geopolitischer oder karitativer Interessen begreift. Die Beschäftigung mit einzelnen Ländern bzw. Ländergruppen ist insofern eine Übung, sich bescheidener und respektvoller mit afrikanischen Realitäten zu befassen – jenseits der unter europäischen Politiker:innen üblich gewordenen Floskel, endlich «Augenhöhe mit Afrika» herstellen zu wollen.

Ländliche und urbane Alltagsrealitäten

Um dem Strudel aus Simplifizierungen und Vorurteilen zu entgehen, ist es unverzichtbar, immer wieder Tuchfühlung mit den Alltagsrealitäten in Westafrika aufzunehmen, insbesondere in ländlichen Regionen. In diesem Sinne möchte ich bereits hier eine erste exemplarische Erkundung vornehmen, dies jedoch mit der ausdrücklichen Bitte, Phänomene wie Hunger oder schlechte Straßenverhältnisse nicht als Bestätigung des fatalen Stereotyps von Afrika als Katastrophenkontinent aufzufassen, sondern als Problemstellungen, die unweigerlich auftauchen, sobald man sich mit Alltagsrealitäten in westafrikanischen Ländern beschäftigt. Ausgangspunkt ist Soukoutadala, ein kleines Dorf im Südwesten Malis, wo ich mich seit 2016 regelmäßig für einige Tage aufhalte, ausgehend von meiner Tätigkeit bei der Menschenrechtsorganisation Afrique-Europe-Interact. Im Oktober 2018 traf ich in Soukoutadala mit Mansa Sinayoko zusammen, einem der beiden Dorflehrer. Er hatte mich in seine Hütte eingeladen, einen ortsüblichen Rundbau aus Bambus und Lehm, sechs Meter Durchmesser, mit spitz zulaufendem Strohdach. Als ich sein Gehöft betrat, hingen dunkle Wolken über dem Dorf, die letzten Nachwehen der Regenzeit. Staub wirbelte durch die Luft, die Atmosphäre wirkte aufgewühlt, auch in der Hütte war der Wind allenthalben zu spüren. Ich entwickelte eine leise Ahnung davon, was es bedeuten muss, in einer derart fragilen Unterkunft dauerhaft zu leben, vor allem während der Regenzeit, wenn die Nebenflüsse des Bafing über die Ufer treten und Soukoutadala monatelang nur mit Motorrädern erreichbar ist. Im schwachen Licht der Taschenlampe berichtete Sinayoko, dass er vor seiner Versetzung nach Soukoutadala an einer Fernstraße gewohnt habe. Dort hätten ihn ständig aktuelle Informationen erreicht, nicht nur aus der Umgebung, sondern auch aus anderen Regionen des Landes. In Soukoutadala hingegen fühle er sich von der Außenwelt abgeschnitten. Denn Internet gebe es nicht, das Handynetz funktioniere lediglich an zwei Stellen im Dorf, und selbst die Senderauswahl im Radio sei begrenzt. Umso deprimierender: Er besitzt zwar eine Satellitenschüssel und einen Fernseher, aber keine Solaranlage, um die Geräte zu betreiben. Während Sinayoko sprach, wurde spürbar, wie knapp selbst ein Lehrer kalkulieren muss. Seine Herkunftsfamilie lebt rund hundert Kilometer entfernt. Dennoch kann er diese nur anlässlich wichtiger Familienereignisse besuchen, zu mehr reicht sein Gehalt als angestellter Lehrer nicht aus. Dieses beträgt 76 Euro im Monat, davon muss die Hälfte von den Eltern der Schüler:innen aufgebracht werden, die das aber oftmals nicht schaffen. Auch daher ist er auf den Anbau von Gemüse und Getreide zwingend angewiesen, jedenfalls solange ihm der Beamtenstatus verwehrt wird – ein Schicksal, das er mit tausenden anderen Lehrer:innen teilt. Abends um acht servierte die Frau meines Gastgebers das Abendessen: Getreide mit Wasser, die Standardmahlzeit in Afrika, wie Mansa Sinayoko feierlich betonte. Der Brei schmeckte süßlich-fad, wahrscheinlich weil er anlässlich meines Besuches extrem überzuckert war. Später kehrte ich zu meiner Delegation zurück, Sinayoko begleitete mich. Ich war der einzige Europäer, die übrigen Delegationsmitglieder kamen aus der Hauptstadt Bamako. In diesem Kreis war das Abendessen gerade fertig geworden: Kartoffeln und Gemüse, zusammen mit einer kleinen Portion Fleisch. Nichts Außergewöhnliches, aber gemessen am Getreidebrei ein echter Festschmaus. Völlig selbstverständlich aßen wir mit den anderen – offenkundig war Sinayoko genauso hungrig wie ich. In diesem Moment verspürte ich Scham: Ich musste an Sinayokos Familie denken, aber auch an jene 540 Millionen Afrikaner:innen, die an diesem Tag ebenfalls nicht genug gegessen hatten, allerdings ohne abendlichen Nachschlag.

Die Rückfahrt begann auf Motorrädern. Erst nach mehreren einsturzgefährdeten Holzbrücken erfolgte der Umstieg in unseren Kleinbus. Auch dessen Zustand war besorgniserregend: Bei der Hinfahrt war während einer Flussdurchquerung der Motor aus seiner Verankerung gerissen, zudem machte die Kuppelung Probleme. Kein Wunder also, dass wir für die 350 Kilometer lange Strecke in die Hauptstadt Bamako knapp 24 Stunden brauchten – inklusive zweier Reparaturen und Übernachtung in der Provinzhauptstadt Kita. Wer aus nordwestlicher Richtung kommt, erreicht das in einem sanften Talkessel gelegene Stadtzentrum Bamakos über eine von riesigen Schlaglöchern übersäte Piste. Warum ausgerechnet dieser Streckenabschnitt bereits seit über zehn Jahren in einem derart desolaten Zustand ist, scheint völlig unbegreiflich. Immerhin handelt es sich um eine der vier wichtigsten Zufahrtsstraßen – unter anderem für den gesamten Verkehr aus dem Nachbarland Senegal. Bamako ist mit knapp drei Millionen Einwohner:innen eine eher kleine Megacity. Laut einer UN-Studie hat jedoch die Bevölkerung in den Jahren 2010 bis 2020 um rund 1 Million Menschen zugenommen – damit gehört Bamako zu einer der am schnellsten wachsenden Städte Afrikas.[6] Im Stadtzentrum fuhren wir am Ministerium für ländliche Entwicklung vorbei, einem verwitterten, von alten Bäumen umsäumten Areal. Unwillkürlich drängte sich mir die Frage auf, ob die dort arbeitenden Angestellten schon mal von Soukoutadala gehört haben. Wahrscheinlich nicht, wenn überhaupt dürfte das Dorf in den Akten des Bildungsministeriums vermerkt sein. Dies verweist auf eine grundsätzliche Problematik: Bis heute ist in vielen afrikanischen Ländern die politische und ökonomische Macht in den Hauptstädten konzentriert. Das hat verschiedene Ursachen, die Effekte indes sind fatal: Dörfer und Kleinstädte, wo der größte Teil der Bevölkerung lebt, sind von infrastrukturellen Maßnahmen abgehängt, auch Mitsprachemöglichkeiten existieren kaum. Ousmane Sy – ein ehemaliger Minister für Dezentralisierung in Mali – hat ein Buch zur Problematik geschrieben. Er schätzt, dass die lokalen Verwaltungsbehörden gerade einmal 5 Prozent vom nationalen Steueraufkommen erhalten, nötig wären jedoch 50 bis 60 Prozent. Ich werde auf diese Problematik noch mehrfach zurückkommen.

Widersprüche innerhalb der EU-Migrationspolitik

Soukoutadala ist ein ganz normales Dorf in Westafrika, hierzu gehört auch, dass junge Männer regelmäßig in die Migration gehen. Europa spielt in diesem Kontext nur eine Nebenrolle, die meisten bevorzugen Ziele in einem Radius von einigen hundert Kilometern, insbesondere um in handwerklich betriebenen Goldminen zu arbeiten. Hintergrund ist ein Mangel an Perspektiven, wie ein Migrant in einer UN-Studie betont, um die es noch ausführlich gehen wird: «Wenn die Dinge nicht gut laufen und du dich blockiert fühlst, dann bist du gezwungen, anderswo nach besseren Möglichkeiten zu suchen, was immer es kostet. Das ist keine Frage der Wahl, sondern des Überlebens.»[7] Derartige Perspektiven «von unten» sind wichtig. Sie verdeutlichen, inwiefern die europäische Migrationspolitik an zentralen Punkten von falschen Annahmen ausgeht. Vor allem vier Aspekte sollten berücksichtigt werden:

Erstens ist immer wieder ein irreführender Umgang mit Zahlen zu beobachten. Etwa wenn der Bestseller-Autor Asfa-Wossen Asserate einem 2016 erschienenen Afrika-Buch den hochgradig suggestiven Titel *Die neue Völkerwanderung* verleiht. Denn das häufig bemühte Bild, wonach halb Afrika auf gepackten Koffern säße, ist Stimmungsmache. Statistisch sind es gerade einmal 2,6 Prozent aller Westafrikaner:innen, die außerhalb ihres Geburtslandes leben, und von diesen 2,6 Prozent wiederum sind gut drei Viertel in einem ihrer jeweiligen Nachbarländer unterwegs. Es kann daher nicht verwundern, dass in Europa lediglich 4,1 Millionen Menschen leben, die in einem afrikanischen Land südlich der Sahara geboren wurden.

Zweitens ist die von Europa vorgenommene Unterscheidung zwischen Geflüchteten und Migrant:innen keineswegs zwingend, auch wenn sie schon lange einen zentralen Eckpfeiler europäischer Asyl- und Einwanderungspolitik darstellt. Denn die Übergänge zwischen den beiden Gruppen sind fließender, als es auf den ersten Blick erscheint. Viele Klassifizierungen machen insofern einen willkürlichen, ja ungerechten Eindruck. Beispielsweise gilt der Sohn einer Familie, die im Nigerdelta in Nigeria ihr Ackerland wegen einer leckgeschlagenen Ölpipeline verloren hat, in Europa gemeinhin als «Wirtschaftsflüchtling». Ein nigerianischer Journalist hingegen, dem wegen kritischer Berichterstattung über das Schicksal der Familie juristische Schwierigkeiten drohen, hat in Europa gute Chancen, als Geflüchteter anerkannt zu werden. Das hat damit zu tun, dass die nach dem Zweiten Weltkrieg verabschiedete Genfer Flüchtlingskonvention sowie die darauf aufbauenden nationalen Asylgesetzgebungen relativ eng gefasste Kriterien enthalten. Und das bedeutet auch, dass Armut, Hunger oder Vertreibung in aller Regel keinen Schutzanspruch in einem Drittland begründen. Aus europäischer Sicht mag das legitim sein, um den eigenen Wohlstand nicht zu gefährden. Ganz anders verhält es sich aus der Sicht afrikanischer Migrant:innen, für sie ist eine solche Unterscheidung zynisch, wie der aus Kamerun stammende Schriftsteller Rodrigue Péguy Takou Ndie betont:

> «Asyl sollte allerdings nicht nur denjenigen zustehen, die mit lauter Stimme gegen die korrupten Politiker demonstrieren und so ihr Leben aufs Spiel setzen. Auch die vielen, die die erdrückende Situation ihres Landes und die extreme Armut nicht mehr länger ertragen wollen, haben ein Recht auf Schutz. Denn in Ländern, wo die Gesundheitsversorgung praktisch inexistent ist und die öffentliche Sicherheit als Luxus erscheint, den die Regierung nicht allen Bürgerinnen und Bürgern garantieren kann, ist es offensichtlich, dass die Lebensbedrohung sich oftmals nicht direkt äußert, etwa in Form von unmittelbarer Gewaltausübung oder Polizeirepression. Vielmehr verhält es sich so, dass die Politik des Landes eine verallgemeinerte prekäre Lage herbeigeführt hat, in der praktisch jeder und jede an fast jedem Ort Gefahr läuft, sein Leben zu verlieren.»[8]

Die Worte von Takou Ndie wiegen schwer, ich werde im Schlusskapitel auf sie zurückkommen. An dieser Stelle möchte ich lediglich eine terminologische Klärung vornehmen: Gerade weil Migrant:innen und Geflüchtete keine trennscharfen Gruppen sind, spreche ich überwiegend von «Migrant:innen», allerdings im Sinne eines Oberbegriffes, der auch Geflüchtete miteinschließt. Dieses Vorgehen ist nicht unüblich, der alle zwei Jahre erscheinende UN-Migrationsbericht verfährt ähnlich, unter anderem mit dem Argument, dass es weltweit dreimal so viele (grenzüberschreitende) Migrant:innen wie Geflüchtete gebe. Umso vertrackter ist, dass sich die Sprachgewohnheiten bei «Fluchtursachen» genau umgekehrt verhalten: Niemand spricht von Migrationsursachen, vielmehr hat sich in der öffentlichen Debatte von Anfang an der Begriff der Fluchtursachen als Obergriff durchgesetzt. Diese terminologische Unschärfe mag unbefriedigend sein, aber sie entspricht den etablierten sprachlichen Codes, weshalb ich in diesem Buch keine Sonderwege gehen werde.

Drittens beruht europäische Migrationspolitik auf der falschen Annahme, dass es möglich wäre, Migrant:innen mit Hilfe von Zäunen und Überwachungstechnologie zu stoppen. Wer so argumentiert, unterschlägt zweierlei: Zum einen, dass Migration eine seit Jahrhunderten tief in der afrikanischen Gesellschaft verankerte Überlebensstrategie ist, die nicht kurzerhand ausgehebelt werden kann. Zum anderen, dass Migrant:innen seitens ihrer Familien einem erheblichen Erwartungsdruck unterliegen. Migrant:innen, die mit leeren Händen nach Hause kommen, gelten üblicherweise als Versager:innen oder Drückeberger:innen. Beispielsweise wird in Senegal ein etwaiger Misserfolg der Mutter zugeschrieben. Allein deshalb können Migrant:innen nicht einfach umkehren, solange sie nichts erreicht haben. Denn dies käme einer Beleidigung der Mutter gleich, die in aller Regel viele Kinder aufgezogen und somit ebenfalls Durchhaltevermögen gezeigt hat. Anders formuliert: Die EU kann zwar mit Überwachungstechnologie die Ankunftszahlen in Europa reduzieren, aber der menschliche Preis ist hoch. Der stetige Ausbau des Grenzregimes bedeutet, dass die Migrationsrouten länger, teurer und gefährlicher werden. Mehr Migrant:innen verlieren ihr Leben, bleiben stecken oder erfahren exzessive Gewalt, insbesondere in den nordafrikanischen Ländern. Und doch lassen sich zahlreiche junge Menschen ihre Hoffnungen nicht nehmen, wie eine Universitätsabsolventin aus Guinea lakonisch zu Protokoll gibt: «Ich finde einfach keinen Job, das stresst und nervt mich. In meiner Familie gelte ich als Versagerin. Deshalb möchte ich nach Europa. Selbst wenn ich die Geschlechtsteile der Weißen waschen muss, ich werde Geld verdienen und es wird mir besser gehen als hier.»[9] In diesem Zusammenhang ist auch auffällig, dass die europäische Migrationspolitik das enge Verhältnis zwischen Migration und Entwicklung systematisch ignoriert. Allein im Jahr 2019 haben Migrant:innen weltweit 49 Milliarden

Euro nach Subsahara-Afrika überwiesen, das ist mehr als die gesamte Entwicklungshilfe aus Europa. Zahlreiche Studien zeigen, dass die Rücküberweisungen von Migrant:innen in ihre Heimatländer überwiegend für die Befriedigung von Grundbedürfnissen ausgegeben werden – beispielsweise Bildung oder Gesundheitsversorgung. Wenn also die EU im Zuge ihrer restriktiven Migrationspolitik Migrant:innen daran hindert, in Europa anzukommen und unter würdigen Bedingungen Geld zu verdienen, dann trägt das unmittelbar zur Destabilisierung der Herkunftsländer von Migrant:innen bei. Und Ähnliches gilt, wenn afrikanische Regierungen auf Geheiß der EU ihre Grenzen stärker kontrollieren. Denn einer der Effekte ist, dass Fernhändler:innen oder Wanderarbeiter:innen immer öfter willkürliche Strafgebühren an Grenzpolizist:innen bezahlen müssen, weil sie nicht im Besitz korrekter, mitunter sehr kostspieliger Ausweispapiere sind.

Viertens haben sich die seit 2015 aufgesetzten Programme zur Bekämpfung von Fluchtursachen als ausgesprochen fragwürdiges Unterfangen entpuppt. Denn die politischen und ökonomischen Machtverhältnisse zwischen Afrika und Europa werden nicht eigens berücksichtigt, auch das historische Erbe bleibt weitgehend ausgeblendet. Im Vordergrund stehen stattdessen Lösungen, die keine Lösungen sind. Sei es, dass die verfügbaren finanziellen Mittel allenfalls kosmetische Maßnahmen erlauben, etwa im Rahmen des *EU-Nothilfe-Treuhandfonds für Afrika*. Sei es, dass Konzepte verfolgt werden, die bereits in der Vergangenheit mehr Schaden als Nutzen angerichtet haben, insbesondere die im *Compact with Africa* vorgesehene Förderung von Privatinvestitionen aus reichen Industrieländern. So betrachtet deutet vieles darauf hin, dass die aktuelle Form der Fluchtursachenbekämpfung in erster Linie das Ziel verfolgt, jene Teile der europäischen Öffentlichkeit zu besänftigen, die sich nicht mit der restriktiven Abschottungspolitik der EU abfinden möchten. Denn natürlich passt der Bau eines Ausbildungszentrums für Jugendliche ungleich besser zum Selbstverständnis eines aufgeklärten Europa als die Zusammenarbeit mit der korrupten libyschen Küstenwache, die abgefangene Migrant:innen in Internierungslager bringt, in denen laut des UN-Flüchtlingskommissars Gewalt und Schikane an der Tagesordnung sind. Für diese Lesart spricht auch der Umstand, dass die europäische Politik beharrlich den paradox anmutenden Sachverhalt ignoriert, dass eine erfolgreiche Bekämpfung von Fluchtursachen Fernmigration keineswegs bremst, sondern stimuliert – einfach deshalb, weil mehr Menschen ökonomisch und sozial in die Lage versetzt werden, das Projekt einer Fernmigration praktisch anzugehen. In der Forschung wird das bereits seit langem als sogenannter «Migrationsbuckel» diskutiert. Dieses Theorem besagt, dass grenzüberschreitende Migration ab einem jährlichen Bruttoinlandprodukt von 2000 Dollar pro Kopf deutlich ansteigt und erst zwischen 7000 und 13 000 Dollar pro Kopf wieder fällt. Von letzteren Summen sind jedoch viele der afrikanischen Länder weit entfernt. So betrug das Bruttoinlandprodukt 2018 in Senegal gerade einmal 1521 Dollar pro Kopf.

Leerstellen im europäischen Afrikadiskurs

Stehen ökonomische und politische Realitäten in afrikanischen Ländern zur Debatte, sind in Europa vor allem zwei Reaktionsmuster zu beobachten: Entweder werden die wirtschaftlichen Potentiale betont und entsprechend wirtschaftliche Reformen angemahnt – ganz im Sinne der sogenannten Afrikapositivist:innen –, oder Afrika wird – wie in den verschiedenen Spielarten des Afrikapessimismus – als primär hilfsbedürftig wahrgenommen. Umso bemerkenswerter ist, dass beide Haltungen häufig mit der Überzeugung einhergehen, dass Europa keine nennenswerte Verantwortung für die Probleme Afrikas trage. Beispielsweise ist immer wieder zu hören, dass rund 60 Jahre nach Erlangung der Unabhängigkeit dem kolonialen Erbe keine substantielle Erklärungskraft mehr für den heutigen Status quo zugesprochen werden könne. Das ist in etwa so plausibel wie die Behauptung, dass der Erfolg des Industriestandortes Deutschland nichts mit der Industrialisierung im 19. Jahrhundert zu tun habe. Diese Doppelbödigkeit im öffentlichen Diskurs ist frappierend. Sie ist ein Hinweis darauf, dass Interessengegensätze zwischen Afrika und Europa ignoriert, bisweilen auch geleugnet werden – eine Haltung, die von afrikanischen Intellektuellen bereits seit jeher scharf kritisiert wird: Etwa von Aimé Césaire in seinem berühmten, noch vor der Dekolonisation veröffentlichten Essay *Über den Kolonialismus*:

> «Man redet mir von Fortschritten, von ‹Errungenschaften›, von geheilten Krankheiten, von gestiegenem Lebensstandard. Ich aber rede von um ihre Identität gebrachten Gesellschaften, von niedergetrampelten Kulturen, von ausgehöhlten Institutionen, […] von vernichtetem künstlerischem Glanz, von vereitelten großen Möglichkeiten. […] von Millionen Menschen, die von ihren Göttern, von ihrer Erde, von ihren Gewohnheiten, aus ihrem Leben, aus dem Leben überhaupt, vom Tanz, von der Weisheit weggerissen wurden.»[10]

Auch Achille Mbembe, der bereits zitiert wurde, spricht in seinem Buch *Ausgang aus der langen Nacht. Versuch über ein entkolonisiertes Afrika* von einer «Ökonomie der Lüge und Scheinheiligkeit»: Bereits im Kolonialismus habe es seitens der Kolonialmächte die Überzeugung gegeben, «dass die Kolonialisierung ein Akt der Nächstenliebe und Wohltätigkeit war, dem die Kolonisierten Gefühle der Dankbarkeit, Verbundenheit und Unterwürfigkeit entgegenzubringen» hätten. Diese Haltung bilde bis heute, so Mbembe, «die Grundlage für Europas gutes Gewissen», samt einer zynisch anmutenden Weigerung, sich mit den Folgen des Kolonialismus auseinanderzusetzen.[11] Es kann daher nicht überraschen, dass auch im offiziellen politischen Raum die afrikaspezifische Ursachenanalyse vergleichsweise dünn ausfällt: In den 2019 überarbeiteten

Afrikapolitischen Leitlinien der Bundesregierung werden zwar viele der Probleme ungeschminkt beschrieben. Zudem enthalten die dort formulierten Lösungsansätze wichtige Impulse. Wer aber eine ernsthafte Auseinandersetzung mit den tieferen Ursachen der afrikanischen Vielfachkrise erwartet, wird enttäuscht. Es gibt keine selbstkritische Reflexion, vor allem wenn es um die fatale Rolle von Europa geht. Vielmehr werden die Probleme auf einige Standarderklärungen wie schlechte Regierungsführung, Terrorismus oder ungünstiges Investitionsklima reduziert, also auf Phänomene, die ihrerseits erklärungsbedürftig sind. Diese Schmallippigkeit ist keineswegs zufällig. Sie ist Ausdruck der von Césaire und Mbembe angeprangerten Beschwichtigungsrhetorik.

Die These, dass Europa allenfalls punktuell bereit ist, Verantwortung für die desaströse Lage vieler afrikanischer Länder zu übernehmen, ist ein Leitmotiv dieses Buches. Es liegt daher nahe, jene drei Problemkomplexe stichwortartig vorzustellen, die in der europäischen Debatte gemeinhin zu kurz kommen. Beginnen möchte ich mit der ökonomischen Dimension, die vor allem durch zivilgesellschaftliche Kampagnen öffentlichkeitswirksam thematisiert wird – unter Stichworten wie erzwungene Marktöffnungen, Preisdiktate für agrarische Rohstoffe oder Abgabe von Bergbaukonzessionen unter Wert. Sämtliche dieser und vieler weiterer Aspekte sind für das Verständnis der afrikanisch-europäischen Beziehungen elementar. Dennoch sollten zwei grundlegende Schwachstellen des öffentlichen Diskurses nicht aus dem Blick geraten: Zum einen werden afrikanische Ökonomien viel zu punktuell analysiert. Beispielsweise wird hinsichtlich der senegalesischen Atlantikküste immer wieder skandalisiert, dass Hochseetrawler aus den reichen Industrieländern ihre vertraglich festgelegten Fangquoten überschreiten. Betroffen sind rund 600 000 Menschen, die im Senegal vom Fischfang leben, also 3,6 Prozent der Bevölkerung. Das sind nicht wenige, zumal Fischexporte die größte Devisenquelle des Landes darstellen. Dennoch stellt sich die Frage, mit welchen Problemen die übrigen 16,1 Millionen Senegales:innen konfrontiert sind. Hierüber ist in der Öffentlichkeit deutlich weniger zu hören. Und Ähnliches gilt auch für andere Länder. Meist konzentriert sich die Debatte in Europa auf einige wenige skandalumwitterte Produkte wie Baumwolle, Kakao oder Erdöl, ohne dass die einzelnen Länder in Gänze betrachtet würden. Zum anderen fehlt vielen Darstellungen eine ernsthafte historische Rückkoppelung. Ausgeblendet wird, dass viele Schwierigkeiten Ausdruck von Fehlentwicklungen sind, die bereits vor langer Zeit begonnen haben – ob in der Sklaverei, im Kolonialismus oder als Folge der Verschuldungskrise in den 1980er und 1990er Jahren. Wer zum Beispiel den hohen Anteil von Konsumgüter-Importen erklären möchte, muss sich auch der Frage zuwenden, weshalb Afrika zwar 17 Prozent Anteil an der Weltbevölkerung hat, aber weniger als 2 Prozent Anteil an der weltweiten Industrieproduktion. Und das wiederum ist gar nicht so einfach zu beantworten. Denn vielen afrikanischen Ländern ist es in den ersten 20 Jahren nach der Unabhängigkeit durchaus gelungen, diverse Industriebetriebe aufzubauen und somit ihre im Kolonialismus zugewiesene Rolle als Rohstofflieferanten der Weltwirtschaft zumindest ansatzweise abzustreifen. Doch davon ist wenig übrig geblieben. Etliche dieser Industriebetriebe sind seit den 1980er Jahren dem globalen Wettbewerb zum Opfer gefallen. Beispielsweise gab es in Nigeria noch Mitte der 1980er Jahre 175 Textilfabriken, während es 2010 nur noch 25 waren. Dies zeigt: Die Beschäftigung mit der wirtschaftlichen Lage in afrikanischen Ländern darf die Analyse langlebiger ökonomischer Tiefenstrukturen nicht vernachlässigen. Zudem gilt es, alle Bereiche abzudecken, auch landwirtschaftliche Fragestellungen, die in der europäischen Debatte viel zu wenig Beachtung finden, obwohl die Mehrheit der afrikanischen Bevölkerung ganz oder teilweise von Ackerbau, Viehwirtschaft und Fischerei lebt.

Ein weiterer Problemkomplex betrifft jene Dimension, für die sich schon seit längerem der Begriff schlechter Regierungsführung etabliert hat, wahlweise ist auch von abgehobenen Eliten oder «big men» die Rede. Das ist einerseits gerechtfertigt, denn Teile der politischen und wirtschaftlichen Klasse in afrikanischen Ländern sind überaus korrupt, inkompetent und verschwenderisch. Staatliche Ressourcen gelten als Beute, um sich und das eigene Umfeld mit zum Teil sagenhaften Summen zu alimentieren, auch unter Rückgriff auf Lüge, Gewalt und Rechtsbeugung. Andererseits ist diese Betrachtung aus mehreren Gründen irreführend. *Erstens* wird unterschlagen, dass die Entstehung derartiger Eliten Symptome eines historischen Bruches sind, der bis heute nicht geheilt ist: Als die Kolonialmächte den afrikanischen Kontinent unterwarfen, beseitigten sie die vorkolonialen politischen Gebilde, wozu in Westafrika autonome Dorfrepubliken genauso wie Fürstentümer und große Reiche gehörten. Ersetzt wurden sie durch despotische und zentralistische Verwaltungsapparate, unter selektivem Einbezug alter und neuer afrikanischer Autoritäten. Nach der Unabhängigkeit übernahmen die jungen Regierungen mangels praxistauglicher Alternativen den kolonialen Kommandostaat. Und das hat viele Probleme bis in die Gegenwart verlängert. Denn die neuen Eliten bezogen nicht nur die alten Büros, das wäre harmlos gewesen. Sie hielten auch den despotischen und zentralistischen Geist kolonialer Herrschaft aufrecht, insbesondere im Umgang mit der bäuerlichen Bevölkerung, die rund 85 Prozent der Gesamtbevölkerung ausmachte. Folge war, dass die Unabhängigkeitsregierungen allenthalben auf Widerstand stießen, verschärft durch ethnische Konflikte, die ebenfalls im Kolonialismus entstanden waren. *Zweitens* verkennt die europäische Fokussierung auf korrupte Regierungseliten, dass es sich bei schlechter Regierungsführung nicht nur um persönliches Versagen handelt. Vielmehr war die Funktionstüchtigkeit der unabhängig gewordenen Staaten von Anfang an stark eingeschränkt. Zunächst, weil das koloniale Erbe wirtschaftlichen Aufschwung erheblich erschwerte, sodass die Unabhängigkeitsregierungen relativ wenig Spielraum hatten, Maßnahmen zugunsten der Bevölkerung zu ergreifen. Sodann, weil die vom Internationalen Währungsfonds (IWF) im Zuge der Verschuldungskrise erzwungenen Haushaltskürzungen die Leistungsfähigkeit afrikanischer Staaten massiv eingeschränkt haben, mit Auswirkungen bis in die Gegenwart. *Drittens* wird in der europäischen Debatte immer wieder das Zusammenspiel zwischen schlechter Regierungsführung und westlicher Interessenpolitik ausgeblendet. Jahrzehntelang hat Europa aus politischem und ökonomischem Kalkül zur Stützung korrupter, undemokratischer und brutaler Regime beigetragen – nicht selten im Rahmen des Kalten Krieges. Und an dieser Konstellation hat sich bis heute wenig geändert. So finden vielerorts nur Fassadenwahlen statt, wie es Oppositionelle nennen: Die Menschen dürfen zur Wahlurne, aber die Wahlen haben keine Bedeutung, da die Regierungen ohnehin eigenmächtig handeln. Allein 2020 ist es den Präsidenten der drei westafrikanischen Länder Togo, Guinea und Elfenbeinküste gelungen, durch verfassungsrechtliche Tricksereien die gesetzlich vorgegebene Beschränkung auf zwei Amtszeiten zu umgehen. Umso unverständlicher ist es, dass die EU derartige Wahlen akzeptiert, jedenfalls solange keine Nachteile für Europa zu befürchten sind. Viele Afrikaner:innen empfinden das als äußerst empörend. Besonders aufgeladen ist die Situation in den ehemals französisch kolonisierten Ländern. Hier ist Frankreich bis heute omnipräsent, nicht selten als eine Art Pate der herrschenden Elite. In Mali hat der Filmproduzent und ehemalige Kulturminister Cheick Oumar Sissoko Frankreich für seine fragwürdige Antiterror-Politik massiv kritisiert. In einem offenen Brief an den französischen Präsidenten Emmanuel Macron im Dezember 2019 wirft er der ehemaligen Kolonialmacht einen «kolonialen Habitus» vor, eine «Geisteshaltung, die aus einem Überlegenheitskomplex und einer selbstherrlichen Verachtung für die beherrschten, vom französischen Kolonialismus ausgebeuteten Völker besteht».[12] Dabei ist bemerkenswert, dass sich Europa von diesen Vorgängen nicht beirren lässt. Bis heute gefallen sich europäische Regierungen darin, das zu geißeln, was sie häufig mit hervorgebracht oder zumindest nicht verhindert haben.

Ich möchte zum dritten in Europa gemeinhin ausgeblendeten Problemkomplex kommen. Er hat mit der seit Jahrzehnten kontrovers diskutierten These zu tun, dass mit der ökonomischen und politischen Dominanz auch eine Dominanz westlicher Wertvorstellungen einhergeht. Deutlich wird das vor allem beim Entwicklungsbegriff, unter dem viele Menschen eine Blaupause für eine Entwicklung gemäß europäischer Standards verstehen. In gewisser Hinsicht ist das verständlich, etwa wenn es um Gesundheitsversorgung, Infrastruktur oder Industrialisierung geht. Gleichzeitig ist die mentale Fixierung auf Europa ein fundamentales Problem, das bereits in der Unabhängigkeitsbewegung eine wichtige Rolle gespielt hat: Der im Zuge des algerischen Unabhängigkeitskampfes bekannt gewordene Psychiater und Schriftsteller Frantz Fanon hat hierfür 1952 die berühmte Formulierung «Schwarze Haut, weiße Masken» geprägt – gemünzt auf jene Afrikaner:innen innerhalb der Unabhängigkeitsbewegungen, die sich vor allem europäische Normen und Handlungsmuster zu eigen gemacht haben. In den 1980er Jahren war es Thomas Sankara, der sich als Präsident Burkina Fasos in vielen Bereichen für einen eigenständigen Entwicklungsweg afrikanischer Länder eingesetzt hat. Thomas Sankara ist bis heute hoch verehrt, selbst westliche Beobachter:innen räumen ein, dass er das Zeug gehabt hätte, das Ruder zumindest in Westafrika herumzureißen. Umso tragischer ist, dass Sankara nach gerade einmal vier Jahren im Amt ermordet wurde, wohl auch deshalb, weil er in seiner bekanntesten Rede am 29. Juli 1987 bei der Organisation für Afrikanische Einheit in Addis Abeba die anderen afrikanischen Staatschefs zu einem kollektiven Schuldenrückzahlungsboykott aufgefordert hat. Nachfolger wurde sein Mörder Blaise Compaoré – ein Vertrauter Frankreichs, der das Land 27 Jahre autokratisch regierte, bis er im November 2014 in einem vor allem von Musiker:innen, Jugendlichen und Frauengruppen getragenen Volksaufstand gestürzt wurde. Heutzutage ist es der senegalesische Wirtschaftswissenschaftler Felwine Sarr, der in seinem viel diskutierten Buch *Afrotopia* die Forderung erhebt, dass sich Afrika auf seine eigenen Wurzeln besinnen möge. Sarr kritisiert, dass Fortschritt als Wettkampf dargestellt würde, «in dem die Nationen sich verächtlich anschauen, um zu ermessen, wer am meisten Wohlstand angehäuft» habe. Das Leben ließe sich jedoch nicht «im Messbecher erfassen», dadurch gingen die immateriellen Qualitäten verloren, die das Leben überhaupt erst lebenswert machten. Nötig sei stattdessen zweierlei: Zum einen müsse der afrikanische Mensch «die Wunden heilen, die man seinem Selbstbewusstsein und seiner Psyche zugefügt hat und die sich heute in mangelnder Selbstachtung äußern». Zum anderen gelte es, alte afrikanische Werte wie Geduld, Gastfreundschaft oder Gemeinschaftlichkeit zu rehabilitieren – auch mit Blick auf eine Sozialethik, die ehemals dafür gesorgt habe, dass wirtschaftliche Entscheidungen «nicht durchweg von der Ratio des Eigeninteresses bestimmt werden». Erst auf dieser Grundlage ließen sich Zukunftsmetaphern entwerfen, allerdings nicht, um «sich einer süßen Träumerei hinzugeben», sondern um «die gewaltigen Möglichkeitsträume innerhalb der afrikanischen Wirklichkeit aufzustöbern und sie fruchtbar werden zu lassen».[13] Gewiss, das ist nur eine Stimme unter vielen. Es gibt auch afrikanische und europäische Intellektuelle, die Sarr die Verkitschung Afrikas vorwerfen. Aber die Debatte unterstreicht, wie wichtig es ist, grundsätzliche Fragen zur Ausrichtung von Entwicklung ergebnisoffen zu diskutieren, nicht zuletzt im Zeitalter der sich ständig zuspitzenden Klimakrise.

Ambivalente Aussichten trotz «Y'en a marre»-Protesten

Die europäische Wahrnehmung von Afrika unterliegt erheblichen Konjunkturen. Nach der Unabhängigkeit gab es ein kurzes Zeitfenster des Optimismus. Doch schon bald dominierte der von kolonialen und rassistischen Vorurteilen geprägte Blick. Afrika galt als «Beispiel des Scheiterns, des Mangels, des Handicaps, ja sogar des Defekts oder Geburtsfehlers», wie es Sarr sarkastisch formuliert.[14] Anfang der 2000er Jahre sollte sich das Blatt freilich wenden. Damals zogen die Rohstoffpreise an, was vor allem in Nord- und Ostafrika – mit Abstrichen auch in Westafrika – zu ungewöhnlich hohen Wachstumsraten führte. Die Erleichterung war groß, zumal es bereits in den 1990er Jahren in zahlreichen afrikanischen Ländern zu grundlegenden Demokratisierungsprozessen gekommen war. Doch 2015 kippte die Stimmung erneut. Die Rohstoffpreise fielen weltweit, zudem musste Westafrika weitere Rückschläge hinnehmen: 2014/15 erschütterte die Ebola-Krise die Küstenländer Sierra Leone, Liberia und Guinea, auch mit wirtschaftlichen Auswirkungen auf die Nachbarländer. Zudem weitete sich die Gewalteskalation im Sahel aus: 2021 wurden in den betroffenen Regionen knapp 5 Millionen Binnenvertriebene gezählt, insbesondere in Burkina Faso und im Norden Nigerias. 2020 folgte die Corona-Pandemie, deren ökonomische Effekte noch gar nicht abzuschätzen sind, ganz zu schweigen davon, dass weiterhin unklar ist, ob und wann größere Teile der Bevölkerung geimpft sein werden. In diesem Sinne möchte ich ganz bewusst auf Trenddiagnosen verzichten. Denn hierfür gibt es keine belastbaren Fakten. Vielmehr ist von äußerst unterschiedlichen, mitunter widersprüchlichen Dynamiken auszugehen. Und das gilt selbst für kleine Details: So ist häufig zu hören, dass der Anteil absolut armer Menschen in Afrika zwischen 1990 und 2015 von 55 auf 41 Prozent gesunken sei. Dieser Fortschritt ist zu würdigen, keine Frage. Gleichzeitig wäre es unverantwortlich, nicht über die dramatische Kehrseite zu sprechen, einzig aus der Sorge, ins Fahrwasser notorischer Afrikapessimist:innen zu geraten. Denn «41 Prozent absolute Armut» bedeutet auch, dass 533 Millionen Afrikaner:innen von weniger als 1,60 Euro pro Tag leben müssen – das sind 86 Millionen Menschen mehr, als in der gesamten EU leben. Für dieses Buch folgt hieraus, dass sich optimistische und ernste, mitunter auch pessimistische Passagen abwechseln werden, ohne dass sich dies einzelnen Zeitabschnitten, Ländern oder gesellschaftlichen Bereichen eindeutig zuordnen ließe.

Lediglich in einer Hinsicht möchte ich deutlich hoffnungsfroher argumentieren: Rund 65 Prozent der Bevölkerung in Westafrika sind jünger als 30 Jahre – und immer mehr junge Menschen sind nicht mehr bereit, die traditionelle Vormachtstellung der älteren Generationen unwidersprochen hinzunehmen. Bereits 2012 vereitelte im Senegal die von Hip-Hop-Musiker:innen gegründete Protestbewegung «Y'en a marre» den Versuch des 86-jährigen Abdoulaye Wade, sich entgegen der Verfassung zum dritten Mal zum Präsidenten wählen zu lassen. Kurz darauf traten ähnliche Bewegungen in anderen Ländern auf den Plan, in Burkina Faso ist es sogar zu dem bereits erwähnten Sturz eines Autokraten gekommen. Und nicht nur das: Der Rebellion im Inneren folgte eine Rebellion im Äußeren: In mehreren ehemals französisch kolonisierten Ländern entwickelte sich eine Protestbewegung gegen die bis heute von Frankreich dominierte Regionalwährung des Franc CFA. Auch die französische Militärpolitik im Sahel löste wütende Proteste aus, später sorgte auch der Mord an George Floyd in den USA für ein reges Echo in verschiedenen Ländern Westafrikas. Manche Beobachter:innen sprechen bereits von einer neuen Runde der Dekolonisierung, auch im Kontext davon, dass sich Asien immer stärker als Alternative zu Europa ins Spiel bringt. Einziges Manko: Bislang sind das allenfalls Hoffnungsschimmer, denn Optimismus und wachsendes Selbstbewusstsein stellen keinen generellen Trend unter Jugendlichen dar. Ungleich öfter sind Perspektivlosigkeit, Apathie und Frust anzutreffen, also Stimmungen, die sich früher oder später destruktiv entladen können. Beispielsweise im Drogen- und Tablettenkonsum, der selbst in ländlichen Gebieten zunimmt. Oder im Bandenwesen, ganz zu schweigen von der Mitgliedschaft in bewaffneten Terrorgruppen. Und selbst die

Migration ist nicht frei von Ambivalenzen: Sie ist zwar eine zupackende Antwort auf die tief empfundene Perspektivlosigkeit. Zugleich ist sie Ausdruck davon, dass viele Migrant:innen jedes Vertrauen in die eigene Gesellschaft verloren haben. Kurzum: Das Geschehen unter Jugendlichen ist zwar ein wichtiger Seismograph, es wäre indes falsch, Jugendliche als Heilsbringer – im Sinne von Gamechangern – zu begreifen. Dafür ist die Lage einfach zu widersprüchlich.

Zum Sprechort des Autors

In den letzten Jahren ist in Deutschland immer öfter darüber diskutiert worden, wer an welchen Orten über welche Themen spricht. Denn lange galt es als völlig normal, dass bei öffentlichen Debatten über Rassismus fast ausschließlich Menschen ohne eigene Rassismuserfahrung das Wort ergriffen. Und Ähnliches war auch bei anderen Fragestellungen zu beobachten, etwa wenn es um Migration, Islam oder afrikaspezifische Belange ging. Vor diesem Hintergrund liegt die Frage nahe, wie es dazu gekommen ist, dass ich als weißer Europäer ein Buch über strukturelle Ursachen von Flucht und Migration in Westafrika schreibe. Da ich mich als Autor nicht auf eine vermeintlich neutrale Expertenposition zurückziehe, sondern immer wieder europäische Vorurteile, Mythen und Interessen in den Blick nehme, dürfte im Laufe des Textes deutlich werden, dass ich von der Notwendigkeit einer ständigen Überprüfung meines europäisch geprägten Sprechortes ausgehe. Zudem möchte ich darauf hinweisen, dass sich das Buch auf drei verschiedenen Achsen bewegt: *Erstens* auf der zeitlichen Achse, indem es einen Bogen vom Zeitalter der Sklaverei bis in die Gegenwart schlägt. *Zweitens* auf der geographischen Achse, indem es systematisch der Frage nachgeht, wie Westafrika und Europa verflochten sind. *Drittens* auf der thematischen Achse, indem es eine Vielzahl an Fragestellungen zusammenführt, die üblicherweise getrennt abgehandelt werden. In diesem Sinne dürfte es keine Person geben, die einzig aufgrund ihrer biographischen Prägung für ein solches Unterfangen prädestiniert wäre – weder in Afrika noch in Europa. Denn das malische Sprichwort, nach dem ein Holzscheit noch so lange im Wasser liegen könne, ohne zu einem Krokodil zu werden, gilt für alle gleichermaßen. Soll heißen: Niemand kann sich die Erfahrungsräume anderer Gesellschaften in Gänze erschließen, schon gar nicht, wenn es um weit auseinanderliegende oder gar historische Erfahrungsräume geht. Entsprechend speist sich das Buch aus ganz verschiedenen Quellen: Einerseits aus Untersuchungen, Filmen und Romanen, andererseits aus unzähligen Gesprächen, die ich seit Ende der 1990er Jahre geführt habe: Zunächst in Europa mit Geflüchteten aus verschiedenen afrikanischen Ländern, sodann mit Menschen in Westafrika, insbesondere in Mali, Burkina Faso, Niger, Guinea und Togo. Denn 2010 ist auf Initiative malischer Graswurzelgruppen die Menschenrechtsorganisation Afrique-Europe-Interact entstanden, die insbesondere in den Bereichen Migration, ländliche Entwicklung, Frauenrechte und Demokratie aktiv ist. Seitdem bin ich jedes Jahr vier bis sechs Wochen in Westafrika unterwegs, überwiegend in Mali. Dennoch muss ich davon ausgehen, dass auch dieses Buch – trotz aller Bemühungen – Leerstellen und Einseitigkeiten aufweist, womöglich auch falsche Zuschreibungen, die sich aus nicht reflektierten europäischen Annahmen ergeben. Und auch dürfte unstrittig sein, dass ein Autor oder eine Autorin in Westafrika ein thematisch ähnlich gelagertes Buch völlig anders geschrieben hätte – mit anderen Fragen, Prioritäten und Wissensquellen. Vor diesem Hintergrund begreife ich meinen Beitrag als eine Einladung zum gemeinsamen Weiterdenken, wobei es mir ein ausdrückliches Anliegen ist, (west-)afrikanische Perspektiven stärker im europäischen Diskurs bekannt zu machen.

Zum Aufbau des Buches

Das Buch setzt sich aus dieser Einleitung und 13 Einzelkapiteln zusammen, pendelnd zwischen wissenschaftlicher Betrachtung und journalistischer Beschreibung. Die *Einleitung* und die *Kapitel eins und zwei* stecken den Rahmen ab. Hier formuliere ich die Fragestellung des Buches, skizziere einige jener Mythen, die in Europa seit Jahrzehnten eine selbstkritische Auseinandersetzung mit den afrikanisch-europäischen Beziehungen blockieren, und beschreibe, was unter Westafrika als einer von fünf historisch entstandenen Großregionen auf dem afrikanischen Kontinent zu verstehen ist. Die *Kapitel drei und vier* nehmen die unterschiedlichen Formen von Migration in bzw. aus Westafrika in den Blick. Hierzu gehören auch die zahlreichen Versuche der EU, Migration nach Europa zu kontrollieren. Insofern sind diese Kapitel Voraussetzung für alles Weitere. Denn das eigentliche Ziel des Buches besteht ja darin, unter dem Stichwort der Fluchtursachen die strukturellen Hintergründe von Migrationsbewegungen auszuleuchten Die *Kapitel fünf bis sieben* beschreiben aus einer historischen Perspektive die Entstehung von Fluchtursachen. Sie umfassen im Wesentlichen die Zeitalter des frühen Handels zwischen Afrika und Europa, des atlantischen Sklavenhandels und des Kolonialismus. Als zeitliche Zäsur fungiert das Epochenjahr 1960, in dem die meisten westafrikanischen Länder ihre Unabhängigkeit erlangten. Dennoch ziehe ich anhand einzelner Themen immer wieder Kontinuitätsfäden bis in die Gegenwart. Nur so kann sich ein historisch fundiertes und somit realitätstaugliches Fluchtursachenverständnis herausbilden. Umgekehrt erfordert dies seitens der Leser:innen eine gewisse Bereitschaft dafür, immer wieder große Zeitspannen zu durchlaufen. Die *Kapitel acht bis zwölf* beschäftigen sich mit Fluchtursachen seit der Unabhängigkeit, dabei liegt der Akzent auf den ersten beiden Jahrzehnten des 21. Jahrhunderts. Im abschließenden *Kapitel dreizehn* ziehe ich Schlussfolgerungen.

Maxime ist die Frage, was Europa zukünftig tun bzw. unterlassen sollte, um einem echten Neuanfang in Westafrika zu ermöglichen.

1.

Europäische Afrika-Mythen

Wie Mythen Interessengegensätze unsichtbar machen

Wer aus einer europäischen Perspektive über Afrika spricht, findet sich unweigerlich in einem Dickicht aus Irrtümern, Stereotypen und Mythen wieder – meist angesiedelt zwischen den Polen «Katastrophismus» und «seligem Optimismus» (Felwine Sarr). Es ist daher kein Zufall, dass gleich auf der ersten Seite dieses Buches drei der gängigsten Afrika-Stereotype zur Sprache kommen. Gleichzeitig ist seit den Nullerjahren des 21. Jahrhunderts eine gewisse Mäßigung zu beobachten, zumindest in Deutschland. In großen Teilen der Öffentlichkeit ist es mittlerweile üblich, halbwegs behutsam über Afrika zu reden. Auch rassistische Ressentiments werden seltener hingenommen. Als der Fleischfabrikant Clemens Tönnies im August 2019 bei einer öffentlichen Rede feixte, dass er sich von einer Elektrifizierung afrikanischer Dörfer mehr Licht in den Abendstunden und somit weniger Neugeborene erhoffe, war die Empörung groß. Viele wiesen die sexuell aufgeladene Assoziationskette als blanken Rassismus zurück, Tönnies musste seinen damaligen Chefposten im Aufsichtsrat des Fußball-Bundesligisten Schalke 04 für drei Monate ruhen lassen. Gleichwohl wäre es falsch, Entwarnung zu geben. Denn vieles deutet darauf hin, dass sich vor allem die Tonlage geändert hat, nicht aber die prinzipielle Haltung. So fällt auf, dass das durchschnittliche Wissen zu Afrika weiterhin äußerst begrenzt ist – nicht nur bei Journalist:innen und Politiker:innen. Dies bestätigt auch der Afrikanist Lutz Mükke, der 2009 eine viel beachtete Studie unter dem Titel *Journalisten der Finsternis* veröffentlicht hat. Danach gebe es in Deutschland ein eklatantes «gesellschaftliches Desinteresse» an Afrika, was wiederum mit einer «Dramatisierungsfalle» verknüpft sei: Nur wenn es um Katastrophen, Kriege und Krisen oder Themen mit starkem Deutschlandbezug gehe, komme afrikanischen Ländern ein relevanter Nachrichtenwert zu. Entsprechend sei knapp die Hälfte der 28 deutschsprachigen Afrika-Korrespondent:innen für sämtliche 49 Länder Subsahara-Afrikas zuständig, mit der Konsequenz, dass sie rund ein Drittel der Länder ihres Berichtsgebiets noch nie betreten hätten.[1] An diesen Verhältnissen hat sich seit Mükkes Recherchen kaum etwas geändert, zumal auch Kostendruck im Nachrichtenwesen eine wichtige Rolle spielt. Beispielsweise muss der Korrespondent des ARD-Hörfunkstudios Rabat aus 22 Ländern in Nord- und Westafrika berichten. Ein riesiges Gebiet nördlich und südlich der Sahara, in dem 487 Millionen Menschen leben, etwa 40 Millionen mehr als in der EU.

Fehlendes Wissen ist nicht nur grundsätzlich problematisch. Es begünstigt auch jene Mythen, die eine realitätsnahe Beschäftigung mit der afrikanischen Vielfachkrise erschweren. Eigentlich sind Mythen voraussetzungsvoll, ich gehe allerdings von ihrem alltagssprachlichen Verständnis aus. Danach weisen Mythen zahlreiche Gemeinsamkeiten mit Stereotypen auf, doch Mythen gehen einen Schritt weiter. Sie sind Erzählungen. Sie interpretieren gesellschaftliche Sachverhalte auf eine einseitige und somit stereotypisierte Weise. Beispielsweise würde niemand bestreiten, dass das drastische Bevölkerungswachstum in einigen Sahelländern eine enorme Herausforderung darstellt, zumal die Bevölkerung vielerorts schneller wächst als das Bruttoinlandsprodukt. Wenn jedoch die demographische Frage auf Kosten anderer Problemlagen zum Dreh- und Angelpunkt der afrikanischen Vielfachkrise erklärt wird, dann sollte von einem Mythos gesprochen werden – schlicht deshalb, weil Entscheidendes übergangen wird: Zum einen, dass es von einer afrikanischen Warte aus respektlos und beleidigend ist, wenn Europäer:innen ständig darüber räsonieren, ob es zu viele

Menschen in Afrika gebe. Zum anderen, dass hohe Geburtenraten in erster Linie mit Arbeitskräftemangel auf dem Land, mit unzureichender Alters- und Gesundheitsversorgung und mit fehlenden Selbstbestimmungsrechten von Mädchen und Frauen zu tun haben, nicht aber damit, dass aus traditionellen oder religiösen Erwägungen zu viele Kinder geboren würden. Deutlich wird also, dass Mythen Ausdruck von Interessengegensätzen sind. Häufig verneinen europäische Afrika-Mythen die Mitverantwortung Europas für die Vielfachkrise in Afrika, andere Mythen reklamieren einen europäischen Zivilisationsvorsprung und leiten daraus das Recht ab, belehrend und fordernd gegenüber Afrika aufzutreten. In diesem Kapitel möchte ich einige der wichtigsten Afrika-Mythen vorstellen. Alle haben mit zentralen Fragestellungen des Buches zu tun.

Mythos «geistige Unbeweglichkeit»

Am 26. Juli 2007 hielt der frisch gewählte französische Präsident Nicolas Sarkozy in der senegalesischen Hauptstadt Dakar eine an die afrikanische Jugend adressierte Grundsatzrede. Er hatte einen Neuanfang in den französisch-afrikanischen Beziehungen angekündigt, doch die prahlerisch anmutende Rede bediente sich zahlreicher, tief im Kolonialismus verwurzelter Stereotype. Hierzu gehörte auch der Mythos geistiger Unbeweglichkeit, der den Kolonialmächten bereits im 19. Jahrhundert als Vorwand diente, ihre Eroberungszüge als Akte der Zivilisierung und Humanität zugunsten des afrikanischen Kontinents zu inszenieren. Sarkozy beginnt seine Rede mit einem historischen Rückblick. Er verurteilt Sklaverei und Kolonialismus, nur um in einem zweiten Schritt die historisch längst widerlegte These zu präsentieren, Frankreich habe in Afrika Straßen, Krankenhäuser und andere Infrastruktur geschaffen. Der Kolonialismus könne, so betont er, nicht für «alle Schwierigkeiten im heutigen Afrika» verantwortlich gemacht werden. Diese Schwierigkeiten hätten vielmehr mit dem «Drama Afrikas» zu tun, dass «der afrikanische Mensch nicht ausreichend in die Geschichte eingetreten» sei:

> «Der Afrikanische Bauer […] kennt nichts anderes als die ewige Wiederkehr der Zeit, die ihren Rhythmus durch die unendliche Wiederholung der ewig gleichen Gesten und ewig gleichen Worte erfährt. In dieser Vorstellungswelt, wo alles immer wieder von neuem beginnt, ist kein Platz für das Abenteuer Mensch, für die Fortschrittsidee. […] Die Herausforderung besteht für Afrika darin, mehr in die Geschichte einzutreten. In sich selbst die Energie, die Kraft, den Wunsch und den Willen zu finden, die notwendig sind, um seiner eigenen Geschichte zuzuhören und sie sich anzueignen.»[2]

Diese Sätze stehen stellvertretend für die gesamte Rede, auch für den zweiten Teil, in dem Sarkozy schulmeisterliche Ratschläge erteilt, einschließlich der Empfehlung an junge Menschen, nicht als Migrant:innen nach Europa zu kommen. Die Rede löste überall in Afrika einen Sturm der Entrüstung aus. Nicht nur Offizielle reagierten verärgert, auch Intellektuelle zeigten sich schockiert. In französischen Verlagen erschienen mehrere Bücher, unter anderem der Sammelband *L'Afrique répond à Sarkozy* – Afrika antwortet Sarkozy. Der lesenswerte Sammelband ist in gekürzter Fassung auch auf Deutsch erschienen – mit dem Untertitel *Afrikanische Antworten auf europäische Bevormundung*. Die Autor:innen sezieren nicht nur die Rede mit beißendem Spott, etwa wenn der kongolesische Linguist Mwatha Ngalasso-Musanji von «einer neokolonialen Rede in der Kautschuk-Sprache» spricht. Sie nehmen auch Sarkozys Rückgriff auf koloniale Denkmuster zum Anlass, mit der Selbstherrlichkeit französischer Afrikapolitik abzurechnen.

Bei aller berechtigten Kritik an Frankreich sollte nicht aus dem Blick geraten, dass der Mythos der geistigen Unbeweglichkeit auch in Deutschland gang und gäbe ist. Allerdings weniger brachial als bei Sarkozy. Beispielsweise wurde ich 2018 nach einem Vortrag gefragt, ob Afrika nicht eines Mentalitätswandels bedürfe, um wirkliche Fortschritte machen zu können. Der Fragesteller war mittleren Alters, SPD-Mitglied und Schulbuch-Didaktiker, wie ich später erfuhr. Am deutlichsten kommt diese Haltung in der mangelhaften Bereitschaft zum Ausdruck, das Gespräch mit afrikanischen Wissenschaftler:innen, Journalist:innen oder Vertreter:innen der Zivilgesellschaft zu suchen. Afrikaner:innen werden kaum als Intellektuelle wahrgenommen. Entsprechend kritisieren Migrant:innen-Organisationen schon seit langem, dass sie viel zu selten als Experten für ihre Länder zu Rate gezogen werden. Allenfalls intellektuelle Stars wie der schon zitierte Achille Mbembe oder die nigerianische Schriftstellerin Chimamanda Ngozi Adichie kommen in der europäischen Öffentlichkeit regelmäßig zu Wort. Das Problem ist schlicht: Bis heute hat Europa nicht zur Kenntnis genommen, dass schon in der frühen Unabhängigkeitsbewegung in den 1920er Jahren intensiv über die Frage gestritten wurde, wie Afrika mehr Selbstbestimmung erlangen könne. Nicht nur Panafrikanist:innen, auch Anhänger:innen der Négritude sparten nicht mit Selbstkritik – etwa der aus Guadeloupe stammende Dichter Paul Niger: «Ich mag dieses Afrika nicht, […] das Afrika der Ja-Sager […], der Schlafenden, die wie eine Gnade den Stiefeltritt erwarten, der sie weckt.»[3] Doch dies war nicht Ausdruck rassistischer Arroganz, wenn überhaupt schwang ein gewisser Bildungsdünkel mit. Denn im Kern ging es darum, die Bevölkerung wachzurütteln und für den Unabhängigkeitskampf zu mobilisieren. Ähnlich nach der Unabhängigkeit: Bereits früh reagierten berühmte Schriftsteller wie Wole Soyinka (Nigeria), Ahmadou Kourouma (Elfenbeinküste) oder Ayi Kwei Armah (Ghana) mit gesellschaftskritischen Romanen auf die fundamentalen Fehlentwicklungen in ihren Ländern. Auch später wiederholte sich dies: Als in den 1970er und 1980er Jahren vielerorts Einparteienregime, Militärdiktaturen und kleptokratische Eliten an der Macht waren, setzten sich immer wieder starke Demokratiebewegungen für einen Wandel von unten ein – selbst unter brutalen Gewaltherrschern wie Sani Abacha in Nigeria, der 1995 den bekannten Umweltaktivisten und Schriftsteller Ken Saro-Wiwa hinrichten ließ. Zudem waren es lokale Graswurzelinitiativen, darunter viele Frauenkollektive, die dafür sorgten, dass das alltägliche Leben überhaupt weitergehen konnte. Nur Europa wollte das nicht wahrhaben und hat stattdessen den Mythos geistiger Unbeweglichkeit am Leben erhalten.

Mythos «schlechte Regierungsführung»

Afrika wird armregiert oder wie man Afrika wirklich helfen kann, so lautet der Titel eines der in Deutschland am häufigsten verkauften Afrika-Bücher. Es wurde 2009 veröffentlicht und stammt von Volker Seitz, einem Ex-Diplomaten und Autor des neokonservativen Debattenblogs «Achse des Guten». Wie Nicolas Sarkozy ist auch Seitz davon überzeugt, dass weder die koloniale Vergangenheit noch globale Strukturzwänge als «Entschuldigung für das Versagen in der Gegenwart» herangezogen werden können. Ob Rohstoffpolitik, Handel oder Verschuldung, Seitz weist jede Verantwortung Europas zurück. Lediglich an einer einzigen Stelle macht er Zugeständnisse. Er räumt ein, dass die Subventionen für Baumwollfarmen in den USA und Europa die Weltmarktpreise gesenkt und somit afrikanische Baumwollproduzent:innen erheblich unter Existenzdruck gesetzt hätten. Die weitgehende Leugnung externer Sachzwänge zeigt, dass auch Seitz seine Analysen in Mythen verpackt. So geben Historiker:innen durchaus unterschiedliche Antworten auf die Frage, wie sehr Afrika durch die rund 80-jährige Geschichte des Kolonialismus geprägt wurde. Dennoch würde niemand auf die Idee kommen, den Kolonialismus in Gänze für unwirksam zu erklären. So wie auch niemand behaupten würde, dass die Bismarck-Ära oder der Nationalsozialismus keine Spuren in den beiden deutschen Nachkriegsstaaten hinterlassen hätten.

Und Gleiches gilt auch für globale Zusammenhänge: Wenn sich selbst die mächtigsten Volkswirtschaften der Welt immer wieder neu unter den globalen Wettbewerbszwängen orientieren müssen, ist nicht ersichtlich, weshalb ausgerechnet die afrikanischen Länder davon ausgenommen sein sollten.

Wer aber ist schuld? Für Seitz steht die Antwort fest: Maßgebliche Verantwortung trägt Afrika selbst – namentlich die afrikanischen Regierungen, die durch Korruption, Misswirtschaft und pseudodemokratische Wahlverfahren ihre Gesellschaften zugrunde richten würden. Grundsätzlich ist das nicht falsch, deshalb werde ich viel über schlechte Regierungsführung sprechen. Falsch ist jedoch die von Seitz behauptete Ausschließlichkeit. Dadurch gehen nicht nur wichtige externe Erklärungsfaktoren verloren, wie das Beispiel des Baumwollanbaus zeigt. Vielmehr kann Seitz auch nicht erklären, wie es überhaupt zu schlechter Regierungsführung gekommen ist. So äußert sich der pensionierte Botschafter nicht zu der in der Forschung weithin akzeptierten These, dass korrupte Eliten unter anderem als eine der Erbschaften des despotischen Kolonialstaates zu begreifen sind. Stattdessen bedient sich Seitz einer Vielzahl rückwärtsgewandter Alltagstheorien: Etwa wenn er die Nichtexistenz einer wettbewerbsfähigen Exportgüter-Industrie auf einen Mangel an «Ehrgeiz, Zielorientiertheit und harter Arbeit» zurückführt. Oder wenn er den bereits von Sarkozy bekannten Mythos kultiviert, dass «mangelndes Zeitgefühl» die Entstehung «einer dynamischen Lebenseinstellung» in Afrika verhindert habe. Noch absurder wird es, wenn Seitz kulturelle Unterschiede zwischen Afrika und Europa anhand eines Besuchs bei einem Sultan in Kamerun illustriert, in dessen Haus «Palmweingefäße aus den Schädeln getöteter Widersacher» ausgestellt sind.[4] Gewiss, man könnte solche Anekdoten als rassistische Altherren-Prosa abtun. Aber das wäre zu einfach. Das Buch ist seit seiner Erstveröffentlichung ein Bestseller. Seitz gilt als anerkannter Experte, vor allem gehört er zum Initiativkreis des *Bonner Aufrufs*. Das 2008 verabschiedete Manifest gibt der Entwicklungszusammenarbeit eine zentrale Mitschuld an der Misere in Afrika. Anstatt Entwicklungshilfe an strenge Vorgaben in puncto guter Regierungsführung zu koppeln, würde die globale «Entwicklungshilfeindustrie» seit Jahrzehnten korrupte Regime fahrlässig alimentieren – einzig aus dem Bestreben, die 100 000 Arbeitsplätze zu erhalten, die laut Seitz allein in Deutschland im Bereich der Entwicklungszusammenarbeit bestehen. Auch diese Kritik ist nicht umstandslos von der Hand zu weisen. Gleichwohl sei mit Blick auf Seitz' Ausführungen einmal mehr betont, dass sich Pauschalvorwürfe verbieten, auch mit Blick darauf, dass Entwicklungsprozesse eine äußerst vielschichtige Angelegenheit darstellen.

Mythos «Stammeskonflikte»

In Ruanda ermordeten 1994 Angehörige der Hutu in gerade einmal 100 Tagen über 800 000 Menschen, die meisten von ihnen Tutsi. Die Bilder des vor allem mit Macheten und Knüppeln durchgeführten Völkermords wirkten derart verstörend, dass viele westliche Medien anfangs auf den kolonialen Mythos des «Stammeskriegs» als Erklärungsmuster zurückgriffen. Doch schnell traten Widersprüche auf. Hutu und Tutsi waren offenkundig keine trennscharfen Gruppen: Sie sprachen beide Kinyarwanda, teilten die gleiche Kultur und lebten Tür an Tür, häufig in gemischten Ehen. In vorkolonialer Zeit waren Tutsi wohlhabende Viehzüchter, während Hutu die breite Masse der verarmten Bauernschaft bildeten. Gleichwohl war das hierarchische Sozialgefüge mit einem Tutsi-König an der Spitze durchlässig: Wurde ein Hutu reich, stieg er zum Tutsi auf, umgekehrt wurde ein verarmter Tutsi zum Hutu – maßgebliches Unterscheidungskriterium war der Besitz an Kühen. Erst die deutschen und später belgischen Kolonialherren begannen, die beiden Gruppen zu ethnisieren, ja zu unterschiedlichen «Rassen» zu erklären. Die tendenziell hochgewachsenen

Tutsi galten im Sinne des rassistischen Hamiten-Mythos als Einwanderer:innen aus Indien, also als weiße Afrikaner:innen und somit geborene «Herrenrasse». 1934 ging die belgische Kolonialmacht noch einen Schritt weiter. Sie verfügte, dass die ethnische Zugehörigkeit im Personalausweis vermerkt werden müsse. Ein, wie sich im Völkermord zeigen sollte, diabolischer Akt, der die Tendenz forcierte, dass Tutsi und Hutu ihre zugewiesenen Identitäten immer stärker verinnerlichten. Im Laufe der 1950er Jahre entwickelte sich auch in Ruanda eine vor allem von Tutsi getragene Unabhängigkeitsbewegung. Die Belgier:innen reagierten pikiert und begannen, die Hutu zur Revolte gegen die bislang protegierten Tutsi zu ermuntern. 1959 eskalierte die Lage erstmalig, 20 000 Tutsi kamen ums Leben. Mit der Unabhängigkeit 1962 wurde auch das Königreich der Tutsi abgeschafft. Immer wieder brach Gewalt aus, unter anderem 1973, als tausende Tutsi Ruanda verlassen mussten. Gleichzeitig kam es auch im Nachbarland Burundi zu Massakern – dort allerdings durch die herrschende Tutsi-Minderheit. Allein 1972/73 sollen über 150 000 Hutu in Burundi ermordet worden sein. Dies zeigt: Der Völkermord von 1994 war keine spontane Gewaltexplosion, wie es der vergiftete Mythos des Stammeskriegs nahelegt, sondern das Ergebnis einer jahrzehntelangen, ursprünglich von den Kolonialmächten angestoßenen Eskalationsdynamik. Umso wichtiger ist es, dass sich westliche Journalist:innen zumindest nachträglich mit ihrer eigenen Rolle befasst haben. Einer von ihnen ist Bartholomäus Grill, der sich ein Jahr vor dem Völkermord als Afrika-Korrespondent der Wochenzeitung *Die Zeit* in Südafrika niedergelassen hatte. In seinem Buch *Ach, Afrika. Berichte aus dem Inneren eines Kontinents* schreibt Grill, dass er sich noch heute für seinen ersten Text zum Genozid in Ruanda schäme. Dieser enthalte «die unverzeihlichsten Irrtümer, die mir in meiner Zeit als Korrespondent in Afrika unterliefen».[5]

Ungeachtet des journalistischen Fiaskos in Ruanda hält sich der in Europa entstandene Mythos ethnischer Konflikte bis heute hartnäckig. Wahrscheinlich handelt es sich um das ausgeprägteste Vorurteil gegenüber Afrika überhaupt. Ich möchte daher noch ein zweites Beispiel anführen, diesmal einen aktuellen Fall: Als in Mali 2016 gewalttätige Zusammenstöße zwischen Viehhirten der Fulbe und Ackerbauern der Dogon zunahmen, war in europäischen Medien allenthalben von «ethnischen Spannungen» die Rede, häufig mit dem aus der Migrationsdebatte hinlänglich bekannten Unterton, dass es die Vielfältigkeit der Ethnien oder Stämme sei, aus der die Konflikte hervorgingen. So gut wie alles spricht gegen diese Deutung, nicht zuletzt die Geschichte der Sahelländer selbst. Denn trotz der Konflikte stellen diese eine Weltregion dar, wo Diversität bereits seit jeher als Ressource fungiert, nicht als Quelle von Konflikten. Im Sahel sind die Lebensformen eng aufeinander abgestimmt, auch die zwischen Viehhirten und Ackerbauern. Nach der Ernte werden die Viehherden auf die Felder gelassen, um die restlichen Halme zu fressen, während die Ausscheidungen der Tiere den Boden düngen. Außerdem tauschen die beiden Gruppen Getreide- und Milchprodukte aus. Dass ausgerechnet diese Koexistenz unterschiedlicher, aber komplementärer Lebensformen seit einigen Jahren in eine fundamentale Krise geraten ist, hat verschiedene Gründe. Einerseits werden im Zuge von Klimawandel und Bevölkerungswachstum die Boden- und Wasserressourcen immer knapper, sodass sich die Konkurrenzen zwischen Viehhirten und Ackerbauern tatsächlich zuspitzen. Andererseits haben traditionelle und staatliche Würdenträger:innen in den letzten Jahrzehnten bei der Bevölkerung erheblich an Ansehen eingebüßt. Sie werden nicht mehr als Streitschlichter:innen akzeptiert, da sie oft in Korruption und Vetternwirtschaft verwickelt sind. Und das wiederum nutzen bewaffnete Gruppierungen aus, indem sie – auch unter dschihadistischer Flagge – wahlweise als Vermittler agieren oder bestimmte Bevölkerungsgruppen einseitig unterstützen und somit gewalttätige Konflikte schüren.

Unterdessen wäre es ein Missverständnis, ethnische Identitäten als frei erfunden zu betrachten, wie es aus fortschrittlichen Kreisen in Europa immer wieder zu hören ist. Denn Ethnizität ist für viele Menschen in Afrika ein relevanter Bestandteil ihrer Identität, meist vermittelt über Sprache, kulturelle Praktiken, regionale Zugehörigkeiten und berufliche Spezialisierungen. Wichtig ist freilich, dass es sich nicht um Identitäten handelt, die ihre Kraft aus der Abgrenzung gegenüber anderen Identitäten ziehen. Im Gegenteil: Gerade in Westafrika sind viele Menschen mobil, sie üben je nach Jahreszeit unterschiedliche Aktivitäten aus und heiraten über ethnische Grenzen hinweg. Beobachtbar ist dies auch an einer faszinierenden Vielsprachigkeit. Ich arbeite in Mali mit einer Fischerorganisation zusammen, deren Präsident Bourema Diallo heißt. Die Familie von Bourema Diallo stammt aus der Region Timbuktu im Norden Malis. Wegen des Klimawandels ist das Fischaufkommen im Niger-Fluss erheblich zurückgegangen. Deshalb lebt Bourema Diallo seit 2010 überwiegend in Bamako, wo er eine kleine Fischzucht betreibt. Bourema Diallo spricht vier Sprachen fließend: Bozo, Fulfulde, Songhai und Bambara. Zudem kann er sich rudimentär in Tamaschek und Französisch verständigen. Diese Sprachen sind keine Dialekte, sie gehören zum Teil unterschiedlichen Sprachfamilien an. Dennoch bewegt sich Bourema Diallo leichtfüßig zwischen ihnen. Ich habe das selber mehrfach erlebt, unter anderem 2018, als er bei einem hochgradig erhitzten Streit im Dorf Tikerre Moussa stundenlang zwischen Viehhirten (die Fulfulde sprachen) und Ackerbauern (die Bambara sprachen) übersetzt hat. Dass sich Bourema Diallo in sechs Sprachen verständigen kann, hat nichts mit Schulbildung zu tun. Denn Bourmea Diallo hat nie eine Schule besucht. Nein, es ist Ausdruck einer auf Vielfalt und Komplementarität basierenden Lebensweise, wozu auch gehört, dass drei der sechs Sprachen Muttersprachen von Bourema Diallo sind. Einmal mehr dürfte deutlich werden, dass das Erklärungsmuster «ethnischer Konflikt» eine Scheinerklärung ist, oder präziser: ein Mythos. Denn eigentlich müsste erklärt werden, weshalb unter bestimmten Voraussetzungen ethnische Identitäten eine feindliche Ausrichtung gegenüber anderen Identitäten erhalten. In aller Regel hat dies mit handfesten Interessenkonflikten zu tun, wobei es auch passieren kann, dass alte Ressentiments reaktiviert werden. Beispielsweise gibt es zwischen Fulbe und Dogon eine jahrhundertealte Konfliktgeschichte, die auch damit zu tun hat, dass bestimmte Fulbe-Gruppen bis Ende des 19. Jahrhunderts Dogon-Dörfer angegriffen und versklavt haben. Ich werde auf diese Fragen noch mehrfach zurückkommen, insbesondere im siebten Kapitel werde ich zeigen, wie die Kolonialmächte die Entstehung klar abgegrenzter Ethnien forciert haben und wie dies unter anderem in Nigeria dazu beigetragen hat, dass soziale Konflikte immer wieder – bis in die aktuelle Gegenwart – eine ethnische bzw. ethnisch-religiöse Aufladung erfahren.

Mythos «finsteres Patriarchat»

In der Entwicklungszusammenarbeit spielen die Rechte von Frauen und Mädchen in afrikanischen Ländern eine prominente Rolle. Denn auf dem Rücken der afrikanischen Frau lasten sechs Berge, wie es die berühmte nigerianische Lyrikerin und Feministin Omolara Ogundipe-Leslie bereits 1981 auf einer Frauenkonferenz in Dakar formulierte. Sechs Berge – darunter verstand sie nicht nur externe Unterdrückungsverhältnisse durch Kolonialismus und Neokolonialismus, sondern auch interne Diskriminierung, insbesondere durch frauenfeindliche Traditionen. Viele der entsprechenden Sachverhalte sind gut dokumentiert, sie spiegeln sich auch im *Index der geschlechtsspezifischen Ungleichheit* wider, den das Entwicklungsprogramm der Vereinten Nationen (UNDP) seit 2010 jährlich herausgibt. Der Index sammelt statistische Daten in den Bereichen Gesundheit, Bildung, politische Teilhabe und Erwerbstätigkeit und erstellt daraus ein globales Ranking. Analog zu anderen Indexen wie dem ebenfalls von der UN erstellten *Index der menschlichen Entwicklung* belegen die westafrikanischen Länder auch im *Index der geschlechtsspezifischen Ungleichheit* ausschließlich Plätze im hinteren Bereich.

Dennoch ist der europäische Blick auf Geschlechterverhältnisse in Afrika hochgradig fragwürdig. Das hat weniger mit entwicklungspolitischen Maßnahmen im Bereich Mädchen- und Frauenförderung zu tun. Fragwürdig ist vielmehr, dass Ambivalenzen oftmals keinen Platz haben. Stattdessen werden einzelne Sachverhalte verabsolutiert, vor allem solche, die statistisch gut belegt sind. Etwa, dass in Westafrika 30 Prozent der 15- bis 19-jährigen Mädchen und Frauen verheiratet, geschieden oder verwitwet sind – Stichwort «Frühverheiratung». Oder dass die Beschneidungsquote bei Frauen in Guinea 97 Prozent beträgt. Wo solche Informationen zirkulieren, stellen sich bei vielen Europäer:innen längst überwunden geglaubte Stereotype eines finsteren, grausamen und patriarchalen Afrikas ein. Ich erlebe es bei Veranstaltungen immer wieder, dass Teilnehmer:innen richtig schlucken müssen, wenn ich darauf hinweise, dass meine Organisation Afrique-Europe-Interact Dörfer beim Zugang zu Land unterstützt, trotz dessen, dass in diesen Dörfern menschenrechtswidrige Beschneidungen von Frauen eine alltägliche Praxis darstellen. Im Grunde kann ich diese Reaktionen gut verstehen, ich kenne sie selbst. Wann immer ich in Mali in Dörfern unterwegs bin, laufe ich Gefahr, junge Frauen gedanklich auf den Umstand zu reduzieren, dass sie womöglich beschnitten wurden. Derartige Fixierungen auf einzelne Traditionen sorgen freilich dafür, dass aus einer notwendigen Verteidigung von Mädchen- und Frauenrechten ein europäischer Mythos über das finstere Patriarchat in Afrika zu werden droht. Wie weit das gehen kann, zeigen die einleitenden Worte eines eigentlich sehenswerten Dokumentarfilms über malische Frauenrechtlerinnen, den ein deutsch-französisches Produktionsteam 1996 veröffentlicht hat: «Namenlos warst du seit der Weltmorgendämmerung. Ohne Stimme, ohne Ziel, schwarze Frau. 1000 Jahre steiniger Acker und

Kinderwimmern, rußige Töpfe und stumpfe Sichel aus kargen Ernten. Namenlos bist du, schwarze Frau.»[6] Entgegen solchen verbalen Entgleisungen ist festzuhalten, dass die Geschlechterbeziehungen in afrikanischen Ländern ungleich vielschichtiger und widersprüchlicher sind, als es Statistiken zu einzelnen Aspekten wie Arbeitszeiten oder sexualisierter Gewalt als Kriegswaffe vermuten lassen. Frauen haben in Afrika seit jeher eine starke Position – aller Diskriminierung zum Trotz. Das hat vor allem mit ihrer Rolle als Mutter zu tun, was nicht mit konservativen «Frau am Herd»-Ideologien in Europa verwechselt werden sollte. Hintergrund ist vielmehr, dass in Afrika «die Gebärfähigkeit als eine Frage der menschlichen Ökologie, des Überlebens in der Gruppe und der Erhaltung der Gattung privilegiert» wird, wie Omolara Ogundipe-Leslie erläutert.[7] Die starke Position von Frauen wurde nicht nur für vorkoloniale Gesellschaften ausführlich beschrieben, häufig mit der These, dass es erst die Kolonialmächte waren, die den Status von Männern gegenüber Frauen erheblich aufgewertet haben. Auch nach der Unabhängigkeit griffen Frauen immer wieder an entscheidenden Punkten ins gesellschaftliche Geschehen ein, nicht zuletzt in Westafrika: In Guinea führten Marktfrauen im Juni 1977 Massenproteste gegen das Handelsmonopol des Staates an. Am Ende musste das verhasste Regime von Sékou Touré die allmächtige Wirtschaftspolizei auflösen und den Handel umfassend liberalisieren. Als in Mali im März 1991 der langjährige Diktator Moussa Traoré gestürzt wurde, bildeten Frauen die ersten Reihen beim Marsch auf den Präsidentenpalast. Bei den Protesten starben 167 Frauen, die meisten an Schussverletzungen. Ähnlich 2014 in Burkina Faso: Auch dort waren es Frauen, die zu Tausenden der schwerbewaffneten Polizei mit Kochlöffeln die Stirn boten und somit maßgeblich dazu beitrugen, dass der Langzeitherrscher Blaise Compaoré rasch zurücktrat. Diesen historischen Erfahrungen entspricht, dass Frauen im Alltag durchaus sichtbar agieren, in Ländern wie Ghana auch als erfolgreiche Unternehmerinnnen. Frauen in Westafrika sind keine schweigenden Zaungäste, wie europäische Beobachter:innen immer wieder suggerieren. Sie ergreifen das Wort, sie geben Kontra, sie sparen nicht mit Kritik gegenüber Männern. Nur so wird nachvollziehbar, wie es überhaupt zu äußerst fortschrittlichen Erklärungen wie dem «Maputo-Protokoll» der Afrikanischen Union kommen konnte: Dieses wurde 2003 in Maputo – der Hauptstadt von Mosambik – als Zusatzprotokoll zur «Afrikanischen Charta der Menschenrechte und der Rechte der Völker» verabschiedet. Das Maputo-Protokoll wurde von den meisten afrikanischen Staaten unterzeichnet und ratifiziert, auch in Westafrika. Es garantiert umfassende Rechte für Frauen, unter anderem wird in Artikel 5 die Abschaffung der Beschneidung gefordert.

Deutlich wird also, wie mythenbeladen die europäische Praxis ist, die Situation afrikanischer Frauen immer wieder in den düstersten Farben zu schildern, ohne Bereitschaft, sich ernsthaft mit den offenkundigen Ambivalenzen auseinanderzusetzen. Nicht minder problematisch ist, dass europäische Akteure ihre vermeintliche Überlegenheit oftmals als Freifahrtschein begreifen, um dominant und fordernd gegenüber afrikanischen Partnern aufzutreten. Beispielsweise wenn die Durchführung entwicklungspolitischer Projekte an die Umsetzung geschlechterpolitischer Gleichstellungsmaßnahmen gekoppelt wird. Solche Vorgaben werden als Einmischung von außen empfunden. Und das wiederum ist Wasser auf die Mühlen jener Kräfte, die feministische Anliegen prinzipiell ablehnen, nicht zuletzt mit dem Argument, dass afrikanische Feminist:innen lediglich Lautsprecher westlicher Feminist:innen seien. So wird immer wieder kritisiert, dass Frauen von westlichen Nichtregierungsorganisationen vor allem als Individuen adressiert und somit ihre familiären Verantwortlichkeiten trivialisiert würden. Afrikanische Feminist:innen haben auf derartige Anwürfe ganz unterschiedlich reagiert. Einige sind sogar auf Distanz zu westlichen Feminist:innen gegangen, beispielsweise die Vertreter:innen des Womanism. Der Ansatz fächert sich in unterschiedliche Strömungen auf. Doch zu seinen wichtigsten Überzeugungen gehört, dass afrikanische Frauen und Männer gleichermaßen von Rassismus und ökonomischer Marginalisierung betroffen sind und daher in allen Bereichen eng zusammenarbeiten sollten. Noch weiter ist Omolara Ogundipe-Leslie gegangen. Sie redet nicht mehr von Feminismus, sondern von Stiwa: Der von ihr in die Debatte eingeführte Terminus bedeutet *Soziale Transformation inklusive der Frauen in Afrika* (Social Transformation Including Women in Africa) und dient einzig dem Zweck, eine feministische Agenda verfolgen zu können, ohne ständig auf den Vorwurf eingehen zu müssen, lediglich ein trojanisches Pferd des westlichen Feminismus zu sein.

Externe und interne Krisen verknüpfen

Diese Aufzählung europäischer Afrika-Mythen ist keineswegs vollständig. Weitere Mythen lauten, dass Ahnenglaube und Hexerei hartnäckige Entwicklungshindernisse seien, dass der Umverteilungsdruck in Großfamilien unternehmerische Investitionen massiv erschwere oder dass Demokratie westlichen Zuschnitts wenig Chance gegen das rohe Machtgebahren afrikanischer «big men» habe. Manche dieser Thesen muten aberwitzig an, andere haben einen ernsthaften Kern. Doch die grundlegende Anordnung bleibt stets die gleiche: Afrika-Mythen sind Ausdruck der Überzeugung, dass die eigentlichen Ursachen für die afrikanische Vielfachkrise in Afrika selbst lägen, also nichts mit globalen Rahmenbedingungen oder externer Interessenpolitik zu tun hätten. Das ist der Grund, weshalb ich mich immer wieder kritisch mit Afrika-Mythen auseinandersetzen werde. Denn meine Überlegungen sind von der Überzeugung geleitet, dass die strenge Unterscheidung zwischen extern und intern verursachten Krisen in die Irre führt. Die eigentliche Herausforderung besteht darin, ihre Wechselwirkungen in

Geschichte und Gegenwart genauer in den Blick zu nehmen. Beispielsweise zu untersuchen, wie der Kolonialismus ein ökonomisches, politisches und mentales Korsett hinterlassen hat, von dem sich die unabhängig gewordenen Länder allenfalls partiell befreien konnten.

2.

Westafrika: Mehr als ein geographischer Raum

Historische Zusammenhänge in den Blick nehmen

Geographischer Schwerpunkt dieses Buches ist Westafrika. In diesem Kapitel soll es daher um die Frage gehen, was Westafrika zu dem gemacht hat, was es heute ist. Einige Eckpunkte lassen sich schnell benennen, jedenfalls zur ersten Annäherung: Westafrika ist eine von fünf Regionen auf dem afrikanischen Kontinent – neben Nordafrika, Ostafrika, Zentralafrika und dem südlichen Afrika. Mit 6,1 Millionen Quadratkilometern ist das Gebiet rund ein Drittel größer als die Fläche der gesamten EU. In Westafrika leben 377 Millionen Menschen, davon mehr als die Hälfte in Nigeria (206 Millionen). 1975 haben sich in Lagos 16 Länder zur Westafrikanischen Wirtschaftsgemeinschaft (ECOWAS) zusammengeschlossen. Nichtsdestotrotz gilt Westafrika ökonomisch als eine der ärmsten und am wenigsten industrialisierten Regionen weltweit, sein Bruttoinlandprodukt ist kleiner als das der Schweiz.

Keine Frage, derartige Informationen sind unverzichtbar, gleichwohl würde es zu kurz greifen, die Analyse auf bloße Zahlen und Fakten zu beschränken. Vielmehr gilt es, die historisch gewachsenen Zusammenhänge des westafrikanischen Raums näher zu beleuchten. Es geht darum, ein Verständnis für die enorme Komplexität Westafrikas zu gewinnen, auch um im Laufe des Buches besser zu begreifen, was es bedeutet, als Fischerin im ölverseuchten Nigerdelta in Nigeria zu leben, oder als Viehhirte im immer regenärmeren Burkina Faso, oder als Jungunternehmerin in Ghanas prosperierender Hauptstadt Accra, oder als weltmarktabhängige Kakaobäuerin in der Regenwaldzone der Elfenbeinküste, oder als Straßenhändlerin in Malis Hauptstadt Bamako, oder als diplomierter Abgeschobener in Sokodé im Norden Togos, oder als Lehrer in der seit 2015 regelmäßig von dschihadistischen Anschlägen heimgesuchten Region Diffa in Niger. Wer Westafrika verstehen möchte, muss sich mit den gesellschaftlichen Hintergründen dieser und vieler weiterer Lebensrealitäten auseinandersetzen – einschließlich der Frage, wie sich naturräumliche Begebenheiten auf das alltägliche Leben auswirken. Wo das nicht geschieht, besteht die Gefahr, dass Länder nur noch nach statistischen Größen oder typischen Problemkonstellationen oberflächlich klassifiziert werden – ohne Verständnis für die tieferen Zusammenhänge der Region.

Viehwirtschaft im Sahel. Welche Rolle die Fulbe spielen

Im Norden des westafrikanischen Raumes liegt die Sahara. Ihren Uferstreifen bildet der Sahel. Das ergibt sich bereits aus dem Wort, denn Sahel kommt aus dem Arabischen und bedeutet Ufer – Ufer der Sahara. Geographisch ist der Sahel ein 600 Kilometer breites Band, das quer über den Kontinent von der Atlantikküste bis zum Roten Meer verläuft. Maßgebliches Unterscheidungskriterium zu den weiter südlich gelegenen Vegetationszonen ist die geringere Niederschlagsmenge. Diese beträgt im Sahel zwischen 100 und 600 Millimeter jährlich. Das bedeutet, dass im Laufe eines Jahres 100 bis 600 Liter Regen pro Quadratmeter fallen – eine für Laien etwas verwirrende Ausdrucksweise. Die Ackerbaugrenze liegt bei 200 Millimeter jährlich, bei weniger Regen ist ohne Bewässerungstechnik der Anbau von Getreide kaum möglich. Umso dramatischer ist, dass die Ackerbaugrenze seit den 1960er Jahren 100 bis 150 Kilometer nach Süden gewandert ist, was vor allem mit dem Klimawandel zu tun hat. Dieser führt – zusammen mit der demographisch bedingten Überbeanspruchung des Bodens – zur Desertifikation, also zur schleichenden Verwüstung immer größerer Acker- und Weideflächen. Angesichts dieser schwierigen Rahmenbedingungen spielt Viehwirtschaft im Sahel bereits seit Jahrhunderten eine überragende Rolle. In Mali, Burkina Faso und Niger macht sie rund 15 Prozent des Bruttoinlandsprodukts aus. Zum Vergleich: Der Anteil der Autoindustrie am Bruttoinlandprodukt in Deutschland beträgt gerade mal 4,5 Prozent. Da die Weide- und Wasserressourcen äußerst beschränkt sind, ziehen die Hirten mit ihren riesigen Herden kontinuierlich umher. Ungefähr 30 Kilometer täglich – je nach Region als Tagestouren oder mehrmonatige Wanderzyklen über weite Entfernungen. Es ist ein faszinierendes, mitunter erhebendes Gefühl, wenn eine solche Rinderherde völlig friedlich an einem vorbeizieht. Ich betone das auch deshalb, weil die Pastoralist:innen – so der Fachterminus – einen wichtigen Beitrag zur Aufrechterhaltung jener tief im sozialen Gefüge Westafrikas verankerten Kultur der Mobilität leisten, die sich auch im Migrationsgeschehen abbildet.

Es sind vor allem die Fulbe, die als Viehhirt:innen tätig sind. Mit ca. 44 Millionen Angehörigen sind sie die größte Bevölkerungsgruppe in Westafrika. Gleichzeitig sind sie immer wieder in Konflikte mit anderen Bevölkerungsgruppen verwickelt. Spätestens seit 2012 stehen sie im Zentrum der Gewalteskalation im Sahel, was darauf verweist, dass die Konflikte eng mit einer fundamentalen Krise der (halb-)nomadischen Viehwirtschaft zusammenhängen. Doch damit nicht genug. Die Konflikte gehen auch mit starken Vorurteilen gegenüber den Fulbe einher, gepaart mit

Verschwörungstheorien, wie sie in Europa am ehesten aus dem Antisemitismus bekannt sind. Es macht insofern Sinn, bereits hier einige vertiefende Informationen zu geben, auch wenn ich erst im sechsten und zwölften Kapitel ausführlich auf die Sahelkrise eingehen werde. Im Englischen heißen die Fulbe Fulani, im Französischen Peul. Fremd- und Selbstbezeichnungen gehen fließend ineinander über, das gilt auch für die in Guinea gebräuchliche Bezeichnung Fula. Ursprünglich stammten die Fulbe aus dem Westen des heutigen Senegal. Im 14. und 15. Jahrhundert haben sie sich in einer kontinuierlichen Wanderungsbewegung von Westen nach Osten über ganz Westafrika ausgebreitet, manche bis in die Gebiete der zentralafrikanischen Staaten Kamerun, Tschad und Sudan. Vielerorts stellen die Fulbe einen beträchtlichen Anteil der Bevölkerung, in Guinea sind sie sogar mit 40 Prozent die größte Bevölkerungsgruppe. Hochzeiten mit Angehörigen anderer Bevölkerungsgruppen bzw. Ethnien kommen zwar vor, allerdings variiert das je nach lokalem Kontext. Neben ihrer Sprache Fulfulde und ihrem muslimischen Glauben eint die Fulbe vor allem ihr Kodex «Pulaaku», übersetzbar mit «Fulbetum». Der Kodex enthält zahlreiche Tugenden und Verhaltensweisen, die als verbindlich gelten: etwa Geduld, Selbstachtung und Gastfreundschaft – häufig basierend auf Sprichwörtern: «Wer ein Vogelnest ausnehmen will, muss mit Dornen rechnen» – sinngemäß: «Erst die Arbeit, dann das Vergnügen». Ursprünglich waren die Fulbe Nomad:innen. Doch viele wurden bereits früh sesshaft, im Hochland des heutigen Guinea bereits im 18. Jahrhundert. Die Ökonomie der Fulbe beruht wesentlich auf Viehwirtschaft, es sei denn, sie leben in der Stadt. Dabei werden Kühe nur in Notlagen oder zu besonderen Anlässen verkauft, das unterscheidet sie von rein profitorientierten Herdenbesitzern, die seit den 1990er Jahren in verschiedenen Bevölkerungsgruppen anzutreffen sind. Hierzu passt, dass die Fulbe sämtliche ihrer Kühe mit eigenem Namen rufen. Denn diese werden als Mitglieder der Familie betrachtet, weniger als Profitquelle.

Wirtschaftlich relevant ist die von den Frauen verarbeitete Milch der Kühe, pro Tier ungefähr drei bis vier Liter täglich.

Was die Konflikte betrifft, gibt es verschiedene Ursachen. Der objektive Kern sind Konkurrenzen um Wasser und Land, wie ich bereits im letzten Kapitel unter dem Stichwort «Mythos ‹Stammeskonflikte›» skizziert habe. Hinzu kommen wechselseitige Ressentiments, die zwischen scherzhafter Neckerei und offener Ablehnung schwanken. Viele Fulbe kultivieren einen gewissen Überlegenheitsdünkel, das haben mir mehrere Fulbe ausdrücklich bestätigt. Die ebenfalls zu den Fulbe gehörenden Wodaabe in Niger sollen sich sogar für die schönsten Menschen der Welt halten. Sie sind vor allem durch ein Brautbewerbungsritual berühmt geworden, bei dem die Männer drei Tage lang um die Krone des schönsten Bräutigams wetteifern. Gleichzeitig gelten die Fulbe als intelligent und geschäftstüchtig. Wenn Vorurteile zum Tragen kommen, ist auch von Verschlagenheit, Diebstahl oder Lüge die Rede. Ein selbstironisches Sprichwort der Fulbe lautet daher, dass man bei einem Fulbe nie wisse, ob er schlafe oder nur die Augen geschlossen halte. Demgegenüber ist die selbst in Europa immer wieder zirkulierende Behauptung unzutreffend, die Fulbe würden grundsätzlich diskriminiert. Dieses Empfinden entspricht zwar dem Selbstbild vieler Fulbe, doch die Realität ist vielschichtiger. So ist die soziale Struktur der Fulbe ausgesprochen hierarchisch – trotz gemeinsamen Pulaaku-Kodex. Ganz unten befinden sich die Rimaibé, die Nachfahren von Sklav:innen, die unter den Fulbe bis heute beträchtliche Diskriminierung erfahren. Dem steht am anderen Ende der Hierarchie eine mächtige Fulbe-Elite gegenüber, die über große Herden und erhebliche Einflussmöglichkeiten verfügt, unter anderem, was die Kontrolle von Weiden, Wasserstellen und Durchzugswegen betrifft. Bei den Präsidentschaftswahlen 2019 in Nigeria waren die Kandidaten der beiden aussichtsreichsten Parteien Fulbe, entsprechend steht mit Präsident Muhammadu Buhari derzeit ein Angehöriger der Fulbe an der Spitze des größten westafrikanischen

Landes. Wie also kommt es dazu, dass sich etliche Fulbe derart diskriminiert fühlen? Hintergrund ist, dass nach der Unabhängigkeit nomadische Lebensformen als unmodern und ineffizient galten, politisch zugespitzt durch den Umstand, dass sich bestimmte Strömungen der ebenfalls nomadisch lebenden Tuareg weigerten, die neue Staatenordnung anzuerkennen. In der praktischen Umsetzung wurde seitens der jungen Unabhängigkeitsregierungen versucht, Fulbe und Tuareg zur Sesshaftigkeit zu drängen. Nur ihre Herden und Karawanen sollten mobil sein, nicht jedoch ganze Großfamilien. Entsprechend sind die Interessen der Fulbe immer wieder ignoriert worden, etwa wenn Weideland in Ackerland umgewandelt wurde, ohne Ersatzflächen bereitzustellen. Diese Erfahrungen haben unter vielen Fulbe einen fundamentalen Groll gestiftet und somit die Grundlage für gesamtgesellschaftliche Konflikte geschaffen, die bis heute andauern. Beispielsweise rekrutieren im Sahel diverse Gewaltakteure ihre Mitglieder schwerpunktmäßig unter jungen Fulbe, indem sie in ihren propagandistischen Diskursen oder Predigten die im kollektiven Gedächtnis der Fulbe gespeicherten Diskriminierungserfahrungen erfolgreich zum Klingen bringen – häufig im Wechselspiel mit aktuellen Benachteiligungen, wie ich noch zeigen werde.

Lagos: Zwischen Moloch und Laboratorium des Wandels

Ich möchte zum zweiten Ufer kommen, dem des Atlantischen Ozeans, das die geographischen Grenzen des westafrikanischen Raumes im Westen und Süden markiert. 40 Prozent der Menschen in Westafrika leben am Atlantik. Das ist kein ungewöhnlicher Wert. 70 bis 80 Prozent der Weltbevölkerung siedeln maximal 96 Kilometer von einer Meeresküste entfernt. Auch 15 der 20 größten Städte weltweit liegen am Meer, darunter die Megacity Lagos in Nigeria, die für das Verständnis des westafrikanischen Raumes unverzichtbar ist, zumal sie einen eindrücklichen Kontrapunkt zu ländlich geprägten Lebenswelten darstellt, wie ich sie am Beispiel der Fulbe beschrieben habe. Konkreter: Zum Zeitpunkt der Unabhängigkeit 1960 betrug die Einwohnerzahl von Lagos 760 000, sie ist mittlerweile auf 23 Millionen angewachsen – so viele Menschen wie im gesamten Sahelstaat Niger, der in Europa vor allem als Haupttransitland für afrikanische Migrant:innen eine gewisse Bekanntheit erlangt hat. Gegründet wurde Lagos im 14. Jahrhundert auf einer Laguneninsel. Noch Mitte des 19. Jahrhunderts spielte der Ort eine zentrale Rolle im atlantischen Sklavenhandel. 1886 erklärte Großbritannien Lagos zur Kronkolonie, 1914 zur Hauptstadt seiner nigerianischen Kolonie Federation of Nigeria. Erst 1991 verlor Lagos seinen Status als Hauptstadt des unabhängigen Nigeria – nicht zuletzt ob seiner schieren Größe und Unkontrollierbarkeit. Stattdessen wurde im Zentrum des Landes die seit Ende der 1970er Jahre errichtete Retortenstadt Abuja neue Hauptstadt.

Derweil ist die Wirtschaftsleistung von Lagos immens. Sie ist größer als das Bruttoinlandsprodukt von Senegal, Ghana und der Elfenbeinküste zusammen, also jener drei Länder, die mit Nigeria zu den stärksten Ökonomien Westafrikas zählen. Umso bemerkenswerter ist, dass mindestens 70 Prozent der Einwohner:innen von Lagos unter hochgradig prekären Bedingungen leben und arbeiten. Für sie sind die Shopping- und Vergnügungsboulevards der aufstrebenden Mittelschicht ein anderer Planet. Weniger als 40 Prozent haben Zugang zu fließend Wasser. In den informellen Siedlungen verfügen nur die wenigsten Häuser über eigene Toiletten, geschweige denn Waschräume. Viele Menschen müssen ihre Notdurft im Freien verrichten oder öffentliche Toiletten aufsuchen. Dies ist insbesondere bei Regen und Dunkelheit äußerst nervenaufreibend, für Frauen und Mädchen auch deshalb, weil sie jederzeit mit sexuellen Übergriffen rechnen müssen. Zudem stellt die unzureichende Entsorgung von Fäkalien und Abwasser ein erhebliches Risiko für die öffentliche Gesundheit dar. Sie begünstigt nicht nur Erkrankungen wie Cholera und Typhus. Sie belastet auch das Grundwasser, das unter anderem beim innerstädtischen Gemüseanbau Verwendung findet.

Derartige Umstände stellen eine zermürbende Dauerbelastung im Alltag dar. Es ist deshalb kein Zufall, dass gerade in den großen Städten viele Menschen in Auswanderungsträumen schwelgen. Ich habe eine leise Ahnung davon bekommen, als ich vor einigen Jahren in Abidjan in einer völlig überhitzten Wellblechhütte lag und mit Grausen den kommenden, nicht minder heißen Nachtstunden entgegensah. Zur Wahrheit gehört aber auch, dass Megacities wie Lagos seit jeher Schmelztiegel sind, pulsierende Orte der Lebenslust, Laboratorien des gesellschaftlichen Wandels: Bereits in den 1920er Jahren entwickelte sich die Stadt zum Zentrum der frühen Unabhängigkeitsbewegung in Westafrika. In den 1970er Jahren sponn Fela Kuti – Begründer des Afrobeat und furchtloser Kritiker der Militärdiktatur – den panafrikanischen Faden in Lagos' Musikclubs weiter, als er jene Afrikaner verspottete, die sich in tropischer Hitze in westliche Kleidung zwängten: «I be Africa man original / I no be gentleman at all o!» – «Ich bin ein wirklicher Afrikaner / Keinesfalls ein Gentleman». Und auch der nigerianische Literaturnobelpreisträger Wole Soyinka unterstrich die überragende Bedeutung von Lagos, das ihn seit seiner Kindheit begleitet: Als die BBC 2010 eine dreiteilige Serie über die Slums der Megacity ausstrahlte, kritisierte Wole Soyinka die Dokumentation als «herablassend» und «kolonialistisch». Es sei zutiefst frustrierend, eine so reichhaltige Stadt wie Lagos derart negativ und reduktionistisch porträtiert zu sehen. So betrachtet kann es kaum überraschen, dass 92 Prozent der Nigerianer:innen laut einer 2018 veröffentlichten Untersuchung optimistisch in die Zukunft blicken. Vor allem zwei Gründe fallen ins Gewicht: Einerseits jene viel zitierte Resilienz, die Menschen in Afrika im Laufe der Zeit ausgebildet haben, «um die verschiedenen Schocks ihrer jüngeren Geschichte zu verkraften», wie es Felwine Sarr in seinem bereits erwähnten Werk *Afrotopia* formuliert.[1] Andererseits religiöse Überzeugungen, die nicht zuletzt in Nigeria eine überragende Rolle spielen. Beides – Lebensmut und Religion – waren offenkundig auch wichtige Orientierungspunkte für einen Müllsammler, der sich in dem deutschsprachigen Dokumentarfilm *Lagos – Das tägliche Wunder* betont zuversichtlich zu seiner persönlichen Lage äußert: «Ich danke Gott. Immer Gott [...] Lagos ist besser. Egal, was du hier machst, du schaffst es, du findest immer was in Lagos. Wenn du bereit bist, jede Arbeit zu machen, und wenn du nur Wasser verkaufst, dann wirst du es schaffen.»[2]

Ökonomische und politische Dominanz der Küstenregionen

Es ist unstrittig, dass Millionenstädte wie Lagos, Accra oder Dakar allein aufgrund ihrer wirtschaftlichen Größe eine Sogwirkung Richtung Küste entfalten. Dennoch sollte nicht aus dem Blick geraten, dass dies keineswegs immer so war. Im Gegenteil: Bis ins 20. Jahrhundert waren die Küsten Westafrikas überwiegend von tropischen Regen- und Magrovenwäldern gesäumt. Entsprechend gab es zwar unzählige Handelsniederlassungen, über die seit dem 15. Jahrhundert der Handel mit Sklaven, Gold oder Elfenbein abgewickelt wurde, später mit Palmöl, Rohgummi oder Kakao, doch sowohl die Küsten als auch die Waldgebiete waren überwiegend schwach besiedelt. Mehr noch, das wirtschaftliche und politische Leben fand in erster Linie nördlich der bis zu 350 Kilometer breiten Regenwaldzone statt, also in den Gebieten der Savanne. Aus heutiger Sicht mag das überraschen. Denn Europäer:innen sind es gewohnt, die westafrikanische Savanne als Armenhaus zu betrachten, insbesondere den Sahel. Demgegenüber berichten Reiseschriftsteller ganz anders. Beispielsweise der junge Schotte Mungo Park, der 1795 bis 1797 den Sahel bereiste und sich dabei besonders von Ségou angetan zeigte – der damaligen Hauptstadt des Bambara-Reiches: «Der Anblick dieser ausgedehnten Stadt, die zahlreichen Kanus auf dem Fluss, die dicht gedrängte Bevölkerung und der kultivierte Zustand des umliegenden Landes bildeten zusammen einen Anblick von Zivilisation und Herrlichkeit, wie ich ihn im Herzen Afrikas kaum erwartet hätte.»[3] Geändert hat sich dies erst durch die Kolonialmächte. Sie verfolgten die Strategie, die küstennahen Gebiete im Sinne europäischer Interessen umzumodellieren, insbesondere durch den forcierten Anbau agrarischer Exportprodukte in der klimatisch günstigen Regenwaldzone. Und das wiederum hat den westafrikanischen Raum völlig neu ausgerichtet. Vor allem drei Entwicklungen waren grundlegend: *Erstens* ist die Fokussierung auf die Küstengebiete mit einer gezielten Vernachlässigung des Binnenlandes einhergegangen. Beispielsweise gab es vielerorts Textilproduktion, unter anderem im Norden des heutigen Nigerias. Aus europäischer Sicht war dies freilich Konkurrenz – sowohl um den Rohstoff Baumwolle als auch hinsichtlich des Handelsprodukts Stoff. In diesem Sinne erklärte der Generalgouverneur von Französisch-Westafrika 1917 kurz und bündig, dass er kein Interesse an afrikanischer Stoffproduktion habe. Die Weber:innen seien nicht effektiv genug, stattdessen sollten sie sich auf den Anbau von Exportbaumwolle konzentrieren. Die damals blockierte Entwicklung der Stoffproduktion ist einer von vielen Gründen, weshalb die westafrikanische Savanne heute ökonomisch weitgehend abgehängt ist. *Zweitens* wurde das Binnenland zum bloßen Arbeitskräftereservoir für den Süden degradiert und somit systematisch geschwächt. So forderte die französische Kolonialmacht seit 1893 die jährliche Entsendung von 500 000 Arbeitskräften aus der Kolonie Obervolta (heute: Burkina Faso) in die Elfenbeinküste. *Drittens* ist es zur großräumigen Abholzung des westafrikanischen Regenwalds gekommen: Zu Beginn des 19. Jahrhunderts betrug dessen Fläche 600 000 Quadratkilometer – knapp so groß wie das heutige Polen und Deutschland zusammen. Ab 1876 begann massiver Holzeinschlag, vor allem um Flächen für den Anbau agrarischer Rohstoffe zu gewinnen, aber auch für den Export von Tropenholz. Trotz früher Schutzmaßnahmen steigerte sich die Menge kontinuierlich. 1913 exportierte die Elfenbeinküste 85 000 Kubikmeter Holz, 60 Jahre später waren es 5 Millionen Kubikmeter – das entspricht kaum vorstellbaren 125 Millionen Holzpaletten in zwölf Monaten. Schlimmer noch: In den 1980er Jahren wurde in Westafrika jährlich Regenwald im Umfang der achtfachen Fläche von Berlin gerodet. Folge ist, dass mittlerweile nur noch 10 Prozent des ursprünglichen Regenwalds erhalten sind, der Rest ist Sekundärwald aus Plantagen, Gestrüpp, nachgewachsenen Bäumen und einigen wenigen Urwaldriesen. Wer heute von Abidjan nach Bamako fährt, ahnt nicht, dass die südliche Hälfte der Elfenbeinküste bis vor 100 Jahren gänzlich von Regenwald bedeckt war.

Nicht erläutert habe ich bislang, was es mit der östlichen Flanke des westafrikanischen Raumes auf sich hat. Denn diese ist offenkundig nicht durch eine eindeutige Grenze wie die Sahelzone oder die Atlantikküste markiert. Vielmehr handelt es sich um fließende Übergänge, das zeigt bereits ein kurzer Blick auf die Landkarte: Die östlichen Gebiete von Niger und Nigeria weisen keine grundsätzlich anderen Merkmale auf als die westlichen Gebiete von Tschad und Kamerun, zumal Tschad auch Teil des Sahel ist. Und doch gehören Tschad und Kamerun primär zu Zentralafrika und somit zu einer anderen Großregion. Beide Länder sind von Wirtschaftskreisläufen, politischen Allianzen, kulturellen Praktiken und Sprachfamilien geprägt, deren Gravitationszentrum in Zentralafrika liegt. Dies bedeutet auch, dass sie Mitglieder der 1983 gegründeten Zentralafrikanischen Wirtschaftsgemeinschaft (ECCAS) sind. Der Tschad hat darüber hinaus vielfältige Verbindungen zum Horn von Afrika, das sowohl in die arabische Welt als auch in die Welt des Indischen Ozeans integriert ist. Jenseits davon ruft die Frage nach der östlichen Flanke in Erinnerung, dass dieses Kapitel seinen Ausgang von den geographischen Grenzen Westafrikas genommen hat. Umso wichtiger ist es, in den folgenden Abschnitten einen Perspektivwechsel vorzunehmen. Denn Grenzen sind immer auch Durchgangsorte, Umschlagpunkte zwischen Innen und Außen, selbst dann, wenn sie – wie die Außengrenzen der Europäischen Union – hermetisch überwacht werden. Entsprechend gilt: Westafrika sähe anders aus, wenn es nicht in den vergangenen 1200 Jahren über seine geographischen Grenzen hinaus Bestandteil zweier Großräume geworden wäre und gleichzeitig diese Großräume selber mitgeformt hätte. Die Rede ist einerseits vom Transsahara-Raum, der die nordafrikanischen Maghrebländer mit Westafrika verbindet, andererseits vom Atlantischen Raum, zu dem neben Afrika auch Europa und die beiden Amerika gehören.

Transsahara-Handel, Großreiche und religiöse Vielfalt

Begonnen hat der Kontakt zwischen Nord- und Westafrika im 8. Jahrhundert. Damals entfaltete sich der Transsahara-Handel, der zwischen dem 15. und 19. Jahrhundert eine zentrale Verkehrsader der Weltökonomie bildete und somit die unwirtliche Sahara zu einem Ort des Transits und des Austauschs machte. Anfänglich waren es Angehörige islamischer Minderheiten, die vom Maghreb aus den Transsahara-Handel betrieben. Anlaufpunkt in Westafrika war das Gebiet des heutigen Senegals. Dort stießen die Handelskarawanen aus dem Norden auf bereits bestehende regionale Handelsgeflechte, wovon beide Seiten profitierten. Später führten die Transsahara-Routen auch nach Gao und Timbuktu am Südrand der Sahara. Gleichzeitig breiteten sich ausgehend von den Endpunkten der Transsahara-Karawanen Handelsnetzwerke über das gesamte westafrikanische Territorium aus. Ab dem 15. Jahrhundert zogen Händler von Gao und Timbuktu bis zu den mächtigen Haussa-Stadtstaaten im Norden des heutigen Nigerias. Und von dort wiederum bauten Haussa-Händler ab dem 18. Jahrhunderte Kontakte bis in die Waldgebiete im Süden Westafrikas auf. Die Karawanen aus Nordafrika transportierten einerseits Luxusprodukte wie Pferde, Stoffe und Waffen, zudem kauften sie in der Sahara – als Zwischenhändler – Salz, Kupfer und Datteln. Umgekehrt wurden aus Westafrika Getreide, getrockneter Fisch, Kolanüsse und Ziegenleder exportiert, vor allem aber Gold und Sklav:innen. Der Sklaventransport durch die Wüste darf nicht mit dem atlantischen Sklavenhandel oder der innerafrikanischen Sklaverei verwechselt werden, um die es noch ausführlich gehen wird. Er gehört vielmehr zum transsaharischen und ostafrikanischen Sklavenhandel, der einerseits über die Sahara ging, andererseits über den Indischen Ozean und das Rote Meer. Zielorte waren, um nur einige Beispiele zu nennen, die großen Sklavenmärkte in Kairo, Bagdad oder Istanbul, zudem Sansibar vor der ostafrikanischen Küste, China und zahlreiche Inseln. Dieser Handel dauerte von 650 bis zur Mitte des 20. Jahrhunderts. Sein toxisch wirkendes Erbe dürfte einer der Gründe für den krassen Rassismus sein, den Migrant:innen aus Subsahara-Afrika noch heute in den Maghrebländern regelmäßig erleben. Insgesamt wurden im Zuge des transsaharischen und ostafrikanischen Sklavenhandels 17 Millionen Menschen versklavt, davon 2 Millionen in Westafrika.

Der Transsahara-Handel ging mit zwei grundlegenden Neuerungen einher, ohne die die westafrikanische Geschichte völlig anders verlaufen wäre. Zunächst entpuppte er sich als eine der wichtigsten Voraussetzungen für die Entstehung von Staatlichkeit in Westafrika. Denn erst die Einnahmen aus Zöllen, Steuern und Gebühren ermöglichten den Aufbau staatlicher Verwaltungen, die ihrerseits sichere Handelswege, den Bau von Häfen oder die Organisation von Märkten gewährleisteten. In Europa haben lediglich die großen Reiche Ghana, Mali und Songhai eine gewisse Bekanntheit erlangt, die sich zwischen dem 9. und 16. Jahrhundert auf den Gebieten der heutigen Staaten Mauretanien, Senegal, Mali und Niger erstreckten. Insbesondere das Songhaireich hatte riesige Ausmaße, es umfasste ungefähr ein Viertel des gesamten westafrikanischen Raumes. Gleichwohl sollten die anderen Reiche nicht vergessen werden, die in vorkolonialer Zeit ebenfalls in Westafrika existierten und häufig um die Kontrolle des Sklavenhandels und der westafrikanischen Handelswege konkurrierten: Etwa die fünf Königreiche der Mossi im heutigen Burkina Faso (1000 bis 1896), das Aschantireich im heutigen Ghana (1680 bis 1896), das Königreich Benin im Südwesten des heutigen Nigerias (600 bis 1897), das Königreich Ségou im Zentrum des heutigen Mali (1712 bis 1861) oder das Königreich Dahomey im heutigen Benin (1650 bis 1894). Die Liste ist keineswegs vollständig, aber sie macht eine elementare Schwäche der europäischen Debatte sichtbar. Denn wenn von schlechter Regierungsführung in Afrika die Rede ist, wird meist der Eindruck erweckt, dass es auf dem afrikanischen Kontinent keine echte Tradition von Staatlichkeit gäbe. Bestimmend seien vielmehr Partikularinteressen einzelner Ethnien. Selbst langjährige Afrika-Korrespondent:innen blasen in dieses Horn. Etwa Wolfgang Drechsler, der seit den 1980er Jahren in Südafrika lebt und 2016 in einem Beitrag für den Berliner *Tagesspiegel* allen Ernstes behauptete, dass Afrikaner:innen ein «rohes» Verhältnis zur Macht hätten: Man wolle diese «unverdünnt und nur für sich und den eigenen Stamm».[4] Entgegen solchen Stereotypen ist festzuhalten, dass es gerade in Westafrika eine lange Tradition großer und multiethnischer Reiche gibt. Wenn es um den Kollaps staatlicher Strukturen in Westafrika geht, sollten daher nicht abwegige Thesen diskutiert werden, sondern die Frage, weshalb es nach der formellen Unabhängigkeit allenfalls in Ansätzen gelungen ist, stabile, handlungsfähige und demokratische Staaten aufzubauen.

Nicht weniger bedeutsam war die zweite aus dem Transsahara-Handel hervorgegangene Neuerung. Denn die Händler aus dem Maghreb brachten auch den Islam nach Westafrika. Die Wahlverwandtschaft zwischen Transsahara-Handel und Islam war zunächst rein pragmatischer Natur: Durch die Auseinandersetzung mit dem Koran erlernten immer mehr Menschen die arabische Schrift, sodass auch die Händler:innen im weitgehend schriftlosen Westafrika ihre alltäglichen Geschäfte in Schriftform abwickeln konnten. Außerdem stand in Gestalt des islamischen Rechts ein allenthalben akzeptierter Mechanismus zur Regelung von Rechtsstreitigkeiten zur Verfügung, wobei in aller Regel islamische Gelehrte als Richter bzw. Vermittler herangezogen wurden. Heute ist der Islam mit rund 42 Prozent die größte Religion in Westafrika. Dahinter verbergen sich freilich sehr unterschiedliche Relationen: Auf der einen Seite der Skala befinden sich Binnenländer wie Niger oder Mali, wo über 90 Prozent der Menschen muslimischen Glaubens sind – eine Größenordnung, die schlagartig fassbar wird, wenn der Fernbus zwischen Bamako und Ouagadougou mitten in der Savanne stoppt und die große Mehrheit der Fahrgäste zum Beten in eine kleine Moschee strömt. In der Mitte der Skala ist Nigeria verortet, wo sich Muslim:innen und Christ:innen ungefähr die Waage halten. Auf der anderen Seite der Skala stehen Küstenländer wie Ghana, Togo oder Benin. Hier gehört zwar die relative Mehrheit der Menschen christlichen Kirchen an, doch lokale Religionen verfügen ebenfalls über erheblichen Einfluss. In Togo ist es sogar knapp die Hälfte der Bevölkerung, die sich zu unterschiedlichen Lokalreligionen bekennt, darunter Voodoo und die Religion der Yoruba.

Lokale Gottheiten, Ahnenglaube und Magie spielen überall in Westafrika eine prominente Rolle. In Bamako gehe ich während der Trockenzeit häufig unter der «Dritten Nigerbrücke» spazieren. In diesen Monaten ist das Flussbett am östlichen Stadtrand ausgetrocknet, während der Niger teils durch einen Kanal, teils unterirdisch verläuft – außer in einer schmalen und extrem tiefen Felsspalte im Zentrum des Flussbetts. Hier herrscht in den frühen Abendstunden spiritueller Hochbetrieb, während 15 Meter weiter oben auf sechs Spuren der Feierabend-Verkehr rollt. Überall sitzen kleine Grüppchen und opfern Tiere, in aller Regel Hühner, selten auch Schafe. Gegenstand der Fürbitte sind all jene Dinge, die Menschen Sorgen bereiten – Krankheiten, wirtschaftliche Probleme oder ein nicht erfüllter Kinderwunsch. Viele berichten, dass sich unter der Dritten Brücke ganz Bamako versammelt, auch Minister:innen, Geschäftsleute oder Fußballstars. Das in Europa viel zitierte Bild des *magischen Afrikas* steckt voller Vorurteile. Genauso falsch wäre es jedoch, die Existenz dieser spirituellen Dimension zu leugnen. Sie ist real, sie bestimmt auch das Alltagshandeln der Menschen, etwa wenn bei einem Streit eine Person aus Angst vor magisch ausgeübter Rache nicht zur Rede gestellt wird. Doch für Außenstehende bleibt diese Realität schwer nachvollziehbar. Wer nicht von Geburt an mit den Seelen der Ahnen oder anderen Kräften aufgewachsenen ist, wird zwar intellektuell verstehen können, dass diese über großen Einfluss verfügen, doch die emotionale Wirkmächtigkeit dieses Einflusses entzieht sich einem adäquaten Verständnis.

Zu den Ursprüngen des westafrikanischen Dschihadismus

Wenn es um Islam in Westafrika geht, ist auch die Rolle dschihadistischer Bewegungen zu betrachten. Denn diese haben eine lange Tradition, was in der europäischen Debatte um Terrorgruppen wie Boko Haram viel zu häufig ignoriert wird. Der Dschihad ist ein zentrales und zugleich vielfältiges Konzept im Islam. Während die klassische islamische Rechtslehre vor allem den militärischen Kampf zur Verteidigung und Verbreitung des islamischen Glaubens betont, begreifen moderne Gelehrte den Dschihad primär als geistige Anstrengung, das moralisch Richtige zu tun. In Westafrika rebellierte bereits im 17. Jahrhundert die dschihadistische Tuubenaan-Bewegung im heutigen Senegal gegen die ständigen Sklavenjagden im Rahmen des atlantischen Sklavenhandels. Wichtigster Stichwortgeber war der aus dem Süden des heutigen Mauretanien stammende religiöse Gelehrte Nasir al-Din. Er erklärte 1673, dass «Gott es den Fürsten nicht gestattet, ihre Untertanen zu versklaven, zu berauben oder zu töten».[5] Der Tuubenaan-Aufstand scheiterte, dennoch gründeten sich in der Folgezeit mehrere dischihadistische Reiche, darunter das primär von Fulbe getragene Reich Fouta Djallon im Hochland des heutigen Guineas (ab 1725).

Ende des 18. Jahrhunderts griffen dschihadistische Bewegungen im heutigen Nigeria das sozialrevolutionäre Erbe der Tuubenaan erneut auf, inspiriert durch den charismatischen Prediger Usman dan Fodio. Sie prangerten Machtmissbrauch, überhöhte Steuern und Versklavung durch die Fürstentümer der Haussa an, worunter nicht zuletzt die marginalisierten Fulbe auf dem Land zu leiden hatten. Zudem kritisierten sie, dass die Fürstentümer zwar nominell dem Islam verpflichtet seien, ihre Herrschaftsausübung aber nicht zum Geist des Koran passen würde. Usman dan Fodio verkündete daher, dass ein bewaffneter Dschihad gerechtfertigt sei. 1804 wurden die Haussa-Fürsten militärisch geschlagen, im Anschluss rief Usman dan Fodio im Norden des heutigen Nigerias das Kalifat von Sokoto aus, auch als Fulbe-Reich bekannt. Knapp 100 Jahre später unterlag Sokoto der britischen Kolonialarmee, doch bis heute ist der Sultan von Sokoto das geistige Oberhaupt aller Muslime in Nigeria. An dem Dschihad von Usman dan Fodio waren auch Fulbe aus der Region Massina im heutigen Mali beteiligt, dem fruchtbaren Nigerbinnendelta zwischen Djenné und Timbuktu. Ermutigt durch das Kalifat von Sokoto eröffneten sie einen Dschihad gegen das Ségou-Reich der Bambara. Zum einen, weil die damals noch nicht islamisierten Bambara die Fulbe und andere Bevölkerungsgruppen ökonomisch auspressten. Zum anderen, weil die Macht der Bambara ganz wesentlich auf der Arbeit von Sklav:innen basierte, die bei regelmäßigen Razzien außerhalb des Ségou-Reiches entführt wurden. Schätzungen gehen davon aus, dass rund 20 Prozent der Bevölkerung des Ségou-Reiches Sklav:innen waren, ein Umstand, der in Westafrika bis Anfang des 20. Jahrhunderts als weitgehend normal galt. 1818 fügten die Fulbe unter ihrem geistigen Führer Sékou Amadou dem Ségou-Reich eine empfindliche Niederlage zu und riefen nördlich von Ségou das berühmte Massina-Reich aus. Dieses präsentierte sich als multiethnischer und religiös streng geführter Dschihad-Staat, zu dessen berühmtesten Maßnahmen die Verabschiedung eines umfassenden Regelwerks zur Nutzung von Weide- und Ackerflächen gehörte. Denn Konflikte zwischen Ackerbauern und Viehhirten existierten bereits damals, über 150 Jahre bevor die Situation durch Bevölkerungswachstum, Landgrabbing und Klimawandel eine weitere Zuspitzung erfahren hat. Der dritte große Dschihad ging auf das Konto des Predigers ʿUmar Tall. Bemerkenswert ist, dass es ʿUmar Tall nicht um die Verteidigung marginalisierter Bevölkerungsgruppen ging, sondern um Zwangsislamisierung und Eroberung. ʿUmar Tall gehörte zu den Tukulör, einer mit den Fulbe verwandten Bevölkerungsgruppe im heutigen Senegal. Sein Hauptwerk unter dem martialisch anmutenden Titel *Die Lanzen der Gefolgsleute des Rechtschaffenen an den Hälsen der Gefolgsleute des Verfluchten* hinterließ bleibenden Eindruck in Westafrika. Als ʿUmar Tal 1861 das bereits geschwächte Ségou-Reich eroberte, löste der Sturz des letzten nicht-muslimischen Reichs in Westafrika sogar nördlich der Sahara Jubelstimmung aus. Doch damit nicht genug: ʿUmar Tall setzte seinen Eroberungsfeldzug fort und unterwarf ein Jahr später auch das dschihadistische Massina-Reich. Seine religiöse Begründung lautete, dass Massina mit dem ungläubigen Ségou-Reich kooperiert habe und somit legitimes Ziel seines Dschihads geworden sei. 1864 kam ʿUmar Tall bei Kämpfen mit Aufständischen ums Leben, doch sein riesiges Tukulör-Reich wurde erst 1893 durch die französische Kolonialmacht endgültig besiegt.

Die Geschichte der Dschihad-Reiche ist für das Verständnis des zeitgenössischen Westafrikas deshalb so grundlegend, weil sich bewaffnete dschihadistische Gruppen bis heute auf dieses Erbe berufen: Wie im 19. Jahrhundert werden auch im 21. Jahrhundert korrupte Regierungen und soziale Missstände an den Pranger gestellt. Neu im dschihadistischen Repertoire ist lediglich die Kritik sogenannter westlicher Verhaltensweisen, wozu selbst der Besuch staatlicher Regelschulen zählt. Radikale Prediger erfreuen sich beachtlicher Zustimmung, auch Angriffe auf staatliche Repräsentant:innen können mit klammheimlicher Zustimmung rechnen. Dafür sorgt ein historischer Echoraum, der bis zum Widerstand der Tuubenaan gegen den atlantischen Sklavenhandel zurückreicht. Dem Dschihadismus gelingt es also immer wieder, seine Lehre als sozialrevolutionäre Theologie der Befreiung zu inszenieren. Es ist daher keineswegs ein Zufall, dass in Nigeria, Mali oder Burkina Faso bewaffnete Islamisten vornehmlich dort agieren, wo bereits im 19. Jahrhundert große und kleine Dschihad-Reiche beheimatet waren. Dennoch sei betont, dass nicht alle Menschen in diesen Regionen Sympathien für die militanten Islamisten hegen. So arbeite ich im Zentrum Malis mit einer bäuerlichen Basisgewerkschaft zusammen, deren Mitglieder sich hartnäckig weigern, das Vorgehen dschihadistischer Gruppen in ihrer Region als religiös gerechtfertigten Akt anzuerkennen. Für sie hat es nichts mit Dschihad zu tun, wenn Bauern und Bäuerinnen auf den Feldern erschossen oder auf dem Weg zum Markt durch Sprengfallen getötet werden. Sie sprechen daher konsequent von «Terroristen». Ich kann sie bestens verstehen, aber zur Wahrheit gehört auch, dass solche Fragen in Westafrika seit den 1980er Jahren zunehmend umstritten sind. Gleichzeitig machen die jüngsten Erfahrungen mit westlichen Militärinterventionen in Mali deutlich, dass militärische Gewalt dschihadistische Bewegungen allenfalls eindämmen, nicht aber stoppen kann. Denn Dschihadismus ist im Kern ein Brennspiegel der gesellschaftlichen Vielfachkrise in Westafrika, auf die es soziale, nicht militärische Antworten zu finden gilt.

Atlantischer Sklavenhandel und Weltmarktintegration

Die transsaharischen Beziehungen zwischen West- und Nordafrika waren überwiegend friedlicher Natur. Daran ändert auch der Umstand nichts, dass Marokko 1591 das Songhaireich geschlagen und eine 200-jährige Herrschaft im Nigerbinnendelta zwischen Djenné und Timbuktu errichtet hat. Demgegenüber war die Geschichte des Atlantiks ungleich stärker von enthemmter Gewalt und tiefgreifender Zerstörung geprägt. Ausgangspunkt waren frühe Handelskontakte im 15. Jahrhundert, von hier aus hat sich im 16. Jahrhundert schrittweise der atlantische Sklavenhandel entwickelt, über den (West-)Afrika zum festen Bestandteil des atlantischen Raumes wurde. Dabei ist unstrittig, dass die millionenfache Versklavung im Landesinneren ohne die Zuarbeit afrikanischer Sklavenhändler nicht möglich gewesen wäre – eine fatale Dynamik, die den Anfang jener bis heute anhaltenden Bereitschaft afrikanischer Eliten markiert, skrupellos gegen die eigene Bevölkerung vorzugehen. Aber auch ansonsten waren die Auswirkungen des atlantischen Sklavenhandels desaströs, unter anderem deshalb, weil Afrika auf diese Weise in die bis heute nicht überwundene Position reingedrängt wurde, die Welt mit billigen Rohstoffen zu versorgen, während die Weiterverarbeitung der Rohstoffe und somit zusätzliche Wertschöpfung primär in den Industrieländern erfolgt. Die widersprüchliche Einbindung Afrikas in die Kreisläufe der globalen Ökonomie werde ich – ausgehend vom Sklavenhandel – im sechsten Kapitel dieses Buches ausführlich behandeln. An dieser Stelle möchte ich lediglich hervorheben, dass in der westlichen Welt das Trauma des atlantischen Sklavenhandels weiterhin massiv unterschätzt wird. Auch deshalb war es so wichtig, dass in der britischen Hafenstadt Bristol im Juni 2020 im Rahmen der antirassistischen Black-Lives-Matter-Proteste die Statue des Sklavenhändlers Edward Colston vom Sockel geholt und ins Hafenbecken gerollt wurde. Denn dieser von vielen Beobachter:innen als Bildersturm kritisierte Befreiungsakt hat das verhängnisvolle Erbe des atlantischen Sklavenhandels auf spektakuläre Weise ins Rampenlicht der globalen Öffentlichkeit katapultiert – ganz im Sinne des kenianischen Schriftstellers Ngugi wa Thiong'o:

«Der Westen hat dieses Verbrechen gegen die Menschlichkeit niemals gebührend anerkannt, denn Anerkennung heißt, Verantwortung für eine Tat und ihre Folgen zu übernehmen. Selbstredend ist es nachvollziehbar, weshalb ein Täter sein Verbrechen am liebsten vergessen würde: Schwer lastet die Krone auf den Häuptern derer, die ein Verbrechen gegen die Menschlichkeit begangen haben. Doch auch das postkoloniale Afrika hat niemals gebührend das Trauma betrauert, weder auf dem eigenen Kontinent noch in den diasporischen Communities der Karibik und der Amerikas. In Afrika und in der übrigen Welt wurden Versklavungshandel und Sklaverei niemals in klaren Worten als das bezeichnet, was sie faktisch waren: Völkermord, Holocaust und Vertreibung in einem beispiellosen historischen und geographischen Ausmaß. Es war ‹hitlerism long before Hitler› – um eine Formulierung Aimé Césaires aus seinem Werk ‹Discourse on Colonialism› zu bemühen.»[6]

Der Niger-Strom als zentrale Lebensader Westafrikas

Bei meiner Reise durch den westafrikanischen Raum habe ich im schnellen Wechsel ganz verschiedene Aspekte beleuchtet. Dies war keineswegs unbeabsichtigt. Vielmehr möchte ich dazu beitragen, dass in Europa ein angemessenes Bewusstsein für die extreme Diversität Westafrikas entsteht, auch für jene Aspekte, die ich nicht näher ausführen konnte. Beispielsweise, dass in der Region über 500 Sprachen gesprochen werden, die ihrerseits mit einer großen Fülle kultureller, spiritueller und sozialer Praktiken einhergehen, oder dass sich zwischen Regenwald und Sahel diverse Vegetationszonen befinden, auch solche mit einem großen Spektrum landwirtschaftlicher Anbaumöglichkeiten, oder dass Westafrika von einem weitverzweigten Flusssystem durchzogen wird, das überwiegend im kontinentalen Hochland der Oberguineaschwelle entspringt. Und dennoch: So wichtig es ist, Westafrika durch die Brille der Diversität zu betrachten, ein solches Unterfangen sollte nicht in folkloristische Verkitschung abdriften. Etwa wenn europäische Tourist:innen angesichts der vielfältigen Farben, Stoffe, Töne, Gerüche oder Sprachen von Afrika als «buntem Kontinent» schwärmen – vorzugsweise nach dem Besuch eines x-beliebigen Marktes, der für Europäer:innen in der Tat ein Feuerwerk der Sinne darstellt. Denn der Begriff der Diversität gewinnt seine eigentliche Tiefenschärfe erst, wenn er mit dem Begriff der Komplementarität kurzgeschlossen wird. Also mit dem Umstand, dass die unterschiedlichen Bevölkerungsgruppen nicht nur ein buntes und quirliges Mosaik bilden, wie Nicolas Sarkozy in grotesker Verkennung der Realität 2007 bei seiner Rede in Dakar behauptet hat, sondern seit jeher in komplementärem Austausch stehen. Einige Beispiele aus Geschichte und Gegenwart wurden schon genannt: Handelsnetzwerke quer über den Kontinent, Migrationskorridore von den Binnenländern in die Küstenzonen, multiethnische Reiche oder die enge Kooperation zwischen Ackerbauern und Viehhirten. Hier möchte ich mich freilich auf den 4184 Kilometer langen Niger konzentrieren. Denn der Fluss gilt in Westafrika als Inbegriff komplementärer Diversität. Seine Quelle liegt im regenreichen Hochland an der Grenze zwischen Guinea und Sierra Leone. Von dort fließt er in nordöstlicher Richtung bis zu den Wüstenstädten Timbuktu und Gao, um dann einen spektakulären Knick nach Südosten zu machen und über Niger und Benin bis nach Nigeria zu verlaufen, wo er im ölreichen Nigerdelta vielarmig in den Atlantik mündet. Lange waren Quelle und Endpunkt des Niger unbekannt, 1830 ist erstmalig eine Expedition auf dem gesamten Fluss geglückt. An seinen Ufern leben 130 Millionen Menschen, die zahlreiche Sprachen sprechen. Das ist ein Drittel aller Bewohner:innen von Westafrika, das direkt oder indirekt auf den Fluss angewiesen ist. Nicht nur Mitglieder bäuerlicher Haushalte, Viehhirt:innen oder Fischer:innen, auch Händler:innen, Reisende, Fährbetreiber:innen oder Bauarbeiter, Letztere, weil sie aus dem Schlamm des Niger Ziegel produzieren. Der Niger ist somit eine der größten Lebensadern des Kontinents. Ohne ihn lässt sich Westafrika nicht begreifen.

Faszinierend ist nun, dass der Fluss einmal im Jahr als riesige Wasserpumpe fungiert: Die Regengüsse im Hochland von Guinea sorgen dafür, dass der Pegel des Nigers enorm ansteigt und sich über Monate als riesige Flutwelle durch den ausgetrockneten Sahel schiebt. Nachdem die Flutwelle Ségou passiert hat, stößt sie auf eine flache Beckenlandschaft – das Nigerbinnendelta, einst Herzkammer des Massina-Reiches. Dort entsteht von Oktober bis Dezember auf einer Länge von 500 Kilometern ein Überschwemmungsgebiet von 20 000 Quadratkilometern, das entspricht zwei Drittel der Fläche Belgiens. Kommt das Wasser, schlägt die Stunde der Fischer:innen und Reisanbauer:innen – gefischt und geerntet wird vom Boot aus. Weicht das Wasser, kehren die Viehhirt:innen mit ihren riesigen Herden zurück und profitieren von den saftigen Bourgou-Weiden. Umso alarmierender ist, dass auch der Niger längst vom Klimawandel betroffen ist. Der Fluss hat seit den 1970er Jahren über ein Drittel seiner Wassermenge eingebüßt. In Nigers Hauptstadt Niamey war der Niger 1984 das erste Mal überhaupt ausgetrocknet. Historische Aufnahmen zeigen, wie Menschen das sandige Flussbett zu Fuß durchqueren – ein beängstigendes Szenario im Zeitalter der Erderhitzung. Die sinkenden Pegelstände sind auch für die Fischer:innen katastrophal: Allein zwischen 1996 und 2006 ist der Fischbestand im Nigerbinnendelta um 50 Prozent zurückgegangen.

Der Niger ist nicht nur Lebensader, er ist auch ein mythischer Ort. Der Journalist Michael Obert hat dem Strom in seinem Buch *Regenzauber* ein beeindruckendes Denkmal gesetzt. Insbesondere, indem er dem Flussgott Faro nachspürt, der über den Niger herrscht und dessen Regeln beachtet werden müssen. So mag Faro es nicht, wenn die Frauen ihre Töpfe im Fluss waschen, denn der Ruß macht seine Kinder blind. Ein Dorfchef des Fischervolks der Bozo bestätigt dies: «Wir Bozo stammen vom König des Wassers ab. Nur die Bozo kennen die Geheimnisse des Wassers. Ein Verstoß gegen die Gesetze des Flusses erregt den Zorn der Geister.»[7] Aus westlicher Sicht mag das wie purer Aberglaube klingen. Aber die Menschen am Fluss wissen ganz genau, welche Opfer sie bringen müssen, damit ihre Boote nicht kentern oder ihre Netze nicht leer bleiben. Dabei spielt es keine Rolle, dass sie überwiegend Muslime sind. Kaum jemand empfindet das animistische Opfer im alltäglichen Leben als ernsthaften Widerspruch zum Islam. Dafür sorgen auch Marabouts, islamkundige Seher und Heiler, die gegen Bezahlung Opfer- und Ritualhandlungen verschreiben, also spirituelle Medikamente.

Soziale Spaltungen und Regierungsversagen

Wer nachts mit dem Bus über die Autobahn durch die ghanaische Hauptstadt Accra fährt und verschlafen aus dem Fenster guckt, weiß auf den ersten Blick nicht, ob er sich in Afrika oder Europa befindet. Zu sehen sind verglaste Bürotürme, Autohäuser mit riesigen Fensterfassaden oder die Leuchtreklame einschlägiger Weltkonzerne. Entsprechend war in den letzten Jahren viel von der wachsenden Mittelschicht in Afrika die Rede, unter anderem in westafrikanischen Ländern wie Ghana, Benin oder der Elfenbeinküste, deren Bruttoinlandprodukt jährlich um mehr als 6 Prozent zunimmt. Zur Mittelschicht zählen jene, die ein tägliches Einkommen zwischen 4 und 20 Dollar erzielen. Laut einer Untersuchung der afrikanischen Entwicklungsbank betrifft das 13 Prozent der Bevölkerung. Doch solche Indikatoren sollten nicht darüber hinwegtäuschen, dass Westafrika im globalen Maßstab eine ökonomisch äußerst marginalisierte Region ist. Beispielsweise ist das Bruttoinlandprodukt von Berlin über zweieinhalb Mal so groß wie das von Ghana. In Berlin leben 3,7 Millionen Menschen, in Ghana rund achtmal so viele. Gewiss, solche Zahlen sind mit Vorsicht zu genießen, vor allem, weil die Erträge der informellen Wirtschaft, in der die allermeisten Menschen tätig sind, nicht in das offizielle Bruttoinlandsprodukt eingerechnet werden. Aber das ändert nichts an der grundsätzlichen Tendenz. Hinzu kommt, dass die ökonomischen Gegensätze ungewöhnlich scharf sind. In Nigeria könnten die fünf reichsten Nigerianer die Hälfte der Bevölkerung aus ihrer extremen Armut befreien – dafür wären gerade einmal 24 Milliarden Dollar erforderlich. Ähnlich im Bildungsbereich: Von dem Fünftel der ärmsten Haushalte in Burkina Faso besuchen 11 Prozent der 13- bis 16-Jährigen eine Schule, von dem Fünftel der reichsten Haushalte sind es hingegen 62 Prozent. Alle Länder Westafrikas zeichnen sich durch eine ungewöhnlich starke Einkommensschere aus, selbst der IWF befürchtet schädliche Auswirkungen auf die wirtschaftliche Entwicklung. Diese Einkommensschere ist das Ergebnis jahrzehntelanger Fehlentwicklungen, um die es noch gehen wird. Zu berücksichtigen ist unter anderem, dass die in der ECOWAS zusammengeschlossenen Regierungen kaum gegen Armut und soziale Ungleichheit vorgehen. Laut einer 2019 erschienenen Studie der Nichtregierungsorganisation Oxfam haben die ECOWAS-Regierungen deutlich weniger Maßnahmen zur Überwindung von sozialer Ungleichheit ergriffen als die Regierungen anderer Großregionen in Afrika. Entsprechend weisen sie die niedrigsten Ausgaben in den Bereichen Bildung, Gesundheit und Zugang zu Wasser auf. Das hat auch mit einer völlig verfehlten Steuerpolitik zu tun. Reiche Haushalte werden weniger stark besteuert als arme. Gleichzeitig verliert Westafrika jedes Jahr allein dadurch 9,6 Milliarden US-Dollar Steuereinnahmen, dass internationale Investoren großzügige Steuernachlässe erhalten – sogenannte tax holidays.[8]

Die ökonomischen und sozialen Spaltungen in Westafrika sind indessen komplexer, als es solche Zahlen vermuten lassen. Denn ob jemand reich oder arm ist, hängt von vielen Faktoren ab. Neben Bildung, Geschlecht, klientelistischen Beziehungen oder ethnischer Zugehörigkeit spielt auch die familiäre Standesherkunft eine entscheidende Rolle. Bei den Soninke im Westen Malis gibt es bis heute Dörfer, wo die Nachfahren einstiger Sklav:innen nur eingeschränkten Zugang zu Land erhalten. Umgekehrt genießen die Angehörigen von Königs- und Adelsfamilien in Burkina Faso, Ghana oder Nigeria beträchtliche Privilegien, selbst wenn sie keine offiziellen Ämter bekleiden. Oft sind Könige auch erfolgreiche Geschäftsmänner. Diese Beispiele zeigen, dass es in Westafrika keineswegs reicht, die Menschen nach Einkommensunterschieden zu klassifizieren. Denn die tatsächliche Stellung einer Person ergibt sich aus einem hybriden Mix an Zugehörigkeiten. Das kann bisweilen zu äußerst widersprüchlichen Verhältnissen führen – jedenfalls aus europäischer Sicht: So habe ich in Mali mehrfach mit zwei älteren Herren zusammengearbeitet, die eine bemerkenswerte Doppelbeziehung unterhielten: Im beruflichen Leben war X der Chef von Y. Im spirituellen Leben jedoch agierte Y als Marabout von X und somit als dessen Berater – womöglich auch bei beruflichen Angelegenheiten, ich habe nie nachgefragt.

Nationale Ausdifferenzierungen trotz regionalem Fokus

Diesem Buch liegt ein regionaler Fokus auf Westafrika zugrunde. Gleichzeitig gilt es, die individuellen Geschichten der Länder stets im Blick zu behalten. Denn es gibt beträchtliche Unterschiede, auch solche, die sich aus dem vielfältigen Erbe des Kolonialismus speisen. Drei Beispiele mögen das verdeutlichen: Nigeria hat in den späten 1960er Jahren den Biafra-Krieg erlebt, bei dem es im Kern um die Frage ging, ob und wie sämtliche Regionen des Landes von den beträchtlichen Gewinnen aus der Ölförderung im Nigerdelta profitieren sollten. Diese Frage ist bis heute nicht befriedigend gelöst, zumal sie mit einem vom Kolonialismus gestifteten Nord-Süd-Konflikt verschränkt ist, bei dem auch religiöse und ethnische Spannungen eine erhebliche Rolle spielen. Demgegenüber galt die Elfenbeinküste drei Jahrzehnte lang als die Schweiz

Westafrikas. Zwischen 1960 und 1993 wurde das Land autoritär von Félix Houphouët-Boigny regiert, der sich stets als enger Verbündeter der ehemaligen Kolonialmacht Frankreich verstand. Als jedoch im Laufe der 1980er Jahre die Weltmarktpreise für agrarische Rohstoffe einbrachen, schlitterte die Elfenbeinküste zunächst in eine Verschuldungskrise und sodann in einen rund 15-jährigen Bürgerkrieg, von dem sich das Land bis heute nicht vollständig erholt hat. Anders wiederum in Mali: Trotz hoher Armutsraten zeichnete sich das Sahelland seit den 1960er Jahren durch ein überwiegend friedliches Zusammenleben sehr unterschiedlicher Bevölkerungsgruppen bzw. Ethnien aus. Allerdings ist das Gleichgewicht 2012 in eine bedrohliche Schieflage geraten. Begonnen hat es mit einem Aufstand von Tuareg im Norden, dem vierten seit der Unabhängigkeit, obwohl die Tuareg nur 1 bis 2 Prozent der gesamten Bevölkerung ausmachen. Seit 2016 begannen auch andere Bevölkerungsgruppen, ihre ökonomischen und politischen Interessen mit Waffengewalt durchzusetzen, häufig unterstützt durch bewaffnete Islamisten, die überall im Sahel soziale und politische Spannungen gezielt instrumentalisieren. Wie gesagt, das sind nur Schlaglichter. Sie verdeutlichen aber, weshalb ich in diesem Buch immer wieder zwischen regional- und länderspezifischen Perspektiven hin- und herwechsle.

3.

Von der zirkulären Mobilität zur Fernmigration

Mobiles Grundrauschen im Alltag

In Europa wird Sesshaftigkeit als Normalzustand betrachtet, auch wenn regelmäßige Wohnortwechsel für bestimmte Segmente der Bevölkerung im Zeitalter der Globalisierung völlig selbstverständlich geworden sind. Demgegenüber hat sich in Westafrika in den letzten Jahrhunderten ein Verständnis von Sesshaftigkeit herausgebildet, das ungleich durchlässiger und flexibler ist. Mobilität wird als ganz normaler Bestandteil des alltäglichen Lebens empfunden, unabhängig davon, aus welchen Gründen die Menschen aufbrechen, wie etwa der senegalesische Journalist Tidiane Kassé betont:

> «In manchen afrikanischen Kulturen gehört das Reisen zur Initiation. Man wird nicht erwachsen, solange man seine Familie nicht verlassen hat, um in die Ferne zu gehen, wo man andere Menschen und Kulturen entdeckt, und die Realitäten der Welt kennenlernt. Es geht darum, sich vom Komfort und der Fürsorge der Mutter und vom Schutz des Vaters zu lösen. Zu gehen bedeutet, sich zu beweisen – zurückkehren, die Seinen mit dem Wissen zu bereichern, das man in einer anderen Welt erlangt hat.»[1]

Es gibt zahlreiche aus der Geschichte gespeiste Sprichwörter, Lieder und Geschichten, die diese positive Grundhaltung gegenüber Mobilität zum Ausdruck bringen. Und das bedeutet auch, dass Mobilität als zirkulärer Akt gedacht wird: Migration heißt, vom ersten Tag an die eigene Rückkehr vorzubereiten, so ein geläufiges

Sprichwort in Mali. Bei der saisonalen Pendelmigration, bei der einzelne Familienangehörige außerhalb der Regenzeit anderen Verdienstmöglichkeiten nachgehen, ist das offenkundig. Aber auch die Arbeitsmigration nach Nordafrika oder Europa war lange zirkulär organisiert, das heißt, die Migrant:innen haben einige Jahre in der Ferne gearbeitet und sind dann wieder nach Hause zurückgekehrt – häufig in Gestalt eines fliegenden Wechsels mit einem jüngeren Familienmitglied. Hierzu passt, dass mobile Händler:innen und Handwerker:innen bis heute fester Bestandteil des kommerziellen Lebens in Westafrika sind, nicht zuletzt in den großen Städten. Denn viele Gewerbetreibende können sich keine Ladenflächen leisten. Stattdessen wandern sie stundenlang in sengender Hitze durch einzelne Quartiere – sei es, um alltägliche Gebrauchsgegenstände zu verkaufen wie Zahnbürsten, Hosen oder Fußbälle, sei es, um Schuhe zu putzen oder mit transportierbaren Nähmaschinen kleine Reparaturen an Kleidungsstücken vorzunehmen. Bereits diese Vorgänge stiften ein mobiles Grundrauschen im städtischen Raum – genauso wie Kleintransporteure allter Art, etwa Wasserlieferanten, die jeden Morgen mit Handkarren durch die Straßen ziehen, um Wasser in 20-Liter-Kanistern zu verkaufen. Ähnlich – und dennoch anders – stellt sich die Lage von Fernhändler:innen dar, darunter mehrheitlich Frauen. Ihr Anteil am innerwestafrikanischen Handel ist beträchtlich, auf den internationalen Busverbindungen machen sie rund die Hälfte der Fahrgäste aus. Nicht nur ihre riesigen Gepäckmengen sind ein organisatorischer Kraftakt, auch das Reisen über kaputte Straßen ist extrem strapaziös. Beispielsweise wenn Stoffhändlerinnen aus Togo 6000 Kilometer zurücklegen, um in der senegalesischen Hauptstadt Dakar neue Ware einzukaufen – ganz zu schweigen von ständigen Streitereien mit Grenzbeamt:innen um willkürliche oder tatsächliche Zollgebühren.

In der Summe werfen jene Abläufe die Frage auf, wie in Westafrika die Kultur zirkulärer Mobilität überhaupt entstanden ist.

Das ist gar nicht so einfach zu beantworten. Einige Ursachen liegen ausschließlich in der Vergangenheit wie die Zwangsarbeit im Kolonialismus. Andere haben Wurzeln in der Geschichte, ziehen sich aber bis in die Gegenwart, etwa der Fernhandel oder die pastoralistische Lebensweise der Fulbe, die mit ihren umherziehenden Rinder- und Ziegenherden seit dem 14. Jahrhundert das mobile Fundament Westafrikas quasi täglich erneuern. Es macht insofern Sinn, zwischen verschiedenen Quellen zu unterscheiden. Denn eines ist sicher: Die Kultur zirkulärer Mobilität trägt maßgeblich dazu bei, dass sich immer wieder junge Leute trotz erheblicher Risiken auf den Weg Richtung Europa begeben. Umso wichtiger ist es, ihre Entstehungsgeschichte in den Blick zu nehmen, auch wenn das einen Schnelldurchlauf durch mehrere historische Epochen erfordert.

Historische Quellen der zirkulären Mobilität

Der Islam ist im Windschatten des Transsahara-Handels nach Westafrika gekommen, gleichzeitig hat er sich als eigenständige Quelle von Mobilität entpuppt. Anfangs waren es Prediger, die oft jahrelang unterwegs waren, um ihre religiösen Kenntnisse bei berühmten Gelehrten zu vertiefen. Beispielsweise ʿUmar Tall, der das Tukulör-Reich begründet hat, von dem bereits im letzten Kapitel die Rede war: 1820 verließ ʿUmar Tall seine Heimatregion im Westen des heutigen Senegals und ließ sich in Fouta Djallon im Hochland des heutigen Guineas nieder. Danach ging er 15 Jahre auf Pilgerreise, unter anderem nach Mekka. Erst nach seiner Rückkehr begann er 1852 seinen Dschihad, der ihn zusammen mit seiner multiethnisch zusammengesetzten Streitmacht bis ins 2000 Kilometer entfernte Timbuktu führte. Eine weitere Quelle islamisch inspirierter Mobilität war die Haddsch, die Pilgerfahrt nach Mekka, die Gläubige nach Möglichkeit einmal im Leben durchführen sollen. Bis in die 1950er Jahre mussten Pilger:innen aus

Westafrika zu Fuß oder auf Tieren über das Gebiet des heutigen Sudan bis zum Roten Meer reisen, um von dort mit dem Schiff nach Saudi-Arabien überzusetzen. Das dauerte oft Jahre. Anfang der 1970er Jahre lebten in Sudan über 1 Million Menschen aus Westafrika, größtenteils aus Nigeria, Mali und Obervolta, dem heutigen Burkina Faso. Nicht wenigen war das Geld auf der Rückreise von der Haddsch ausgegangen, weshalb sie sich im ökonomisch prosperierenden Sudan als Migrant:innen niederließen. Eine dritte Form von Mobilität aus dem Fundus islamisch geprägter Alltagskultur ist die seit Jahrhunderten übliche Wanderarbeit von Marabouts, islamischen Heilern, deren spirituelle Dienste für viele Menschen in Westafrika bis heute unverzichtbar sind.

Es mag überraschend klingen, aber auch die Sklaverei fungierte in mehrfacher Hinsicht als Ausgangspunkt von zirkulärer und anderen Mobilitäten – jenseits der millionenfachen Verschleppung, um die es noch ausführlich gehen wird: Zunächst, weil die ständigen Sklavenjagden tiefe Spuren in der Geographie Westafrikas hinterließen. So sind ganze Dörfer temporär oder dauerhaft umgesiedelt, um sich den Häschern zu entziehen, unter anderem aus küstennahen Gebieten ins entlegene Hinterland. Bekanntheit haben insbesondere die Dogon im Zentrum Malis erlangt, die ihre spektakulären Felsendörfer einzig aus Schutzgründen an den Steilhängen eines Hochplateaus errichteten. Sodann, weil zwischen den verschiedenen Herkunfts- und Zielregionen des Sklavenhandels dichte Netzwerke aus geschäftlichen, politischen und kulturellen Verbindungen entstanden sind. Am folgenreichsten dürfte der bereits in der Einleitung erwähnte Umstand gewesen sein, dass es zu Beginn des 20. Jahrhunderts vor allem Vertreter:innen der schwarzen Diaspora in Nordamerika und der Karibik waren, die bei der Entstehung des Panafrikanismus und der Négritude eine tragende Rolle spielten. Zu erwähnen ist in diesem Kontext des weiteren, dass nach dem Ende des atlantischen Sklavenhandels ehemalige Sklavenjäger ihre bestehenden Geschäftskontakte nutzten, um den Fernhandel mit anderen Produkten fortzusetzen oder als Wanderarbeiter zwischen Binnenland und Küste zu pendeln.

Ähnlich wie die Sklaverei hat auch der Kolonialismus Mobilität in großem Stil freigesetzt. In den französischen Kolonien musste bis 1946 jeder arbeitsfähige Mann jährlich 15 Tage Zwangsarbeit gegen eine kleine Aufwandsentschädigung leisten – ähnlich im britischen Machtbereich, wo allerdings die Zwangsarbeit schon früher abgeschafft wurde. Dabei griffen die Kolonialmächte insbesondere bei Großprojekten wie dem Bau von Staudämmen, Eisenbahnlinien oder Häfen massiv auf Zwangsarbeit zurück. Eines dieser Großprojekte war der Markala-Staudamm in Mali. Er sorgt bis heute dafür, dass der Pegel des Nigers auf der Höhe des Staudamms um fünf Meter angehoben wird und so mitten im staubtrockenen Sahel das weitverzweigte Kanalsystem des «Office du Niger» geflutet werden kann, eines der größten Bewässerungsgebiete Westafrikas. Mit rund 100 000 Hektar Anbaufläche für Reis und Gemüse spielt das Office du Niger eine wichtige Rolle bei der Ernährungssicherung in Mali. Es sollte allerdings nicht mit dem schon beschriebenen Nigerbinnendelta verwechselt werden – jener weiter östlich gelegenen Beckenlandschaft, die einmal jährlich zwischen Oktober und Dezember durch die riesige Nigerwelle auf natürliche Weise überschwemmt wird. Der Markala-Staudamm wurde zwischen 1934 und 1947 errichtet, streckenweise arbeiteten auf der Baustelle bis zu 8000 Zwangsarbeiter. Sie stammten aus einem Umkreis von rund 400 Kilometern, davon viele aus dem Siedlungsgebiet der Mossi im heutigen Burkina Faso. Ich selbst bin seit 2012 rund 20 Mal über die Brücke gefahren, die just am Staudamm über den Niger führt. Und jedes Mal schwanke ich zwischen Bewunderung und Entsetzen angesichts der schier übermenschlichen Leistung der Zwangsarbeiter. Denn allein der Fluss ist an dieser Stelle 800 Meter breit, anschließend kommen noch weitere 1800 Meter Erddamm, da das Hochwasserbett während der Regenzeit eine Breite von 2,6 Kilometer aufweist. Umso zynischer wirkt es, dass sich die ehemalige Kolonialmacht Frankreich solche Bauwerke weiterhin als eigene Leistung zugunsten des afrikanischen Kontinents anrechnet.

Völlig anders gestalteten sich die umfangreichen Zwangsrekrutierungen für die französischen und britischen Streitkräfte im Rahmen der beiden Weltkriege: Während im Ersten Weltkrieg 1 Million Soldaten in Afrika mobilisiert wurden, waren es im Zweiten Weltkrieg 2 Millionen. Hierzu gehörte nicht nur die Beteiligung an der Befreiung Europas vom Nationalsozialismus. Auch ungewöhnlich erscheinende Kriegsschauplätze spielten eine wichtige Rolle – etwa der Regenwald im südostasiatischen Burma, wo im Zweiten Weltkrieg 65 000 Soldaten aus Westafrika in der britischen Armee gegen Japan kämpften.[2] Die Erinnerung an die beiden Weltkriege ist Teil des kollektiven Gedächtnisses in Westafrika, zumal sie für mehrere hunderttausend Familien eine erste Erfahrung mit Fernmigration außerhalb des Kontinents darstellten. In Bamako lassen viele Brautpaare ihr offizielles Hochzeitfoto an einer vierspurigen Straße anfertigen, auf deren Mittelstreifen zahlreiche Denkmäler an die Beteiligung afrikanischer Soldaten an den beiden Weltkriegen erinnern. Das Gedenken ist allerdings nicht heroisch. Vor allem im Zweiten Weltkrieg waren die europäischen Rekrutierungskommandos äußerst gefürchtet. Wo sie auftauchten, flohen die jungen Männer oder verstümmelten sich absichtlich. Es kann daher nicht überraschen, dass der einstige Kampf für Europa immer wieder als Begründung dafür herangezogen wird, weshalb junge Afrikaner:innen heute eine Art moralisches Recht hätten, nach Europa zu kommen. Ich habe diesen argumentativen Brückenschlag bei etlichen Diskussionen und Demonstrationen erlebt – insbesondere in Westafrika. Als am 18. April 2015 im zentralen Mittelmeer ein völlig überladenes Boot mit über 700 Migrant:innen sank, kamen auch 13 Männer aus dem Dorf Makakolibantang in Senegal ums Leben. In einer Reportage des niederländischen Fernsehens meinte der Bürgermeister des Dorfes ein Jahr später: «Die Franzosen haben uns gezwungen, im Ersten Weltkrieg zu kämpfen. Wir waren ganz vorne. Jedes Mal, wenn es eine Schlacht gab, waren die Schwarzen [...] an der Front. Beim Zweiten Weltkrieg war es dasselbe. Danach wollten die Franzosen, dass wir in ihren Fabriken arbeiten. [...] Das ist jetzt anders. Aber es gab eine Zeit, als Europa uns brauchte.»[3] Jenseits davon suchten die Kolonialmächte stets händeringend nach Arbeitskräften für den Bergbau und die exportorientierte Landwirtschaft. Neben Zwangsarbeit stellten vor allem Steuern ein effektives Erpressungsmittel dar. Denn durch die allgemeine Steuerpflicht waren die männlichen Haushaltsvorstände gezwungen, sich als Wanderarbeiter zu verdingen. Bereits damals sind jene Migrationskorridore zwischen Binnenland und Küste entstanden, die auch heute das an den Rhythmus der Jahreszeiten angelehnte Migrationsgeschehen innerhalb Westafrikas bestimmen. Beispielsweise hielten sich in Ghana zum Zeitpunkt der Unabhängigkeit über 800 000 Migrant:innen aus Westafrika auf, das entsprach immerhin 12 Prozent der damaligen ghanaischen Bevölkerung.

Bislang war vor allem von Händler:innen, Zwangsarbeitern, Marabouts oder Pastoralist:innen die Rede, also von einzelnen Gruppen, die mobiles Leben auf jeweils eigene Weise zu einem elementaren Bestandteil der sozialen DNA westafrikanischer Gesellschaften gemacht haben. Gleichwohl sollte nicht aus dem Blick geraten, dass auch bäuerliche Haushalte nie sesshaft im strengen Sinne des Wortes waren. Denn wegen ausgelaugter Böden mussten immer wieder die Felder gewechselt werden. Jahrhundertelang war das kein Problem, es gab hinreichend viel Platz. Entsprechend war Wanderfeldwirtschaft ganz normaler Alltag, häufig sind nur einzelne Haushalte für die sechsmonatige Anbau- und Erntezeit in weiter entfernte Weiler gezogen, die als Außenposten des jeweiligen Hauptdorfes fungierten. Doch dies hat sich mittlerweile geändert: Durch Bevölkerungswachstum, Landgrabbing und Bodenerschöpfung sind fruchtbare Acker- und Weideflächen immer knapper geworden, es stellt daher für bäuerliche Haushalte eine ungleich größere Schwierigkeit dar, überhaupt noch die Felder zu wechseln. Ähnliche Veränderungen müssen auch jene Fischer:innen hinnehmen, die bereits seit jeher den Standort ihrer mobilen Dörfer im Rhythmus der steigenden und sinkenden Flusswasserspiegel ändern – vornehmlich die am Niger ansässigen Bozo in Mali. Denn das Fischaufkommen geht im Zuge des Klimawandels kontinuierlich zurück. Fischer:innen weichen daher immer öfter auf Ackerbau, Viehzucht oder temporäre Migration aus, mit der Konsequenz, dass ihre angestammte Lebensform ebenfalls an Bedeutung einbüßt.

Bereits diese Schlaglichter bestätigen, wie geschichtsvergessen es ist, wenn den Afrikaner:innen soziale Immobilität oder Fixierung auf das Althergebrachte vorgeworfen wird, wie es Nicolas Sarkozy in seiner Rede in Dakar getan hat. Vielmehr ist nicht nur Westafrika, sondern der gesamte Kontinent schon seit langem in ständiger Bewegung. Ein Sachverhalt, den auch Achille Mbembe eindringlich betont:

> «Bereits die präkolonialen afrikanischen Gesellschaften [waren] von Anfang an dadurch gekennzeichnet, dass die Menschen innerhalb des gesamten Kontinents permanent in Bewegung waren. Die Geschichte Afrikas ist eine Geschichte von aufeinander prallenden Kulturen, geprägt vom Mahlstrom der Kriege, von Invasionen, Migrationen, Mischehen, von Glaubenslehren, die man sich zu Eigen macht, von Techniken, die man austauscht, von Waren, mit denen man Handel treibt. Die Kulturgeschichte des Kontinents ist ohne das Paradigma des Umherziehens, der Mobilität und der Ortsveränderung kaum zu verstehen.»[4]

Das Paradigma der Ortsveränderung unterstreicht außerdem, wie irreführend der hartnäckig in Europa kultivierte Mythos ist, ethnische Vielfalt führe gleichsam automatisch zu Konflikten. Denn

Fakt ist, dass die Menschen durch unterschiedliche Formen von Mobilität immer wieder neu zusammengewürfelt werden, ob für einige Stunden oder viele Jahre. Wenn zum Beispiel Fernhändler:innen aus ganz Westafrika auf den großen Märkten in Togo, Senegal oder Ghana zusammenkommen oder wenn Migrant:innen aus dem Sahel auf Kakaoplantagen in den Küstenländern tätig sind, bilden sich automatisch multiethnisch zusammengesetzte Gruppen. Ich habe das auch bei Autopannen erlebt. Es braucht nur wenige Momente, bis die Fahrgäste eines gestrandeten Minibusses mit der Bevölkerung eines x-beliebigen Dorfes scherzen und lachen – losgelöst von vermeintlichen ethnischen Identitätsbarrieren. Tee wird gereicht, Essen zubereitet, bisweilen auch eine Matte für die Übernachtung unter freiem Himmel zur Verfügung gestellt. Solche Dynamiken wären in Europa kaum vorstellbar. Sie zeigen, dass die von Felwine Sarr als afrikanischer Wert bezeichnete Gastfreundschaft keine Sozialromantik ist, wie manche Kritiker:innen behaupten. Sie ist ganz real, realer als jedes Geraune von ethnischen Konflikten. Denn Gastfreundschaft und ethnische Toleranz sind das Pendant jener tief in der sozialen Grammatik Westafrikas verankerten Kultur der zirkulären Mobilität – ein Zusammenhang, auf den auch der berühmte malische Schriftsteller Amadou Hampâté Bâ aufmerksam macht: «Die Worte ‹Ich bin der Gast, den Gott Euch schickt› genügten, dass sich sämtliche Türen gleich einem Sesam-öffne-dich auftaten. Der Durchreisende war ein geheiligter Gast, und nicht selten überließ ihm das Familienoberhaupt sein eigenes Schlafgemach.»[5]

Zirkuläre Mobilität als Überlebensstrategie

Die Kultur zirkulärer Mobilität hat zwar eine lange Vorgeschichte, doch es war die rapide Urbanisierung, die im Zuge der Unabhängigkeit das Migrationsgeschehen in Westafrika auf eine völlig neue Stufe gehoben hat. Sie hat nicht nur eine Vielzahl neuer Beziehungen zwischen Stadt und Land gestiftet. Sie hat auch die im Kolonialismus entstandenen Migrationskorridore vertieft und somit eine der zentralen Grundlagen für die internationale Migration gelegt. Um das Ausmaß der sozialen Umwälzung zu begreifen, reichen bereits einige Eckdaten: 1960 lebten in Westafrika 15 Prozent der Bevölkerung in der Stadt. Demgegenüber beträgt die Urbanisierungsquote heute knapp 50 Prozent, allerdings mit beträchtlichen Unterschieden zwischen den einzelnen Ländern: Während Niger mit 16,4 Prozent den niedrigsten Wert aufweist, liegt Guinea bei 36,1 Prozent und Nigeria bei 50,3 Prozent. Auch eine weitere Zahl ist bemerkenswert: Danach hat sich die durchschnittliche Distanz zwischen Städten mit mehr als 10 000 Einwohner:innen zwischen 1950 und 2000 von 111 Kilometern auf 33 Kilometer verringert. Heute sind es vor allem die mittelgroßen Städte, die die größten Wachstumsraten aufweisen, während die Dynamik in vielen Millionenstädten abgeflacht ist.

Urbanisierung wird häufig mit Landflucht in Zusammenhang gebracht. Angesichts von täglich 6000 Neuankömmlingen in einer Stadt wie Lagos mag das plausibel erscheinen. Doch der Begriff ist unpräzise. In aller Regel beinhaltet Landflucht keinen scharfen Bruch. Viele Migrant:innen begreifen sich weiterhin als Angehörige ihres Dorfes, auch deshalb, weil sie häufig Unterstützungsnetzwerke mit anderen Migrant:innen aus ihrem Dorf unterhalten. Ich bin immer wieder verwirrt, wenn Menschen in Bamako völlig selbstverständlich von «ihrem» Dorf sprechen, selbst solche, die in Bamako geboren wurden. Ähnlich in der Elfenbeinküste: Als ich im März 2020 mit zwei Kolleg:innen eine Bekannte aus Abidjan bei einer Reise in ihr Dorf im Südosten des Landes begleitete, schien alles bestens eingespielt: Bereits wenige Minuten nach Ankunft wirbelte unsere Bekannte in der Küche ihres Elternhauses, am Abend machte sie uns mit den Nachbar:innen bekannt, dies umfasste auch detaillierte Erzählungen über die familiären Bande im Dorf. Umso überraschter war ich, als wir auf der Rückfahrt eher beiläufig erfuhren, dass unsere Reiseführerin selber nur alle drei bis vier Jahre das Dorf besucht.

Letzteres zeigt, dass die eigentliche Essenz von Migration in Westafrika nicht Ortsveränderung, sondern Ausweitung des familiären Handlungsradius ist. Viele Migrant:innen aus dem ländlichen Raum fühlen sich in beide Richtungen loyal, Dorf und Stadt bilden ein alltagspraktisches Kontinuum. Entsprechend ist es ein innerfamiliärer Aushandlungsprozess, welche Verpflichtungen Migration tatsächlich beinhaltet. Dabei geht es vor allem um zwei Dinge. Zunächst, ob die Migrant:innen die Traditionen des dörflichen Kosmos weiterhin respektieren, eine heikle Angelegenheit, auf die ich noch zurückkommen werde. Sodann, ob die zurückgelassenen Familien finanziell unterstützt werden. Denn Tatsache ist, dass Migrant:innen seitens ihrer Familien einem enormen Erwartungsdruck unterliegen – ganz gleich, ob sie sich in der Hauptstadt, im Nachbarland oder in Europa befinden. Ich habe Menschen in Westafrika erlebt, die regelrecht Angst vor ihrer Familie im Heimatdorf hatten. So wie Migrant:innen in Europa immer wieder in Stressschleifen geraten, wenn sie pausenlos Anrufe oder Textnachrichten von ihren Angehörigen erhalten und sich mit unerfüllbaren finanziellen Anfragen konfrontiert sehen, etwa bei der akuten Erkrankung eines Familienmitglieds. Derartige Erwartungshaltungen verweisen auf die von Felwine Sarr ebenfalls als afrikanische Tugend bezeichnete «Gemeinschaftlichkeit». Diese hat zwar in Reinform nie existiert, stellt aber im Alltag einen sozialen Imperativ dar, der bis heute allenthalben respektiert wird. Die Mande-Sprache Bambara, die vor allem in Mali als allgemeine Verkehrssprache dient, kennt dafür das aus der bäuerlichen Praxis stammende Begriffspaar *jonforo* und *foroba*: *Jonforo* ist das individuell bestellte Land, mit dem sich einzelne Familienmitglieder ein persönliches Zubrot erwirtschaften können, etwa durch den Anbau von Sesam. Demgegenüber ist *foroba* das gemeinschaftlich bestellte Land, wo unter Beteiligung aller Angehörigen eines Haushalts Getreide angebaut wird. Mitunter erhalten einzelne Haushalte für die Bewirtschaftung ihrer *foroba*-Felder sogar Unterstützung vom Jugend-Tôn – das ist ein dorfinternes Netzwerk, dem insbesondere die jungen und unverheirateten Männer angehören. Das Spannungsverhältnis zwischen *jonfora* und *foroba* – zwischen individuellen und kollektiven Interessen – gehört zum kulturellen Erbe der mandesprachigen Bevölkerungsgruppen in Westafrika. Es ist auch einer der Gründe, weshalb Migrant:innen zugestanden wird, einen gewissen Teil ihres Verdienstes in persönliche Anschaffungen stecken zu können, beispielsweise in den Kauf eines Handys oder Motorrads. Doch das macht die Solidarität gegenüber der Herkunftsfamilie nicht überflüssig. Denn das eigene Leben gehört in der traditionellen Kultur Westafrikas niemandem allein. Vielmehr ist jede Person Teil eines familiären Verantwortungszusammenhangs – es sei denn, sie hat sich ausdrücklich dagegen entschieden, was aber viel Kraft kostet.

Es gibt keine belastbaren Zahlen, die den finanziellen Ertrag jener Migrationsprozesse innerhalb des westafrikanischen Raumes genau beziffern würden. Aber Untersuchungen in einzelnen Dörfern oder Regionen legen nahe, dass es sich für viele Haushalte um ein wichtiges finanzielles Standbein handelt. Ich möchte das anhand von zwei Beispielen illustrieren, beide bestätigen zudem, dass Migration innerhalb Westafrikas stark von der Logik zirkulärer Mobilität geprägt ist. Das erste Beispiel betrifft die Region Dosso, die im Südwesten des Niger liegt, direkt an der Grenze zu Nigeria.[6] Dort spielt vor allem internationale Migration junger Männer eine zentrale Rolle. Das überrascht nicht, denn in Niger überschreiten 70 Prozent aller Migrant:innen die Landesgrenzen, vornehmlich Richtung Küstenländer. Entsprechend hat der Anteil internationaler Migrant:innen seit der Unabhängigkeit ständig zugenommen: Von 0,6 Prozent der Gesamtbevölkerung im Jahr 1960 auf 3,5 Prozent der Gesamtbevölkerung im Jahr 2005. Übertragen auf die Region Dosso bedeutet dies, dass drei Viertel aller Haushalte auf das

Geld von Migrant:innen als einer von mehreren Einkommensquellen angewiesen sind. In den Küstenländern arbeiten die nigrischen Migrant:innen überwiegend als Wanderhändler:innen, allerdings nicht in der Stadt, sondern im ländlichen Bereich. Nur die wenigsten bleiben dauerhaft: 62 Prozent kommen bereits nach sieben Monaten zurück, nur 13 Prozent bleiben länger als zwei Jahre. Nach Abzug aller Kosten liegt der durchschnittliche Gewinn zwischen 200 und 260 Euro pro Reisezyklus. Bemerkenswert ist die Verwendung des Geldes: Neben persönlichen Bedürfnissen werden vor allem Arbeitskräfte für das Jäten auf den Getreidefeldern sowie Futtermittel für die Mastrinder finanziert. Die Einnahmen aus der Migration sind also wichtig, um die Einnahmen aus den beiden anderen Haupterwerbsquellen abzusichern.

Das zweite Beispiel betrifft das Dorf Dionguebougou, das in unmittelbarer Nachbarschaft des Office du Niger liegt, jener Bewässerungsregion, um die es im Kontext des Markala-Staudamms bereits ging.[7] Hier machen sich so gut wie alle jungen Männer während der Trockenzeit für sechs bis neun Monate auf den Weg. Teils in die Städte, teils in ländliche Regionen, Letzteres, um als Goldschürfer zu arbeiten. Viele Männer haben diesen Rhythmus über Jahrzehnte aufrechterhalten, darunter auch Makono Dembélé: 1970 begann er mit 15 Jahren, als Landarbeiter in der Umgebung von Dionguebougou Geld zu verdienen. Mit 22 Jahren ging er erstmalig in die Elfenbeinküste, um Brunnen zu graben. Danach pendelte er bis 1998 jährlich für sechs bis acht Monate in die Elfenbeinküste oder nach Burkina Faso. Wie in der Region Dosso wurden auch in Dionguebougou viele Investitionen im landwirtschaftlichen Bereich mit den Einnahmen aus der Migration bestritten, wie Dembélé nicht ohne Stolz anmerkt: «Was immer Sie in unserem Hof sehen – den Pflug, den Karren, den Esel, das Vieh, das Motorrad, das Radio, das Solarmodul, all das wurde mit Geld aus der Migration finanziert, also durch mich, meinen Bruder und unsere Söhne.»[8] Unterdessen ist kaum jemand dauerhaft abgewandert. Bis 1980 waren es lediglich sechs Migranten, diese Zahl hat sich bis 2016 auf 23 erhöht. Zusammen mit ihren Frauen und Kindern handelt es sich um 100 Personen, bemerkenswerterweise gelten alle als Bewohner:innen von Dionguebougou. Demgegenüber hat sich der Umgang mit den Erlösen aus der Migration grundlegend geändert – ganz im Sinne von *jonfora* und *foroba*: Während früher der größte Teil des Geldes an den Haushaltsvorstand abgeführt wurde, behalten die jungen Männer heute das Geld überwiegend selbst. Stattdessen wird ihre Mitarbeit während des drei- bis sechsmonatigen Anbau- und Erntezyklus als Beitrag zur innerfamiliären Solidarität betrachtet. Dennoch wäre es missverständlich, darin erste Anzeichen einer Wohlstandsbildung zu vermuten. Dies zeigt bereits ein kurzer Blick auf das durchschnittliche Haushaltseinkommen in Dionguebougou: 2016 betrug dieses monatlich rund 30 Euro pro Person, und darin ist bereits der monetäre Gegenwert all jener Subsistenzprodukte enthalten, die nicht verkauft, sondern direkt konsumiert werden. 30 Euro – das ist gerade mal 1,14 Dollar pro Person täglich und somit 0,76 Cent weniger als der viel zitierte Wert von 1,90 Dollar (ca. 1,60 Euro), der laut Weltbank die Grenze zur absoluten Armut markiert.

Umso wichtiger ist es, sich ernsthaft damit zu beschäftigen, was ein Leben unter derartigen Bedingungen tatsächlich bedeutet. In der Einleitung dieses Buches habe ich anhand des Dorfes Soukoutadala im Südwesten Malis bereits einige Aspekte geschildert. Diesen Faden möchte ich wieder aufnehmen. Denn ich habe in den letzten Jahren viele Dörfer in der weiteren Umgebung von Dionguebougou kennengelernt, insbesondere im benachbarten Office du Niger. Hierzu zählt auch Kourouma, wo einmal pro Woche ein überregionaler Markt stattfindet. Das rechtwinkelig angelegte Dorf ist Sitz der bäuerlichen Basisgewerkschaft COPON, mit der ich im Rahmen von Afrique-Europe-Interact seit 2014 zusammenarbeite. In Kourouma übernachten wir stets im Hof von Mamadou Coulibaly, dem Präsidenten der COPON. Wenn wir aufwachen, fällt unser Blick auf eine wunderschöne Moschee. Niedrige Lehmmauern, Palmen und Mangobäume ergänzen die postkartenreife Szenerie. Doch die Realität ist vielgestaltiger. Noch bevor die Sonne aufgeht, sind viele Frauen auf den Beinen. Sie machen Feuer und holen Wasser aus den fünf bis zehn Meter tiefen Brunnen, danach fegen sie den Hof und bereiten das Frühstück vor. Ich selbst bin immer wieder sprachlos, wenn ich diese Abläufe verstohlen beobachte. Das hat weniger mit der geschlechtsspezifischen Arbeitsteilung zu tun. Jene ist auch fragwürdig – im Sahel genauso wie in Europa. Gravierender ist vielmehr die mangelhafte Infrastruktur. Erst sie macht die alltägliche Arbeit der Frauen zu einem zeit- und kraftraubenden Akt sondergleichen. Allein einen Beutel mit fünf Liter Wasser aus der Tiefe zu ziehen, und das viele Mal pro Tag, ist ausgesprochen mühevoll. In Kourouma gibt es zwar mehrere handbetriebene Wasserpumpen, doch das dauert lange und erfordert zudem, die zehn bis 20 Kilo schweren Wasserkanister nach Hause zu schleppen. Überall in (West-)Afrika ist das eine Aufgabe von Mädchen und jungen Frauen, was angesichts des zeitlichen Umfangs die Grenze zur Kinderarbeit verschwimmen lässt, auch wenn die Stimmung an den Brunnen meist sehr ausgelassen wirkt.

Eine ähnlich große Herausforderung stellt die sanitäre Infrastruktur dar. Offen wird leider nur selten darüber gesprochen. Aber ich möchte es tun, um ein Gespür für den beklemmenden Charakter extremer Armut zu vermitteln. Im Hof von Coulibaly liegt die Toilette direkt an der Straße, das ist üblich in Kourouma. Es handelt sich um einen auf Brusthöhe ummauerten Bereich von ca. 6 Quadratmetern, der um zwei Löcher angeordnet ist: Das eine liegt an der Stirnseite der Toilette, es hat einen Durchmesser von gerade mal 20 Zentimetern und dient der Darmentleerung. Aus hygienischen Gründen muss man möglichst tief in die Hocke gehen, was vor allem für ältere, dicke und kranke Menschen äußerst beschwerlich ist. Das zweite Loch befindet sich in der Außenmauer, es gewährleistet den Abfluss von Urin. Folge ist, dass sich in

Kourouma vor vielen Häusern ein kleiner Urin-See mit ca. 1,5 Meter Durchmesser gebildet hat, wobei die hohen Temperaturen den Geruch neutralisieren. Wenn man morgens in die Toilette kommt, stellt sich als Gast unmittelbar die Frage, ob man die Schuhe auszieht oder anlässt, einfach, weil nicht klar ist, wo der Urinierbereich genau beginnt. Gleichzeitig muss man entscheiden, ob man sich stehend oder hockend wäscht. Denn bei aufrechter Haltung ist der Oberkörper für Nachbar:innen und Passant:innen gut sichtbar. Richtig vertrackt wird es indessen in den Abend- und Nachtstunden, wenn alles dunkel ist, weil Kourouma – wie die allermeisten Dörfer im Sahel – nicht an das Stromnetz angeschlossen ist. Dann entdeckt man im Lichtkegel der Taschenlampe, dass der gesamte Bereich um die beiden Löcher voll von großen schwarzen Käfern ist. In diesem Moment wandelt sich der Ort zu einer Art Gruselkabinett, der den Toilettengang zur handfesten Mutprobe geraten lässt. Wann immer derartige Missstände ungeschminkt zur Sprache kommen, wird in Europa die Sorge laut, dass hierdurch Vorurteile gegenüber Afrika geschürt würden. Stattdessen wird betont, dass es auch auf dem afrikanischen Kontinent feste Häuser mit guten Toiletten gebe, nicht nur strohbedeckte Hütten. Das ist zweifelsohne richtig. Gleichwohl ist statistisch belegt, dass sich 2015 in Westafrika 71,9 Prozent aller Menschen mit einfachsten Toiletten wie in Kourouma abfinden mussten.[9] Und das ist nicht nur aus Gründen des Komforts und der Intimität problematisch. Hinzu kommt, dass prekäre Hygienebedingungen Infektionen der Harnwege, des Verdauungstraktes und der Augen erheblich begünstigen. Dies bestätigt auch mein Kollege Alassane Dicko, der in Bamako lebt und schon viele Male in Kourouma war. Er betont, dass Frauen ungleich stärker unter den offenen Toiletten leiden würden als Männer, vor allem wegen Hüft- und Unterleibsproblemen. Entsprechend sei zu beobachten, dass für etliche Haushalte die Errichtung geschlossener Toiletten eine prioritär verfolgte Baumaßnahme sei, sobald die nötigen Mittel zur Verfügung stünden. Und spätestens hier schließt sich der Kreis. Denn häufig werden die Rücküberweisungen von Migrant:innen für den Bau besserer Häuser verwendet, wobei es meist nur Migrant:innen in Europa sind, die eine derart große Investitionssumme ermöglichen können.

Junge Frauen als Hausangestellte in der Stadt

Lange waren es in Dörfern wie Dionguebougou ausschließlich Männer, die in die Migration gegangen sind. Seit Anfang der 1980er Jahre sind auch Frauen aufgebrochen, dies jedoch in abgestufter Form. Verheiratete Frauen gehen vor allem in Nachbardörfer, um sich an der Getreideernte zu beteiligen und somit eine gewisse finanzielle Autonomie zu erlangen. Gleichzeitig ist es zur Normalität geworden, dass so gut wie alle jungen Frauen des Dorfes – etliche nicht älter als zwölf Jahre – mindestens ein Jahr lang als Hausangestellte in der Stadt arbeiten, meist in Bamako. Aufhänger war ursprünglich, dass sich die jungen Frauen an der Finanzierung ihrer Mitgift beteiligen sollten, wozu Alltagsgegenstände wie Stoffe, Töpfe oder Stühle gehören, die eine Braut üblicherweise in die Ehe einbringt. Doch die Angelegenheit entwickelte rasch eine eigene Dynamik. Zum einen, weil viele der Hausangestellten Gefallen an der Stadt fanden, was ihre Eltern wiederum mit Misstrauen beäugten. Zum anderen, weil sich zwischen den Hausangestellten ein ruinöser Wettbewerb entspann. Während 1980 die Kosten für die Mitgift bei 15 Euro lagen, müssen heute bis zu 750 Euro aufgebracht werden. Hintergrund ist, dass die jungen Frauen – zusammen mit ihren Müttern – die selbstgesteckten Ansprüche an den Umfang der Mitgift ständig erhöht haben, unter anderem, weil sie ihre Reputation als zukünftige Ehefrauen stärken wollten. Doch das erwies sich als Falle. Denn die Hausangestellten verdienen lediglich zehn bis 23 Euro pro Monat. Es ergab sich daher die Notwendigkeit, entweder mehrere Jahre in der Stadt zu arbeiten oder nach lukrativeren Einkommensmöglichkeiten Ausschau zu halten, etwa durch die Bestellung eines Sesamfeldes.

Die Arbeit junger Frauen als Hausangestellte ist keine Besonderheit von Dionguebougou. Sie ist in ganz Westafrika anzutreffen, auch in den Küstenländern. Dennoch handelt es sich es um ein äußerst widersprüchliches Phänomen. Häufig sind die Arbeits- und Lebensbedingungen der jungen Frauen ausgesprochen harsch. Viele schlafen auf Bastmatten außerhalb der Wohnung – sei es in Abstellkammern, unter Treppenabsätzen oder im Hausflur. Während des Tages werden die Hausangestellten von morgens bis abends zu ständiger Arbeit angehalten, dies umfasst auch körperliche Züchtigung, außerdem gibt es zahlreiche Berichte über sexualisierte Gewalt. Als ich 2010 begann, regelmäßig nach Mali zu reisen, habe ich die Situation der Hausangestellten als eine der größten Herausforderungen im Alltag empfunden. Meine Kolleg:innen und ich nutzten damals ausschließlich private Unterkünfte, mit der Konsequenz, dass wir unfreiwillig zu Nutznießer:innen der von Hausangestellten erledigten Arbeiten wurden. Denn in Bamako ist es ganz normal, Hausangestellte zu haben, selbst in Familien mit wenig Einkommen. Neben anderen Erwägungen war dies einer der Gründe, weshalb wir nach einigen Jahren in Bamako eine eigene Wohnung bezogen haben. Gleichzeitig hat sich unsere Wahrnehmung differenziert: So wie Au-pairs in Europa teils ausgebeutet, teils respektvoll behandelt werden, gibt es auch bei den Hausangestellten in Westafrika ganz unterschiedliche Erfahrungen. Dennoch bleibt ein zentraler Unterschied: Au-pairs sind junge Erwachsene, während Hausangestellte Minderjährige sind, die eigentlich eine Schule besuchen sollten. Aufgrund der prekären Lebensverhältnisse ist dieses Dilemma fester Bestandteil des westafrikanischen Alltags. Umso ausdrücklicher sollte auf den moralischen Zeigefinger verzichtet werden. Denn die möglichst frühe Verheiratung von Töchtern ist für ländliche Haushalte ein Gebot ökonomischer Vernunft: Für den elterlichen Haushalt, weil er nicht mehr für die Tochter aufkommen muss – sie lebt jetzt beim Ehemann. Für den Haushalt des Ehemanns, weil eine zusätzliche Arbeitskraft zur Verfügung steht, insbesondere um die Mutter des Ehemanns zu entlasten. Aus einer europäischen Perspektive mag das inakzeptabel erscheinen, auch deshalb, weil es potentiell um sexuelle (Gewalt-)Beziehungen zwischen erwachsenen Männern und Minderjährigen geht. Aber es erklärt, weshalb die zirkuläre Mobilität von jungen Frauen in den Augen vieler Familien einen unverzichtbaren Bestandteil ihrer alltäglichen Existenzsicherung darstellt.

Wechselseitige Abhängigkeit von Stadt und Land

Migration in Westafrika ist in aller Regel ein familiäres Projekt, wichtigstes Ziel ist die Diversifzierung von Einkommensquellen. Dies stärkt nicht nur das Gesamteinkommen eines Haushaltes. Es stellt auch eine ökonomische Absicherung gegen etwaige Risiken dar, beispielsweise gegen Ernteausfälle im Zuge von Dürren oder Überschwemmungen. Entsprechend speist sich das Einkommen ländlicher Haushalte vielerorts zu 20 bis 50 Prozent aus nicht-landwirtschaftlichen Tätigkeiten. Vor allem zwei Phänomene spielen in diesem Zusammenhang eine grundlegende Rolle: Grundsätzlich hat die zirkuläre Mobilität zu einer wechselseitigen Durchdringung von Stadt und Land geführt. Da viele Migrant:innen die im städtischen Raum gesammelten Erfahrungen zurück ins Dorf tragen, ist eine bis heute andauernde «Urbanisierung des Landes» zu beobachten. Häufig wird das an alltäglichen Szenen erkennbar, etwa wenn die jungen Männer gebannt auf ihre Smartphones starren, während die alten Männer unterm Dorfbaum sitzen und palavern. Im Gegenzug rückt das Land immer näher an die Stadt heran, die Stadtforschung spricht daher von einer «Ruralisierung der Stadt». Nicht nur, weil sich in der Stadt dörfliche Unterstützungsnetzwerke bilden. Wichtiger ist, dass landwirtschaftliche Aktivitäten im urbanen Raum ständig zunehmen – auch als Ergebnis des massenhaften Zuzugs aus ländlichen Regionen. Eine 2012 veröffentlichte Studie der Vereinten Nationen geht davon aus, dass 40 Prozent der Stadtbewohner:innen in Afrika auf die eine oder andere Weise mit der Produktion von Nahrungsmitteln zu tun haben, insbesondere von Gemüse.[10] Die Anbauflächen befinden sich überall in der Stadt: An den Ufern von Flüssen und Kanälen, innerhalb der Grundmauern nicht fertig gebauter Häuser oder entlang von Bahntrassen. In Bamako betrifft das unter anderem den Bamako-Dakar-Express. Die 1500 Kilometer lange Eisenbahnlinie wurde 2003 privatisiert. Doch der kanadisch-französische Investor Canac-Getma strich bereits zwei Jahre später die Personenbeförderung drastisch zusammen, mit der Konsequenz, dass zehntausende Händler:innen auf einen Schlag von überregionalen Märkten abgeschnitten waren. Auf den letzten 60 Kilometern zwischen Bamako und Koulikourou wurde der Bahnbetrieb sogar ganz eingestellt. Seitdem haben die Menschen auf dem ehemaligen Gleiskörper Häuser, Werkstätten und Gemüseparzellen errichtet. Auch Viehwirtschaft ist in der Stadt weit verbreitet. Viele Menschen halten im Hinterhof Kühe, Schafe und Ziegen, und natürlich Hühner. Für mich war es 2010 einer meiner ersten Eindrücke in Bamako überhaupt. Wir waren in der Nacht angekommen, am nächsten Morgen verfolgte ich gebannt auf dem Nachbargrundstück die Schlachtung eines Schafes – erstmalig in meinem Leben. Es waren Angestellte eines berühmten Marabouts. Dieser lebte mit seiner Familie in einer geräumigen Villa, während sein Personal auf einer angrenzenden Brachfläche in schäbigen Verschlägen aus Holz, Wellblech und Plastikplanen hauste, einschließlich der Aufgabe, jeden Morgen ein Schaf für den vielköpfigen Marabout-Haushalt zu schlachten.

Jenseits der wechselseitigen Durchdringung von Stadt und Land ist zirkuläre Mobilität auch mit einer Stärkung ländlicher Haushalte einhergegangen. Ich habe das bereits anhand der Region Dosso in Niger erwähnt, wo die Einnahmen aus der Fernmigration insbesondere in den 1970er und 1980er Jahren für die Löhne von Erntehelfern und das Futter von Mastrindern verwendet wurden. Hintergrund war, dass ausgerechnet während der schweren Dürrekrise im Sahel 1968 bis 1974 die nigrische Erdnussökonomie weitgehend zusammengebrochen ist – unter anderem, weil Frankreich wegen der Vollendung der innereuropäischen Zollunion 1968 seine Vorzugsbehandlung für westafrikanische Erdnüsse eingestellt hatte. Und dies mit der bitteren Konsequenz, dass Nigers Anteil an den globalen Erdnussexporten schlagartig von 4 auf 0 Prozent sank. Um die Einnahmeverluste auszugleichen, begannen bäuerliche Haushalte in Dosso mit der Anschaffung von Mastrindern, die nicht in großen Herden unterwegs waren, sondern angepflockt im Hof standen: Einerseits um Schlachtreife zu erlangen, andererseits um Dung für die Landwirtschaft zu produzieren, pro Tier ungefähr 2 Tonnen in 6 Monaten. Um das Geschäft mit den Mastrindern in Gang zu bringen, waren die Einnahmen aus der damals stark angewachsenen Fernmigration unverzichtbar. Es ist daher ein fundamentales Missverständnis, wenn Migration immer wieder als Bedrohung kleinbäuerlicher Landwirtschaft bezeichnet wird, häufig unter dem Schlagwort der sich vermeintlich entleerenden Dörfer. Migration hat sich im Süden des Globus vielmehr als Garant des ländlichen Lebens entpuppt, ist also keineswegs – wie es bisweilen den Anschein hat – der erste Schritt zur Auflösung ländlicher Lebensvollzüge.

Das eben Gesagte ist keine Randnotiz, es richtet sich insbesondere an die Adresse all jener Politiker:innen in Europa, die immer wieder an Migrant:innen appellieren, lieber zu Hause zu bleiben und sich dort für eine Verbesserung der politischen und wirtschaftlichen Lage einzusetzen. Denn dieser Appell verkennt die solidarische und somit gemeinschaftsstiftende Logik von Migration: Wann immer Migrant:innen die Möglichkeit haben, an ihren Zielorten einer Arbeit nachzugehen, tragen sie zur Stabilisierung in ihrer Heimat bei – sei es, dass sie die eigenen Familien finanziell unterstützen, sei es, dass sie im größeren Rahmen Entwicklungsprojekte anstoßen. So wurden in verschiedenen Regionen Senegals zwischen 2009 und 2016 mehrere erfolgreiche Programme im Bereich Migration und Entwicklung durchgeführt. Grundlage waren finanzielle Mittel senegalesischer Migrant:innen in Frankreich, die aber seitens der französischen und senegalesischen Regierung jeweils aufgestockt wurden. Auf diese Weise konnten in einer ersten Phase über 100 Schul-, Gesundheits- und Wasserprojekte umgesetzt werden. In einer zweiten Phase wurde die Gründung eigenständiger Firmen gefördert, unter anderem ein von 300 Migrant:innen finanziertes Busunternehmen in der Region Kédougou, das bereits im ersten Jahr 80 000 Fahrgäste transportierte. Gemessen an den tatsächlichen Bedarfen sind solche Initiativen lediglich ein Tropfen auf den heißen Stein, aber sie werfen ein Licht darauf, was schiefläuft. Denn Basisdienstleistungen wie Bildung, Gesundheitsversorgung oder Zugang zu Wasser gehören eigentlich zum ureigensten Aufgabenbereich staatlicher Verwaltung.

Gleichwohl wäre es falsch, die von einzelnen Dorfbewohner:innen immer wieder geäußerten Bedenken gegenüber Migration zu ignorieren. Denn so unverzichtbar die Unterstützung durch Migrant:innen sein mag, es gibt auch problematische Impulse, die die Dorfgemeinschaften erheblich destabilisieren. Beispielsweise wenn sich junge Menschen einzig deshalb genötigt fühlen, in die Migration zu gehen, weil ihre Familien ein ähnlich großes Haus errichten möchten wie ihre Nachbarn. Oder wenn ganze Dörfer einen Wettstreit um die Frage austragen, wer die größere oder schönere Moschee hat, wie es in der Region Kayes im Westen Malis mehrfach vorgekommen sein soll. Ähnlich in Dionguebougou: Dort klagen ältere Dorfbewohner:innen, dass die Migrant:innen maßgeblich zur Ausbreitung einer materialistischen Gesinnung beigetragen hätten. Hierzu passt, dass in dem Dorf die Arbeit auf den individuell bestellten *jonforo*-Feldern seit den 1980er Jahren ständig zugenommen hat, während die kollektiv bestellten *foroba*-Felder immer öfter unter einem Mangel an Arbeitskräften leiden. Was das praktisch bedeutet, bringt ein Vertreter aus der Riege der Älteren unmissverständlich auf den Punkt: «Früher war der Haushalt reich und die Einzelnen arm. Heute hingegen haben die Einzelnen Geld und der Haushalt muss knapsen.»[11] Derartige Debatten begleiten die Migration zwischen Stadt und Land seit ihren frühsten Anfängen. So berichten koloniale Quellen, dass sich in Dionguebougou bereits 1910 ältere Dorfbewohner:innen über die sonderbaren Ideen zurückgekehrter Migrant:innen mokiert hätten. Unter anderem über die Forderung, dem lokalen *komo*-Fetischkult abzuschwören und stattdessen eine Moschee zu errichten. Gleichzeitig zeigt dies, dass Migrant:innen ihrer Zeit immer wieder vorauseilen. Denn Ende der 1990er Jahre hat sich Dionguebougou tatsächlich entschieden, den *komo*-Fetischkult auslaufen zu lassen und geschlossen zum Islam überzutreten.

Auch die frühe westafrikanische Literatur beschäftigt sich intensiv mit solchen Fragen. Dabei stand anfangs die Begegnung mit dem Kolonialismus im Zentrum, später ging es um die ersten Migrationserfahrungen in Europa. Einer der wichtigsten westafrikanischen Romane des 20. Jahrhunderts stammt von dem senegalesischen Schriftsteller Cheikh Hamidou Kane, sein Titel lautet *Der Zwiespalt des Samba Diallo*. Auch hier geht es um den Spannungsbogen zwischen Individualismus, der mit Europa assoziiert wird, und kollektiver Gemeinschaftlichkeit, die als afrikanische Eigenheit gilt: «Der Mensch war noch nie so unglücklich wie jetzt, da er so viele Reichtümer anhäuft. Nirgends wird das Menschsein so sehr verachtet wie dort, wo diese Anhäufung stattfindet. Die Geschichte Europas scheint mir dafür ein Exempel zu statuieren, wie wenig sich ein Mensch auf den anderen verlassen kann.»[12] Und doch wäre es falsch, die Migrationsprozesse auf diese melancholische Dimension wechselseitiger Entfremdung zu reduzieren. Denn eigentlich wird ja Migration bzw. zirkuläre Mobilität im westafrikanischen Alltagsdiskurs sehr positiv bewertet. Und das erfordert auch, das Dorf in seiner doppelten Funktion wahrzunehmen. Es ist nicht nur Empfänger von Geldüberweisungen, es ist auch spiritueller Identitätsanker und Schutzraum. Ich habe weiter oben von einer Bekannten berichtet, mit der ich 2020 von Abidjan aus ihr Dorf im Grenzgebiet zu Ghana besucht habe. Während des Bürgerkriegs, der die Elfenbeinküste zwischen 2002 und 2011 in immer neuen Wellen erschütterte, war das Dorf für meine Bekannte und ihre Tochter Zufluchtsstätte. Es ist diese Erfahrung wechselseitiger Solidarität zwischen Stadt und Land, die die Praxis zirkulärer Mobilität zu einer tragenden Säule des westafrikanischen Alltagslebens macht.

Verstärkte Migration nach Europa seit den 1980er Jahren

Bis heute findet das westafrikanische Migrationsgeschehen primär innerhalb Westafrikas statt. Dennoch möchte ich nunmehr der Frage nachgehen, wie sich aus der zirkulären Mobilität Westafrikas schrittweise die Migration nach Europa entwickelt hat – lange auf sehr niedrigem Niveau, seit Ende der 1980er Jahren stetig zunehmend. Dabei liegt es nahe, mit den Soninke zu beginnen, die in Westafrika als die wichtigsten Wegbereiter der zeitgenössischen Fernmigration gelten. Die Soninke stammen ursprünglich aus einem Gebiet rechts und links des Senegalflusses, das heute Teile des östlichen Senegal und des westlichen Mali umfasst. Sie haben im 8. Jahrhundert das Ghana-Reich begründet – das erste der großen westafrikanischen Savannenreiche, von dem sich das heutige Ghana lediglich den ehrwürdigen Namen geborgt hat. Schon vor der Kolonisierung betrieben die Soninke ausgedehnten Handel – etwa im Gebiet des Nigerbogens, wo sie eine dominante Stellung im Salzhandel errungen hatten. Zudem waren sie als saisonale Wanderarbeiter:innen unterwegs, insbesondere seit den 1860er

Jahren auf den Erdnussfeldern des heutigen Senegals. Seit den 1930er Jahren ließen sich Soninke immer öfter als Fernhändler:innen in Zentralafrika nieder, gut 6000 Kilometer von ihrer Heimatregion entfernt. Entsprechend überwiesen sie Mitte der 1960er Jahre telegraphisch aus der Demokratischen Republik Kongo die für damalige Verhältnisse enorme Summe von jährlich 2 Millionen Dollar an ihre Familien in Senegal. Als Anfang der 1950er Jahre die Migration nach Frankreich begann, gehörten die Soninke ebenfalls zu den Pionier:innen – viele von ihnen hatten zuvor auf französischen Schiffen oder in neu gegründeten Industriebetrieben in Dakar gearbeitet. Nur so ist verständlich, dass 1968 rund 85 Prozent der in Frankreich lebenden Migrant:innen aus Subsahara-Afrika Soninke waren, also Menschen, die aus einer Region stammten, deren Fläche gerade mal 400 mal 150 Kilometer umfasste.

Nach Erlangung der staatlichen Unabhängigkeit entwickelte sich die westafrikanische Fernmigration in zwei Richtungen weiter: Zum einen kamen immer mehr Arbeitsmigrant:innen nach Europa, zum anderen wuchs die Zahl der Studierenden, insbesondere in Großbritannien, Frankreich und den USA. Die Größenordnungen blieben freilich überschaubar. Beispielsweise in den USA, wo 1970 gerade einmal 8000 Menschen aus afrikanischen Ländern studierten. Umso bemerkenswerter ist, dass sich einige der Unabhängigkeitsregierungen äußerst kritisch in Sachen Migration bzw. Mobilität positionierten. So versuchte Senegal, die Auswanderung nach Frankreich mittels bürokratischer Hürden zu stoppen, während Mali noch einen Schritt weiterging: Der junge Staat forderte die französische Regierung explizit auf, malische Migrant:innen abzuschieben. Begründet wurde dies damit, dass die Menschen zum Aufbau des neuen Staates gebraucht würden. Doch diese und verwandte Initiativen verpufften, stattdessen warfen sie bereits früh einen Schatten auf das Verhältnis zwischen Diaspora und Heimatregierungen.

Parallel hierzu ist auch innerhalb Westafrikas die grenzüberschreitende Migration in den 1960er Jahren kontinuierlich angewachsen. Dabei spielten jene Migrationskorridore eine zentrale Rolle, die sich bereits im Kolonialismus herausgebildet hatten. Wichtigste Zielländer waren von den 1960er bis 1990er Jahren die Elfenbeinküste, Ghana und Nigeria, wichtigste Entsendeländer Burkina Faso, Mali und Guinea. Hierzu passt, dass der Migrationskorridor zwischen Burkina Faso und der Elfenbeinküste mit 1,8 Millionen Menschen pro Jahr noch heute der afrikaweit am stärksten frequentierte ist. Dieses schillernd anmutende Bewegungsmosaik ist indessen seit den 1980er Jahren schrittweise aus dem Gleichgewicht geraten. Auslöser waren wirtschaftliche und politische Verwerfungen, insbesondere die Verschuldungskrise, die nahezu alle Länder Westafrikas hart getroffen hat. Zu den vielfältigen Folgen zählten unter anderem Massenabschiebungen: 1983 und 1985 wurden allein in Nigeria 2 Millionen Migrant:innen des Landes verwiesen, davon 1,3 Millionen nach Ghana. Entsprechend verstärkte sich vielerorts die Bereitschaft zur Abwanderung. So haben zwischen 1987 und 1989 100 000 Hochqualifizierte Nigeria Richtung Europa und USA verlassen. Hauptgrund war, dass es im Zuge der IWF-Strukturanpassungsprogramme zu massiven Lohneinbußen gekommen war. In den 1990er und 2000er Jahren spitzten die Bürgerkriege in Sierra Leone, Liberia und der Elfenbeinküste die ohnehin bestehende Migrationskrise im westafrikanischen Raum erneut zu. Denn die Konkurrenz unter westafrikanischen Arbeitsmigrant:innen wurde immer stärker, sodass viele nach Nordafrika auswichen. Neben Algerien und Marokko stand insbesondere Libyen hoch im Kurs, wo Ende der 1990er Jahre über 1 Million Migrant:innen aus Subsahara-Afrika arbeiteten – die meisten von ihnen aus westafrikanischen Ländern. Einziges Manko: Trotz rhetorischer Avancen an den Panafrikanismus bediente sich Libyens Diktator Muammar al-Gadaffi aus machttaktischen Gründen regelmäßig der migrationsfeindlichen Karte. Folglich war die

Lage subsaharischer Arbeitsmigrant:innen in Libyen bereits damals äußerst prekär, nicht zuletzt weil sie massiven Rassismus erlebten. Beispielsweise herrschte in der Landwirtschaft eine strikt hierarchische Arbeitsteilung: Libyer:innen waren die Besitzer:innen, Ägypter:innen die Vorarbeiter:innen und subsaharische Migrant:innen die Landarbeiter:innen. Noch dramatischer war, dass es auch hier Massenausweisungen gab: Bereits Mitte der 1990er Jahre wurden 335 000 Migrant:innen aus Libyen nach Subsahara-Afrika abgeschoben, zwischen 2003 und 2005 noch einmal weitere 145 000. Resultat war, dass viele subsaharische Migrant:innen nach Europa weiterzogen, zumal die Lage in Algerien und Marokko ähnlich schwierig war. Die im jahrhundertealten Transsahara-Handel verankerten Migrationsrouten zwischen Subsahara-Afrika und Nordafrika schlossen sich also mit den ebenfalls uralten Migrationsrouten zwischen dem Maghreb und Europa kurz, sodass Europa immer stärker in den Fokus subsaharischer Migrant:innen geriet.

Nichtsdestotrotz verbieten sich alarmistische Töne, wie sie in der europäischen Debatte gang und gäbe sind. Eine besonders unrühmliche Rolle spielt dabei die vielfach aufgegriffene These der kommunizierenden Röhren: Danach erfolge Migration aus den geburtenstärksten in die geburtenärmsten oder aus den am dichtesten in die am dünnsten besiedelten Länder – vergleichbar einem «Springbrunnen mit mehreren überlaufenden Becken».[13] Das Bild stammt von Stephen Smith, einem franko-amerikanischen Afrika-Journalisten. Mit seinem auch auf Deutsch vorliegenden Buch *Nach Europa! Das junge Afrika auf dem Weg zum alten Kontinent* hat er die migrationspolitische Debatte in Frankreich erheblich beeinflusst, selbst Präsident Emmanuel Macron hat seine restriktive Einwanderungspolitik mit Verweis auf Smith' Buch gerechtfertigt. Und das, obwohl alle verfügbaren Daten und Hochrechnungen unmissverständlich zeigen, dass die von Smith lancierten Prognosen gefährlicher Unfug sind – insbesondere seine Behauptung, dass im Jahr 2050 «ein Viertel bis ein Drittel der Bevölkerung in Europa afrikanischer Abstammung» sein werde.[14]

Angesichts solcher irreführenden und das gesellschaftliche Klima vergiftenden Debatten scheint es dringlicher denn je, das globale Migrationsgeschehen mit konkreten Fakten darzustellen. Denn das viel zu häufig zitierte Bauchgefühl ist unzutreffend, wonach der relativ größte Migrationsdruck im internationalen Raum von Afrika ausginge. Vielmehr liegt Afrika laut des UN-Migrationsreports 2017 mit 14,1 Prozent Anteil an der grenzüberschreitenden Migration gerade einmal auf dem 4. Platz, dieser Wert ist kleiner als Afrikas Anteil an der Weltbevölkerung. Demgegenüber kommen aus Lateinamerika 14,6 Prozent aller internationalen Migrant:innen, das ist knapp doppelt so viel wie Lateinamerikas Anteil an der Weltbevölkerung. Noch größer ist Europas Wert, dieser beträgt 23,7 Prozent. Einsamer Spitzenreiter ist freilich Asien, von dort stammen 41 Prozent aller Migrant:innen, die außerhalb ihres Geburtslandes leben. Es dürfte insofern nicht überraschen, dass sich unter den 20 größten Herkunftsländern internationaler Migrant:innen lediglich ein afrikanisches Land befindet, nämlich Ägypten – mit 3,4 Millionen auf dem vorletzten Platz. Umgekehrt liegen Indien mit 16,6 Millionen, Mexiko mit 13 Millionen und Russland mit 10,6 Millionen internationaler Migrant:innen ganz vorne. Und das ist bemerkenswert, denn es verdeutlicht, dass internationale Migration keineswegs ein Armutsphänomen ist. Vielmehr zeigen Statistiken, dass in den ökonomisch ärmsten Ländern ungleich weniger Menschen ins Ausland gehen als in den wohlhabenden. So beträgt der Durchschnitt für alle westafrikanischen Länder 2,6 Prozent. Ganz anders Europa, wo die Werte deutlich höher ausfallen. So leben 4,8 Prozent aller deutschen Staatsbürger:innen temporär oder dauerhaft im Ausland, in Italien 5,1 Prozent und in der Schweiz 8 Prozent. Hinsichtlich der Zielregionen dürfte die wichtigste Feststellung lauten, dass die meisten internationalen Migrant:innen auf ihrem jeweiligen Kontinent verbleiben. Zu den wenigen Ausnahmen gehören die nordafrikanischen Länder, wo die Mehrheit der Migrant:innen den Kontinent Richtung Europa verlässt – mit der überraschend anmutenden Konsequenz, dass Anfang des Jahrtausends innerhalb der wohlhabenden OECD-Länder die Zahl der aus Marokko stammenden Migrant:innen mit 1,6 Millionen die Zahl aller aus Westafrika stammenden Migrant:innen übertroffen hat. Spätestens an diesem Punkt macht es auch Sinn, auf eine Zahl zurückzukommen, die ich bereits in der Einleitung angeführt habe: In Europa leben gerade einmal 4,1 Millionen Menschen, die in einem Land südlich der Sahara geboren wurden. Davon stellt Westafrika mit 1,5 Millionen Migrant:innen das größte Kontingent in Europa, gefolgt von Ostafrika und dem südlichen Afrika mit jeweils 1 Million sowie Zentralafrika mit 543 000. Im Vergleich zu einzelnen Ländern wie Russland oder den Philippinen sind das läppische Zahlen, dennoch wird die überhitzte Migrationsdebatte in Europa maßgeblich von Vorbehalten gegenüber afrikanischer Einwanderung dominiert.

Warum Migrant:innen nach Europa aufbrechen

Fest steht, dass Migration nach Europa das Resultat einer langen und weitverzweigten Mobilitätsgeschichte in Westafrika ist. Vor diesem Hintergrund gilt es nun, jene Motivationen näher zu beleuchten, die einer Migrationsentscheidung zugrunde liegen. Ein Teil der Antwort ergibt sich aus der Sache selbst: Die Menschen gehen, weil Ortsveränderungen in Westafrika schon seit jeher eine ganz normale Existenzsicherungsstrategie darstellen. Und dieser kulturelle Code sollte stets mitgedacht werden, wenn es um junge Leute geht, die sich zum kopfschüttelnden Staunen des europäischen Publikums tagelang auf völlig überfüllte Ladeflächen von Pickups drängen und bei sengender Hitze durch die Wüste fahren. Denn die Tatsache, dass Menschen bereits seit Jahrhunderten aufbrechen, wirkt wie eine historische Echokammer, die die Migration Richtung Europa zu einem sozial und kulturell plausiblen Akt macht. Gleichwohl möchte ich vor einer Banalisierung des Migrationsgeschehens warnen. Eine Verlockung, der nicht zuletzt Journalist:innen immer wieder erliegen, wenn sie die gesellschaftliche Selbstverständlichkeit westafrikanischer Mobilität als Bestätigung dafür nehmen, dass es den jungen Leuten in erster Linie um Abenteurertum oder Neugierde ginge. Denn auch wenn Migrant:innen aus Westafrika ihre Migration mit derartigen Begriffen belegen, bedeutet das keineswegs, dass ihre individuellen Migrationsentscheidungen losgelöst von den meist äußerst schwierigen Lebensverhältnissen in Westafrika erfolgen würden. Dies zeigen auch zahlreiche Untersuchungen, unter anderem eine 2019 vom Entwicklungsprogramm der Vereinten Nationen (UNDP) veröffentlichte Studie, die in vielerlei Hinsicht beispiellos sein dürfte. Denn für die Studie unter dem Titel *Scaling Fences: Voices of Irregular African Migrants to Europe* (Zäune überwinden. Stimmen irregulärer afrikanischer Migrant:innen in Europa) wurden 3069 Migrant:innen aus 43 afrikanischen Ländern befragt, die ohne gültiges Einreisevisum in Europa angekommen sind, über 90 Prozent von ihnen per Boot. Nach dem ersten Durchgang wurden all jene aus der weiteren Auswertung herausgenommen, die sich selber als Geflüchtete bzw. Schutzsuchende im Sinne der Genfer Flüchtlingskonvention definierten, viele von ihnen aus ostafrikanischen Ländern wie Eritrea, Äthiopien oder Somalia. Entsprechend sind noch 1970 Migrant:innen übrig geblieben, davon 71 Prozent aus Westafrika. Der Anteil von Frauen betrug 23 Prozent, was insofern vertretbar ist, weil ihr Anteil an der Fernmigration nach Europa vergleichsweise niedrig ist.

Grundsätzlich hat die Studie deutlich gemacht, dass (west-)afrikanische Migrant:innen in Europa nicht aus absoluten Armutsverhältnissen stammen, was angesichts der durchschnittlichen Reisekosten von 2710 Dollar nicht überraschen dürfte. Bestimmendes Motiv war vielmehr relative Armut bzw. Entrechtung, also der

Wunsch, aus dem eigenen Leben mehr zu machen als bislang und somit der lähmenden Perspektivlosigkeit zu entkommen, die die Befragten zu Hause empfanden. Diese Haltung spiegelte sich auch in den persönlichen Eckdaten wider: 85 Prozent haben vor ihrer Reise in Städten gelebt, obwohl die derzeitige Urbanisierungsquote in Westafrika bei lediglich 49 Prozent liegt. Sie verfügten über mehr Bildung als der Durchschnitt in ihren Herkunftsländern – konkret haben die untersuchten Frauen die Schule 5 Jahre länger besucht als ihre durchschnittlichen Altersgenossinnen, Männer 3 Jahre. Und diejenigen, die zum Familieneinkommen beigetragen haben, hatten einen um 63 Prozent höheren Verdienst als die übrige Bevölkerung – nämlich monatlich 260 statt 160 Dollar. Hinsichtlich der konkreten Motive für die Migration fiel zunächst auf, dass lediglich 6 Prozent der Befragten ein einziges Motiv angegeben haben, während die große Mehrheit zwei, drei oder vier Motive genannt hat. Und das mit der Konsequenz, dass es bei den Hauptmotiven zwar eine eindeutige Tendenz gibt, dass aber der jeweilige Mix aus Haupt- und Nebenmotiven sehr individuell ausfällt. Konkreter: Als Hauptmotiv wurde von 60 Prozent «Arbeit & Rücküberweisungen» erwähnt. Da jedoch 21 Prozent der Befragten diese Antwort auch als zweites, drittes oder viertes Motiv gaben, kann geschlussfolgert werden, dass «Arbeit & Rücküberweisungen» für 81 Prozent eine mehr oder minder starke Rolle bei ihrer Migrationsentscheidung gespielt haben. Bei den sonstigen Hauptmotiven rangieren «Familie & Freund:innen» mit 18 Prozent auf dem zweiten Platz, was nicht zuletzt mit dem ins Auge gefassten Nachzug von Ehepartner:innen und minderjährigen Kindern zu tun hat. Auf dem dritten und vierten Platz folgen «Bildung» mit 8 Prozent und «Freiheit & persönliche Gründe» mit 7 Prozent – Letzteres umfasst unter anderem frauenspezifische Migrationsmotive wie drohende Beschneidung oder Frühverheiratung. Auf dem fünften und sechsten Platz befinden sich «Sonstiges» mit 6 Prozent und «Entdeckung & Abenteuer» mit 1 Prozent.

Wer also Migration aus westafrikanischen Ländern verstehen möchte, sollte auf Katastrophismus oder Exotisierung als Erklärungsmuster verzichten. Denn die meisten Migrant:innen gehen weder aus nackter Not noch bloßer Neugierde, sondern weil sie sich in Europa ein besseres Leben erhoffen. Und daran lässt auch einer der Interviewten aus dem Senegal keinen Zweifel: «Am Ende wollen wir alle das Gleiche im Leben: Gesundheit, gute Jobs und die Freiheit, für uns und unsere Familien das Beste rauszuholen. Und weil viele Leute das Gefühl umtreibt, diese Möglichkeiten in Afrika nicht zu haben, gehen sie nach Europa.»[15] Die Erfahrung fehlender Möglichkeiten zur Selbstverwirklichung drückt sich auch in einem fundamentalen Distanzgefühl gegenüber staatlichen Institutionen aus: 77 Prozent finden, dass sie keinerlei Einflussmöglichkeiten auf das Regierungshandeln in ihren Herkunftsländern gehabt hätten. Zudem haben sich 62 Prozent seitens ihrer Regierungen unfair behandelt gefühlt, unter anderem wegen ihrer Ethnizität, ihrer politischen Ansichten und/oder ihrer Herkunftsregion. Noch größer fällt die generelle Unzufriedenheit aus: Über 80 Prozent kritisieren die Gesundheitsversorgung, die allgemeine Sicherheitslage und die Lage auf dem Arbeitsmarkt. Auch gerontokratische Strukturen tragen zur Entfremdung bei, also die tief im gesellschaftlichen Gefüge Westafrikas verankerte Vormachtstellung der älteren Generationen. Diesbezüglich wird in Europa häufig auf den Umstand verwiesen, dass etliche afrikanische Regierungschefs vergleichsweise alt seien, während die große Mehrheit der Bevölkerung immer jünger würde. Grundsätzlich ist das zutreffend, allerdings ist es seit der Jahrtausendwende zu erheblichen Verschiebungen gekommen, auch als Resultat spektakulärer Jugendproteste. So betrug 2021 das Durchschnittsalter der westafrikanischen Präsidenten gerade einmal 65 Jahre, wobei nicht unerwähnt bleiben sollte, dass ausgerechnet in den drei bevölkerungsreichsten Ländern Nigeria, Ghana und Elfenbeinküste der präsidiale Durchschnitt bei 78 Jahren lag.

Ebenfalls gravierend ist, dass überall in Westafrika junge Menschen relativ spät in gesellschaftlich oder ökonomisch wichtige Positionen aufrücken. Betroffen sind nicht zuletzt Unverheiratete, vor allem junge Männer finden sich in einer Art Teufelskreis wieder: Wer keinen Job hat, kann nicht heiraten, denn eine Heirat setzt voraus, die eigene Familie versorgen zu können. Und wer nicht verheiratet ist, kann den gesellschaftlichen Status des Jugendlichen nicht abstreifen, bleibt also gesellschaftlich machtlos. Einem guten Freund in der Elfenbeinküste passiert genau dies: Er ist Jahrgang 1970 und bestens ausgebildet. Obwohl er schon mehrfach als Experte beschäftigt war, gilt er mit über 50 Jahren als Jugendlicher, schlicht deshalb, weil er unverheiratet ist. Doch damit nicht genug. Der Freund berichtet auch, dass die gesellschaftliche Geringschätzung umso spöttischer ausfalle, je älter er werde. Wer es in diesem Alter nicht geschafft habe, eine Ehe zu schließen, müsse einen gewaltigen Makel haben, so die verhängnisvolle Logik. Ein ähnliches Drama erlebe ich bei einem älteren Herrn in Bremen, den ich seit langem bei administrativen Angelegenheiten unterstütze. Er ist 1997 aus Ghana nach Europa gekommen. Heute ist er Ende 50, alleinstehend und chronisch krank. Eigentlich spricht vieles dafür, dass er zurückginge, doch das ist unmöglich. Mein Bekannter hat in Deutschland keine Ersparnisse oder Rentenansprüche angesammelt. Folge ist, dass er in Ghana weder heiraten noch seinen Lebensunterhalt bestreiten könnte. Beides indes wäre Quelle gesellschaftlicher Schande, ungeachtet dessen, dass seine Familie wohlhabend ist und den in Europa gestrandeten Sohn problemlos unterhalten könnte. Derartige Schicksale sind keineswegs selten. Sie zeigen, wie gerontokratische und patriarchale Verhältnisse all jene verschlingen können, die den gesellschaftlichen Erwartungen nicht genügen.

Völlig anders stellt sich die Situation für jene Migrant:innen dar, die sich in Europa durchgebissen haben. Für sie ist die Migration ein Erfolg, auch wenn ihr monatlicher Durchschnittsverdienst bei gerade einmal 1040 Euro liegt. 78 Prozent der Migrant:innen mit regelmäßigem Einkommen unterstützen ihre Familien, dabei schicken sie durchschnittlich ein Drittel ihres in Europa erzielten Einkommens nach Hause. Ein Drittel mag nicht viel klingen, ist aber häufig mehr als das gesamte Einkommen, das die Leute vor ihrer Migration verdienten. Insofern handelt es sich um einen doppelten Sprung nach vorne: Einerseits für die Familien, deren finanzieller Spielraum deutlich wächst. Andererseits für die Migrant:innen, die bereits in jungen Jahren den prestigeträchtigen Status von Familienernährer:innen erlangen. Was das konkret heißt, schildert ein verheirateter Akademiker aus Guinea, der ebenfalls Richtung Europa aufgebrochen ist und sich an seinen älteren Bruder erinnert:

> «Als ich noch zur Schule ging, gab es jedes Mal eine große Feier, wenn er ins Dorf kam. Alle waren da und tanzten. Und wir, die wir im Land blieben, fühlten uns klein und bedeutungslos. Manchmal hat er zwei Monate kein Geld überwiesen, aber wenn dann 100 Euro kamen, waren alle so glücklich und man redete über nichts anderes. Unsere Kultur ist so. Wer emigriert, wird sozial geachtet.»[16]

Und doch sollten diese Erfolgsmeldungen nicht über die schwierige Seite des Migrationsprozesses nach Europa hinwegtäuschen. Viele Migrant:innen müssen im Alltag erhebliche Beeinträchtigungen in Kauf nehmen. 71 Prozent kommen mit ihrem Geld nicht aus, 40 Prozent fühlen sich in ihrem Wohnumfeld unsicher, 31 Prozent beklagen eine nicht passende Gesundheitsversorgung. Auch Rassismus stellt eine ständige Belastung dar: 17 Prozent der Frauen und 13 Prozent der Männer sind in den sechs Monaten vor der Befragung Opfer mindestens einer Straftat geworden – davon über die Hälfte durch verbale Gewalt. Die größte Bürde dürfte indessen die soziale Distanz im europäischen Alltagsleben sein, deren Ausmaß erst verständlich wird, wenn man sie mit der Situation in afrikanischen Ländern vergleicht: Unsere Wohnung in Bamako liegt im ersten Stock eines typischen Mietshauses. Typisch heißt, dass die Wohnungen um einen rechteckigen Innenhof angeordnet sind, wobei im ersten Stock der Zugang über eine breite, einmal im Karree verlaufende Balustrade erfolgt. Die Wohnungen haben keine Küchen, stattdessen wird vor den Wohnungstüren auf dem Fußboden gekocht, überwiegend mit Holzkohle. Während der Arbeit unterhalten sich viele der Frauen stundenlang – ob quer über den Hof oder vom Hof zur Balustrade. Wer sich in seiner Wohnung aufhält, ist daher einer beachtlichen Geräuschkulisse ausgesetzt. Denn die Wohnungstüren bestehen lediglich aus dünnen Eisenplatten mit zahlreichen Lüftungsschlitzen, und auch die Fenster zur Straße hin haben meist nur Eisengitter. Ähnliche Konstellationen ergeben sich in großen und kleinen Reisebussen, die auf regionalen Strecken unterwegs sind: Meist braucht es nur wenige Minuten, bis zwischen den Fahrgästen Gespräche über mehrere Sitzreihen entstehen. Jede:r kann sich beteiligen, viele haben beim Sprechen keinen Blickkontakt, der kommunikative Teppich webt sich von selbst. Zugestanden, das sind nur zwei alltägliche Beispiele, aber sie dürften begreifbar machen, weshalb sich 77 Prozent der befragten Migrant:innen in Europa ständig einsam fühlen. Mehr noch: 80 Prozent geben an, das Leben im eigenen Herkunftsland dauerhaft zu vermissen. Was das konkret bedeutet, hat Emmanuel Mbolela in seinem Buch *Mein Weg vom Kongo nach Europa. Zwischen Widerstand, Flucht und Exil* pointiert beschrieben. Emmanuel Mbolela musste die Demokratische Republik Kongo 2002 als politischer Flüchtling verlassen. Über den Landweg ist er bis nach Marokko gelangt. Dort steckte er vier Jahre fest, bis er 2008 mit Hilfe des Flüchtlingskommissariats der Vereinten Nationen (UNHCR) in die Niederlande ausreisen konnte, wo er sich in einem Dorf namens Nunspeet 50 Kilometer von Amsterdam entfernt in einer kleinen Wohnung wiederfinden sollte:

> «Für mich war es überaus befremdlich, alleine zu essen. In Afrika essen alle gemeinsam! Auch wenn wenig da ist, kommt man zusammen und teilt, was da ist. In meiner Familie war es üblich, dass eine große Zahl an Menschen um den Tisch saß. […] Für einen Außenstehenden war es unmöglich zu sehen, wer zum engeren Kreise der Familie gehörte und wer nicht. […] Ich stellte mir ernsthaft die Frage, wie die Menschen in Europa ein solches Leben aushielten. Sind es der materielle Wohlstand und die Entwicklung der modernen Kommunikationstechnologien, die die Menschen zu diesem Individualismus und dieser Isolation geführt haben? Werden in Zukunft alle Menschen auf dieser Erde ein solches Leben führen?»[17]

Umso überraschender ist, dass sich in der UN-Studie die große Mehrheit der befragten Migrant:innen mit ihrer Situation in Europa zufrieden zeigt. Selbst 77 Prozent derjenigen, die keinen Job haben, blicken optimistisch in die Zukunft. Fatal wäre freilich, diesen Befund unter Verweis auf das rassistische Klischee afrikanischer Unkompliziertheit oder Lebensfreude zu erklären. Neben religiösen Empfindungen und historisch entstandenen Widerstandskräften dürfte vor allem die Paradoxie des Migrationsaktes ausschlaggebend sein: Die Menschen sind mangels Perspektiven aufgebrochen. Folge ist, dass alles besser erscheint als der Stillstand, dem man sich unter großen persönlichen Risiken und Entbehrungen entzogen hat.

Von der Rumsitzerei zur Perspektivlosigkeit

Im Zusammenhang mit der als quälend und demütigend empfundenen Perspektivlosigkeit blicken die Jugendlichen – gemeint sind an dieser Stelle männliche Jugendliche – nicht nur einer völlig ungewissen Zukunft entgegen, sie sind auch zur Untätigkeit verdammt. Das ist mentaler und körperlicher Stress pur. In meinem

Viertel in Bamako laufe ich regelmäßig an einem TV-Geschäft vorbei. Allabendlich finden sich dort dutzende Kinder und Jugendliche ein, um auf großen Bildschirmen Fußballspiele zu verfolgen, vor allem europäischer Wettbewerbe. Wenn die prominenten Vereine wie Barcelona, München oder Liverpool spielen, kommt meist Stadionatmosphäre auf, zumal sich alle 100 bis 200 Meter ähnliche Trauben bilden, mitunter vor winzigen Fernsehgeräten. Anfangs berührte mich das gemeinsame Fußballspektakel enorm, auch als atmosphärischer Kontrapunkt zum mühevollen Alltag. Doch irgendwann merkte ich, dass immer die gleichen Jugendlichen auftauchen. Ob tagsüber oder abends, sie sitzen vor dem TV-Geschäft und klönen, trinken Tee oder warten auf kleine Gelegenheitsjobs. Das war der Punkt, als ich erstmalig eine gewisse Beklemmung verspürte. Ich entwickelte eine Ahnung von der bleiernen Langeweile, die sich jeden Tag neu auf das Leben der Jugendlichen senkt. Und diese Beklemmung umfasste auch die von den Jugendlichen ständig erlebte Diskrepanz zwischen der globalen Glitzerwelt des Konsums und ihrer eigenen Mittellosigkeit.

«Rumsitzerei, die die Hosen tötet», also verschleißt – das in Niger gebräuchliche Haussa-Sprichwort bringt die widersprüchliche Lage arbeitsloser Jugendlicher ungeschminkt auf den Punkt. Als Reaktion auf diese Ohnmachtserfahrungen haben sich in Niger die viel zitierten Fadas gebildet – Cliquen, die sich unter freiem Himmel treffen, bei denen aber die Mitgliedschaft verbindlich ist. Entstanden sind die Fadas bereits Anfang der 1990er Jahre. Damals stand Niger an der Schwelle zur Demokratie, der Austauschbedarf war riesig, insbesondere nachdem bei Protesten im Juni 1990 mehrere Studenten erschossen wurden. Während der Verschuldungskrise in den 1990er Jahren nahm die Armut in Niger stark zu und mit ihr die Kriminalität. In dieser Zeit entwickelten sich verschiedene Fadas zu Quartiersmilizen, verloren aber rasch das Vertrauen der Bevölkerung, da einige von ihnen gemeinsame Sache mit kriminellen Banden machten. Heute kommen bei den Fadas vor allem erwerbslose und unverheiratete Männer zusammen. Über Stunden wird bei Tee palavert, diskutiert und erzählt, hauptsächlich abends. Die Fadas sind Orte des Respekts und der freien Rede, zudem Jobbörsen. Hier fühlen sich die Jugendlichen aufgehoben, auch mit Blick auf die ältere Generation, die die jungen Männer immer wieder als Faulpelze geißelt, weil diese nicht bereit seien, jede x-beliebige Arbeit anzunehmen. Ebenfalls charakteristisch ist, dass die Fadas in aller Regel multiethnisch zusammengesetzt sind, für viele Mitglieder ist das ein wichtiges politisches Signal. Dennoch sind die Fadas keine nigrische Besonderheit, sie sind überall in Westafrika anzutreffen. In Mali heißen sie «Grains», in der Elfenbeinküste «Djassas» und in Senegal «Datas». Unterschiede existieren trotzdem. In der Elfenbeinküste wird nicht Tee, sondern Alkohol getrunken, jedenfalls im Süden, wo es kaum Muslime gibt. In Mali beteiligen sich unverheiratete und verheiratete Männer gleichermaßen, es wird jedoch überwiegend palavert, weniger diskutiert, wie mir ein älterer Malier berichtete. Gemeinsam ist sämtlichen dieser Zusammenschlüsse, dass sie eine Antwort auf die existentielle Krise der Jugend in Westafrika darstellen, ähnlich wie die Fernmigration und andere Strategien der Selbstbehauptung.

Berichte über arbeitslose Jugendliche in Afrika sind in Europa keineswegs selten, das Wissen um ihre prekäre Situation liegt auch vielen EU-Programmen zur Bekämpfung von Fluchtursachen zugrunde. Umso fragwürdiger ist, dass die Geschlechtsspezifik immer wieder ausgeblendet wird. Denn dies lässt vergessen, dass junge Frauen ebenfalls von Perspektivlosigkeit betroffen sind, auch wenn sie in einer völlig anderen Situation stecken. Denn junge Frauen sind keineswegs untätig. Vielmehr sind sie fest in die äußerst anstrengende Hausarbeit ihrer Familien eingebunden, oftmals unterscheidet sich das kaum von dem, was ich bereits über junge Hausangestellte gesagt habe. Hinzu kommt, dass ihre Heirat lediglich eine einmalige Mitgift erfordert, nicht jedoch die Fähigkeit, eine Familie dauerhaft zu finanzieren. Entsprechend sind junge Frauen ungleich seltener ledig als ihre männlichen Altersgenossen, auch deshalb, weil es Männern in vielen Ländern Westafrikas gestattet ist, bis zu vier Frauen zu heiraten, mitunter sogar mehr. Und doch gibt es zahlreiche junge Frauen, die dringend etwas an ihrem Leben verändern wollen. Einerseits, weil sie genauso wie junge Männer unter fehlenden Jobperspektiven oder mangelnden Mitspracherechten leiden, Letzteres ist auch auf die weithin übliche Praxis der Auswahl von Ehepartner:innen durch die Eltern gemünzt. Andererseits, weil sie die ihnen zugedachte Frauenrolle als Verengung ihrer persönlichen Perspektiven erleben, wie eine 26-jährige Migrantin aus Nigeria betont: «Mir war schon immer klar, dass ich besonders bin, und deshalb wollte ich auch nicht in Afrika bleiben und mein Potential vergeuden. Denn in Afrika zu bleiben hätte bedeutet, entweder jung verheiratet oder jung schwanger zu werden. Beides hätte meine Träume zerstört.»[18]

Zwischen eigenständiger Entscheidung und Zwangslage

Wenn es in Europa um das «Warum» der Migration geht, wird relativ selten über die persönlichen Bedürfnisse, Hoffnungen und Ängste von Migrant:innen gesprochen. Im Mittelpunkt stehen stattdessen objektive Fluchtursachen wie ungerechte Handelspolitik, ethnische Konflikte oder imperiale Rohstoffbeschaffung. Das ist nicht verkehrt. Letztlich sind es genau jene strukturellen Fluchtursachen, die zu Perspektivenmangel führen und somit zum dringenden Wunsch, das Heimatland zu verlassen. Gleichwohl ist es fragwürdig, die subjektive und kulturelle Dimension der Migration weitgehend auszublenden. Denn das aus der frühen Migrationsforschung stammende und in der öffentlichen Debatte gerne zitierte Push-Pull-Modell ist nicht in der Lage, Migrationsprozesse befriedigend zu erklären. Die Menschen werden nicht einfach wie Marionetten durch schwierige Umstände in die Migration gedrängt (= push), genauso wenig wie sie magnetartig durch lukrativ erscheinende Arbeitsmöglichkeiten von anderen Ländern angezogen werden (= pull). Vielmehr treffen Migrant:innen eigenständige Entscheidungen, teils alleine, teils im Familien- oder Dorfrat. Wäre das nicht der Fall, bliebe unverständlich, weshalb nur ein kleiner Teil der Bevölkerung in die internationale Migration geht, obwohl die meisten Menschen von ähnlichen Problemlagen betroffen sind.

Um die Entscheidungsprozesse besser zu verstehen, muss nicht nur die persönliche Situation, sondern auch das Umfeld der potentiellen Migrant:innen in den Blick genommen werden. Vor allem drei Aspekte spielen eine maßgebliche Rolle: *Erstens* zeigen diverse Studien, dass eine Fernmigration nach Europa nur in Betracht kommt, wenn die erforderlichen finanziellen Mittel zur Verfügung stehen. Es verwundert daher nicht, dass Migrant:innen aus Ländern wie Gambia, Nigeria oder der Elfenbeinküste vor allem aus solchen Regionen innerhalb ihrer Länder stammen, die im *UN-Index der mehrdimensionalen Armut* vergleichsweise gute Werte aufweisen – erinnert sei an die schon ausführlich zitierten Zahlen aus der UN-Studie *Scaling Fences*. Umgekehrt bedeutet dies, dass Angehörige bäuerlicher Haushalte nur selten auf den Booten nach Europa anzutreffen sind, selbst aus solchen, die vom Klimawandel betroffen sind. Denn bäuerliche Haushalte bewegen sich in aller Regel nahräumlich, oftmals fehlt sogar das Geld, um die Migration eines einzelnen Familienmitglieds in eines der westafrikanischen Küstenländer zu finanzieren. *Zweitens* führt Perspektivenmangel nur dann zur internationalen Migration, wenn ein solcher Schritt vom familiären und sozialen Umfeld befürwortet wird. Grundsätzlich dürfte das in den meisten Regionen Westafrikas der Fall sein. Und doch sollte berücksichtigt werden, dass es bestimmte Regionen gibt, wo die Fernmigration eine besonders exponierte Rolle spielt, mit der Konsequenz, dass ungleich mehr Menschen Richtung Europa aufbrechen. Hierzu gehören beispielsweise die

Region Kayes in Mali, die Region Labé in Guinea oder der Bundesstaat Edo in Nigeria, und dort insbesondere die Hauptstadt Benin City, welche in den letzten Jahren durch die Debatte um die Rückgabe der geraubten Benin-Bronzen eine gewisse Bekanntheit in Deutschland erlangt hat. *Drittens* kann eine Fernmigration nur zustande kommen, wenn potentielle Migrant:innen Zugang zu migrantischen Netzwerken haben. Denn die jungen Leute gehen nicht einfach so los. Sie wandeln vielmehr auf bereits bestehenden Pfaden. Häufig sind diese über Jahrzehnte oder Jahrhunderte entstanden, etwa die Verbindungen zwischen West- und Nordafrika. Zudem gilt: Nur wenn es Pionier:innen gibt, die bereits in einem der Zielländer leben, können sich effektive Migrationsketten herausbilden. Denn die Pionier:innen sind es, die Informationen über den Weg vermitteln und neu Ankommende in Empfang nehmen, wozu auch praktische Hinweise auf Wohn- oder Arbeitsmöglichkeiten gehören. Bestes Beispiel sind Frankreich und Großbritannien, die als ehemalige Kolonialmächte lange Hauptzielorte für Migrant:innen waren, die aus Westafrika nach Europa kamen. Dabei spielte auch der Umstand eine wichtige Rolle, dass die beiden Länder gegenüber ihren ehemaligen Kolonien bis Ende der 1980er Jahre eine vergleichsweise liberale Einwanderungspolitik praktizierten. Als dieses Privileg verschwand, waren viele Migrant:innen nicht mehr bereit, nach zehn bis 15 Jahren in ihre Herkunftsländer zurückzukehren, wie das im Rahmen der zirkulären Mobilität jahrzehntelang üblich war. Denn sie mussten fürchten, dass sie nicht mehr ohne weiteres durch jüngere Familienmitglieder ersetzt werden könnten. Diese Zusammenhänge verdeutlichen, wie wichtig es für das Verständnis von Migrationsbewegungen ist, auch jene sozialen und kulturellen Prozesse in den Blick zu nehmen, die Migration überhaupt erst zu einer gesellschaftlich respektierten Angelegenheit machen. Denn nur so wird verständlich, weshalb die repressive Abschottungspolitik Europas zum Scheitern verurteilt ist, während die tief in der Geschichte Westafrikas verankerte

Kultur zirkulärer Mobilität zum Ausgangspunkt einer echten Alternative werden könnte.

Spätestens an dieser Stelle ist es erforderlich, eine Präzisierung vorzunehmen, für die bislang der geeignete Ort gefehlt hat. Es geht um Geflüchtete, die zwar terminologisch zur Gesamtgruppe der Migrant:innen gehören, faktisch jedoch eine eigenständige Rubrik darstellen. Allein im Norden Nigerias waren laut UN-Flüchtlingskommissar 2021 knapp 3 Millionen Binnenvertriebene unterwegs, hinzu kamen über 300 000 Geflüchtete in den Nachbarländern, die meisten von ihnen, weil sie vor Boko Haram und anderen dschihadistischen Terrorgruppen geflohen sind. Ähnlich in den drei Sahelländern Mali, Burkina Faso und Niger: Dort waren 1,9 Millionen Binnenvertriebene registriert, ebenfalls wegen dschihadistischer und krimineller Gewalt. Eine weitere Gruppe sind Klimageflüchtete. Der Ausdruck ist zwar umstritten, Fakt ist jedoch, dass seit den späten 1960er Jahren mehrere Millionen Menschen wegen klimawandelbedingter Extremereignisse wie Dürren oder Überschwemmungen ihre Existenzgrundlagen vorübergehend oder dauerhaft verloren haben. Eine dritte Gruppe umfasst jene Menschen, die aufgrund individueller Bedrohungslagen Schutz suchen. Hierzu gehören politisch Verfolgte genauso wie Homosexuelle oder Frauen, die aus geschlechtsspezifischen Gründen ihre Familien verlassen müssen. Umso dringlicher stellt sich die Frage, warum es in der bisherigen Darstellung kaum um Geflüchtete gegangen ist. Fehlende Relevanz ist es offenkundig nicht, ausschlaggebend sind vielmehr prinzipielle Überlegungen: Zum einen, dass es quantitativ deutlich weniger Geflüchtete als Migrant:innen gibt, gerade in Westafrika, wo ja Mobilität seit Jahrhunderten jede Pore der Gesellschaft durchdringt. Zum anderen, dass Fluchtbewegungen das Ergebnis ganz spezifischer Krisen sind. Allgemeine Erklärungen wie zirkuläre Migration oder Perspektivlosigkeit helfen da nicht weiter. Wichtiger ist die Beschäftigung mit komplexen Konfliktdynamiken wie im Sahel oder mit repressiven Regimen wie in Togo. Beides wird noch zur Sprache kommen. Und doch möchte ich betonen, dass auch Geflüchtete keine Marionetten sind. Sie fällen ebenfalls Entscheidungen, selbst wenn ihre Spielräume enger ausfallen.

4.

Weshalb die EU-Migrationspolitik scheitern muss

Die marokkanisch-spanische Grenze als Brennspiegel

Eine der wichtigsten Einsichten aus der Geschichte westafrikanischer Mobilität dürfte sein, dass Migration nach Europa quantitativ erst seit Ende der 1980er Jahre an Relevanz gewonnen hat. Nichts könnte dies besser illustrieren als die Grenze zwischen Spanien und Marokko, die seit über 30 Jahren im Brennpunkt des Migrationsgeschehens zwischen Afrika und Europa steht. Bis Mai 1990 herrschte Visafreiheit zwischen den beiden Ländern, auch als Ausdruck davon, dass das Mittelmeer seit der Antike ein gemeinsamer Kultur- und Wirtschaftsraum gewesen ist. Wer von Marokko nach Spanien wollte, nahm die Fähre, notfalls im Kofferraum. Schlauchboote zum irregulären Grenzübertritt waren lange nicht erforderlich, das erste dokumentierte Unglück an der 15 Kilometer breiten Straße von Gibraltar ereignete sich im November 1988. Ähnlich stellte sich die Lage in den autonomen Küstenstädten Ceuta und Melilla dar. Beide gehören zum spanischen Staat, liegen aber auf marokkanischem Territorium – ein ebenso ungewöhnliches wie irritierendes Erbe spanischer Herrschaft in Nordafrika. Bis 1993 verwies lediglich ein Markierungsstein auf die Existenz einer hoheitlichen Grenze. Heute hingegen sind Ceuta und Melilla von zwei jeweils sechs Meter hohen Hightech-Zäunen umgeben, die verhindern sollen, dass Migrant:innen aus Nord- und Subsahara-Afrika die Städte betreten und mittels eines Asylantrags nach Spanien weiterreisen können. Unweigerlich kommt es an den Zäunen immer wieder zu heftigen Auseinandersetzungen zwischen Migrant:innen und marokkanischen bzw. spanischen Sicherheitskräften, oft auch mit Schwerverletzten und Toten. Im September und Oktober 2005 ist die Situation an den Zäunen erstmalig unter den Augen der Weltöffentlichkeit eskaliert. Mindestens 14 Migrant:-innen verloren ihr Leben, hunderte wurden in den Wäldern rund um Ceuta und Melilla festgenommen und in der Wüste ausgesetzt.

Als Reaktion auf die Repression in Marokko wichen viele Migrant:innen auf die Atlantikroute zwischen der westafrikanischen Küste und den Kanarischen Inseln aus, einer der wichtigsten Abfahrtorte war die mauretanische Stadt Nouadhibou. 2006 erreichten 31 000 Migrant:innen die Kanarischen Inseln. Doch die bis zu 1300 Kilometer lange Passage über den offenen Atlantik erwies sich als extrem gefährlich, die Todeszahlen lagen deutlich höher als im Mittelmeer. In Senegal hat dies zu heftigen Protesten von Frauen geführt, die nicht mehr wollten, dass ihre Männer, Söhne oder Brüder ein solches Risiko auf sich nehmen – unter ihnen die Frauenrechtlerin Madjiguène Cissé, ehemalige Sprecherin der Proteste von Menschen ohne Aufenthaltspapiere in Paris. Gleichzeitig hat die EU-Grenzschutzagentur Frontex die bis heute laufende Operation Hera gestartet, um Migrant:innen mit Schnellbooten unmittelbar vor der westafrikanischen Küste abzufangen. Beides brachte die Migration zu den Kanarischen Inseln weitgehend zum Erliegen. Stattdessen entwickelte sich das zentrale Mittelmeer zwischen Libyen und Italien zur wichtigsten Migrationsroute für afrikanische Migrant:innen, insbesondere nachdem 2011 im Zuge des Arabischen Frühlings die Grenzüberwachung in Tunesien und Libyen kollabiert war. 2013 und 2015 kam es im zentralen Mittelmeer zu mehreren großen Unglücken. Die Bilder mit hunderten aufgereihten Särgen auf der italienischen Insel Lampedusa im Oktober 2013 sorgten quer durch Europa für einen Schrei des Entsetzens, erstmalig schien sich die Stimmung zugunsten einer liberaleren Migrationspolitik zu drehen. Sodann folgten jene Jahre, die sich als *Europäische Flüchtlingskrise* tief ins kollektive Gedächtnis eingebrannt haben: Während zwischen 2008 und 2013 durchschnittlich 44 500 Migrant:innen pro Jahr über das Mittelmeer nach Europa gelangten, waren es in den Jahren 2014 bis 2016 insgesamt 1,6 Millionen, hauptsächlich von der Türkei nach Griechenland. Die EU reagierte mit drakonischen Maßnahmen. Wegweisend waren die Beschlüsse eines afrikanisch-europäischen Regierungsgipfels in der maltesischen Hauptstadt Valletta im November 2015 sowie der EU-Türkei-Flüchtlingspakt im März 2016. In Valletta wurde nicht nur eine noch stärkere Überwachung der Migrationsrouten beschlossen, vielmehr wurde auch die Bekämpfung von Fluchtursachen zu einer zentralen Zielsetzung erklärt. In den folgenden drei Jahren sanken die Ankunftszahlen in Europa auf jährlich ca. 147 000, verglichen mit 2016 bedeutete dies für Italien ein Minus von 95,9 Prozent. Gleichzeitig kam es zu neuen Verschiebungen im Migrationsgeschehen. Da das zentrale Mittelmeer ausgesprochen stark überwacht wurde, zogen die Ankunftszahlen in Spanien wieder an. 2020 wurde sogar die gefährliche Atlantikroute wiederentdeckt. Über 22 000 Migrant:innen erreichten die Kanarischen Inseln, mindestens 1851 verloren ihr Leben.

Zur Anatomie europäischer Abschottungspolitik (1980–2021)

Die sich stetig zuspitzende Lage auf den Migrationsrouten ist bereits oft geschildert worden, auch von Migrant:innen selbst. Die Berichte – darunter zahlreiche Filmdokumentationen – umfassen die ganze Bandbreite dessen, was Migrant:innen erleben müssen: Die gefährliche Wüstenpassage, das brutale Gebaren vieler Schlepper, die Gewalt der Sicherheitskräfte, die Gräben an der marokkanisch-algerischen Grenze, die ausbeuterischen Arbeitsbedingungen im Transit, die Waldcamps rund um Ceuta und Melilla, die Folterlager in Libyen oder das Sterben-Lassen auf dem Mittelmeer. Umso dringlicher ist es, die Anatomie der europäischen Migrationspolitik näher zu betrachten. Als Leitfaden werde ich mich an den fünf Stichworten orientieren, die das Rückgrat der europäischen Migrationspolitik gegenüber Afrika bilden: Abschreckung, Abschiebungen, Vorverlagerung des Grenzregimes, Konditionalisierung der Entwicklungszusammenarbeit und Bekämpfung von Fluchtursachen. Im Grunde geht es darum, die schrittweise Herausbildung jener Mechanismen und Instrumente zu rekonstruieren, mit denen Europa seit Ende der 1980er Jahre immer rigoroser auf die steigende Zahl afrikanischer Migrant:innen reagiert.

Abschreckung: Anfang der 1970er Jahre endete die lange Aufschwungphase nach dem Zweiten Weltkrieg endgültig. Länder wie Deutschland, Frankreich oder Belgien ließen ihre in den 1950er Jahren begonnene Politik der Anwerbung ausländischer Arbeitskräfte auslaufen. Doch Migrant:innen kamen weiterhin, auch viele, die sich mangels regulärer Einwanderungsmöglichkeiten als Asylbewerber:innen ausgaben. Spätestens Anfang der 1980er Jahre mehrten sich die Stimmen, die das Migrationsgeschehen als nicht mehr tragbar bezeichneten. Schlagworte wie «Das Boot ist voll» machten die Runde, 1982 formulierte Lothar Späth – damals Ministerpräsident Baden-Württembergs – seine berühmt-berüchtigte Abschreckungsmaxime, die die asylpolitische Debatte erheblich verschärfen sollte: «Die Buschtrommeln werden in Afrika signalisieren: Kommt nicht nach Baden-Württemberg, dort müsst ihr ins Lager.»[1] Heute wissen wir, dass dies nur der Anfang war. Am zugespitztesten dürfte die Lage mittlerweile an den europäischen Außengrenzen sein. Neben den griechischen Inseln betrifft das vor allem Libyen, wo sich auch jene Migrant:innen in geschlossenen Internierungslagern wiederfinden, die von der libyschen Küstenwache auf dem Mittelmeer abgefangen werden. Die Bedingungen in diesen Lagern sind katastrophal. Gewalt, Folter und Vergewaltigung stehen auf der Tagesordnung, selbst Sklavenauktionen sollen stattgefunden haben. 2017 wurde bekannt, dass die deutsche Botschaft in Niger in einem internen Bericht von «KZ-ähnlichen Verhältnissen» sprach. Ähnliche Eindrücke schildern Menschenrechtsorganisationen wie Ärzte ohne Grenzen oder Human Rights Watch. Der Flüchtlingskommissar der Vereinten Nationen forderte mehrfach, dass Migrant:innen nicht nach Libyen zurückgebracht werden, und dieser Appell erging auch an die von der EU finanzierte libysche Küstenwache.

Abschiebungen: Ein weiterer, ebenfalls früh entwickelter Baustein der europäischen Migrationspolitik sind Abschiebungen. Sie hängen eng mit der Logik von Abschreckung zusammen, eine Wechselwirkung, die der bereits in der Einleitung zitierte Schriftsteller Rodrigue Péguy Takou Ndie in seinem autobiographisch gefärbten Roman *Die Suchenden* eindrücklich beschreibt – Schauplatz ist ein isoliert gelegenes Flüchtlingslager im Bundesland Brandenburg:

> «Im Laufe der Zeit zerstörte Deutschland die letzten positiven Vorstellungen, die ich noch von Europa hatte. Das Lachen der ersten Wochen verschwand schließlich völlig, und an seine Stelle trat ein erstarrtes Lächeln. Die Selbstsicherheit, die meine Bewegungen und mein Körper ausgestrahlt hatten, machte reflexartigen Gesten Platz, die ich wie alle anderen unwillkürlich ausführte, und die letztlich ohne nennenswerten Widerstand die Kontrolle über mich und mein Leben übernahmen. Ich wurde krank, fiel dem Leiden der Asylsuchenden in diesem Land zum Opfer: dem Stress und seiner Trägersubstanz, der Angst. Ein Stress, der den ganzen Tag andauert, das Elend eines Lebens in ständiger Angst vor der Abschiebung, das Elend eines Lebens, das abgeschottet ist von den Städten und von allem, was aus einem Menschen einen Menschen wie alle anderen macht.»[2]

Abschiebungen haben in den letzten Jahren zunehmend an Bedeutung gewonnen. Daran hat auch der damalige Innenminister Horst Seehofer keinen Zweifel gelassen, als er im Juli 2018 bei einer denkwürdigen Pressekonferenz glucksend mitteilte, dass ausgerechnet an seinem 69. Geburtstag 69 Afghanen abgeschoben worden seien.

Doch Abschiebungen beschränken sich keineswegs auf Europa. Vielmehr hat sich auf sämtlichen Migrationsrouten ein in rechtlicher und humanitärer Hinsicht hochgradig fragwürdiges Abschiebekarussell etabliert. Am brisantesten dürften Push-Backs an den EU-Außengrenzen sein, bei denen Migrant:innen unmittelbar nach Grenzübertritt zurückgeschoben werden. Eigentlich sind Push-Backs verboten, weil sie Menschen ihr verbrieftes Recht nehmen, einen individuellen Asylantrag zu stellen. In diesem Sinne hat der Europäische Gerichtshof für Menschenrechte 2012 einer Klage von 24 Migrant:innen aus Eritrea und Somalia stattgegeben und ihnen eine Entschädigung von jeweils 15 000 Euro zugesprochen. Sie waren im Mai 2009 von der italienischen Küstenwache südlich von Lampedusa aufgegriffen und nach Libyen zurückbracht worden. Umso unverständlicher ist, dass 2020 das gleiche Gericht Push-Backs an den Zäunen von Ceuta und Melilla ausdrücklich billigte. Geklagt hatten zwei Männer aus Mali und der Elfenbeinküste, die im August 2014 unmittelbar nach der erfolgreichen Überwindung des Zaunes in Melilla auf marokkanisches Territorium zurückgeschoben wurden. Hierzu meinte das Gericht, dass die Kläger für ihre Rückschiebung selber verantwortlich seien. Sie hätten beim spanischen Konsulat in der marokkanischen Stadt Nador offiziell um Einreise nach Spanien bitten können, anstatt bei der kollektiven Erstürmung des Zaunes Gewalt anzuwenden – eine Empfehlung, von der das Gericht ganz genau wissen dürfte, dass sie einer Realitätsprüfung nicht standhalten würde.

Nicht minder dramatisch sind Massenabschiebungen aus Algerien. Allein zwischen September und Dezember 2020 hat das nordafrikanische Land 8000 Migrant:innen an der algerisch-nigrischen Grenze mitten in der Wüste ausgesetzt. Ich arbeite in Niger mit der Nichtregierungsorganisation Alarmphone Sahara zusammen, die unter anderem Abgeschobene aus Algerien unterstützt. Hierzu gehört auch Öffentlichkeitsarbeit. Eine der Betroffenen ist Witwe, sie hat neun Kinder und berichtet im Interview von ihren Erfahrungen: «Eines Tages tauchten um 3 Uhr morgens Polizisten auf und brachten uns ins Gefängnis. Sie durchsuchten uns und wir mussten uns nackt ausziehen. Das war sehr beschämend. Dann raubten sie alles, was wir hatten. Wir waren fünf Tage dort, mit einer Schüssel Milch und einem Laib Brot für drei Personen am Tag, bevor sie uns abschoben.»[3] Bis heute ist undurchsichtig, was Algerien dazu bewegt, seit den Vorkommnissen von Ceuta und Melilla 2005 immer wieder tausende Migrant:innen nach Niger oder Mali abzuschieben – häufig begleitet von rassistischer Stimmungsmache, etwa der Behauptung, dass Menschen aus Subsahara-Afrika HIV einschleppen würden. In der algerischen Öffentlichkeit ist das Vorgehen durchaus umstritten, vor allem, weil viele der Abgeschobenen gar nicht nach Europa wollen, sondern als Arbeitsmigrant:innen in Algerien leben. Beobachter:innen gehen dennoch davon aus, dass die Maßnahmen in erster Linie einem innenpolitischen Kalkül folgen. Völlig anders liegt der Fall bei der International Organisation for Migration (IOM), die im Auftrag der EU seit 2016 freiwillige Rückführungen innerhalb Afrikas durchführt. So wurden zwischen März 2017 und Oktober 2020 über 90 000 Migrant:innen aus Libyen und Niger in ihre Herkunftsländer zurückgebracht, insbesondere nach Nigeria, Mali und Guinea. Auch wenn diese Rückführungen im formellen Sinne freiwillig sind, handelt es sich aus Sicht der Migrant:innen um eine bittere Niederlage. Sie stimmen ihrer Rückkehr zu, weil sie keine Hoffnung mehr haben, weil sie krank oder traumatisiert sind, weil sie nicht erneut Gewalt erleben möchten. Das erklärt auch, weshalb sie von Abschiebungen sprechen, nicht von freiwilliger Rückkehr – ungeachtet dessen, dass viele von ihnen seitens der IOM Wiedereingliederungshilfe oder Unterstützung für die Gründung kleiner Unternehmen erhalten.

Vorverlagerung des Grenzregimes: Bereits in den 1990er Jahren unternahm Europa zahlreiche Anstrengungen, Migrant:innen möglichst an den Rändern der Europäischen Union abzufangen. Vor allem sollte die Zuwanderung in die Wohlstandszonen im Westen und Norden Europas eingedämmt werden. Den ersten Schritt machte Deutschland 1993. Im Zuge der Neuregelung des Asylrechts beschloss der Deutsche Bundestag, Asyl nur noch unter der Voraussetzung zu gewähren, dass die Antragsteller:innen nicht über einen Staat der Europäischen Union oder einen sonstigen sicheren Drittstaat nach Deutschland eingereist sind. Auf diese Weise sollten Migrant:innen gezwungen werden, einen Asylantrag zu stellen, sobald sie ein sicheres (EU-)Land erreicht hatten, egal welches. Die Neuregelung des Asylrechts – oft als dessen Abschaffung kritisiert – senkte zwar die Ankunftszahlen in Deutschland beträchtlich, löste aber einen verhängnisvollen Dominoeffekt aus, der bis heute die treibende Kraft bei der Vorverlagerung des EU-Grenzregimes darstellt. Denn Deutschlands Nachbarn kopierten die Strategie. Auch sie erklärten ihre Nachbarn zu sicheren Zufluchtsorten, sodass die Verantwortung für Migrant:innen und somit Asylsuchende immer weiter nach Osten bzw. Süden delegiert wurde – mittlerweile bis weit auf den afrikanischen Kontinent. Auf europäischer Ebene wurde dieses Prinzip in der 2003 in Kraft getretenen Dublin-II–Verordnung verankert, die unter anderem festlegt, dass Migrant:innen dort Asyl beantragen müssen, wo sie die EU erstmalig betreten, also meist in Griechenland, Italien oder Spanien. Die Externalisierung von Verantwortung ist der eigentliche Grund, weshalb die Länder des Maghreb seit Ende der 1990er Jahre immer stärker in den Fokus europäischer Migrationspolitik gerieten. Sie sollten als Puffer fungieren, um zu verhindern, dass afrikanische Migrant:innen überhaupt erst in Europa ankommen.

Dabei wäre es ein fundamentales Missverständnis, die nordafrikanischen Länder als bloße Befehlsempfänger Europas zu betrachten. Vielmehr ließen sich die Regierungen ihre neue Rolle als Türsteher der EU fürstlich entlohnen. Europa musste nicht nur den millionenschweren Ausbau der Sicherheitsapparate und der lokalen Verwaltungsstrukturen finanzieren. Vielmehr kamen auch politische Forderungen auf den Tisch. So formulierte Marokko seine Erwartung, dass die EU die seit 1975 völkerrechtswidrig besetzte Westsahara als integralen Bestandteil des marokkanischen Staates anerkennen möge. Zudem wurden größere Visa-Kontingente für marokkanische Staatsbürger:innen gefordert. Und dieses Tauziehen hält bis heute an. Hierzu passt, dass die nordafrikanischen Länder immer wieder ihre Muskeln spielen lassen, indem sie temporär die Überwachung herunterfahren und so für eine spürbare Erhöhung der Ankünfte in Europa sorgen. Insbesondere der 2011 gestürzte libysche Machthaber Muammar al-Gaddafi war ein Meister solcher Nadelstichmethoden.

Als Reaktion auf die sogenannte Flüchtlingskrise 2014 bis 2016 intensivierte die EU die Abschottung ihrer Außengrenzen erheblich. Dies umfasste auch eine weitere Vorverlagerung des Grenzregimes Richtung Süden. Insbesondere Niger wurde in die Pflicht genommen, denn 90 Prozent aller Migrant:innen aus West- und Zentralafrika passieren das Sahelland, um nach Libyen, Algerien oder Marokko zu gelangen. Am Anfang stand ein von französischen Jurist:innen vorformuliertes Gesetz, das entgegen allen westafrikanischen Traditionen die Unterbringung und den Transport von Migrant:innen unter Strafe stellt. Das 2015 verabschiedete Gesetz ist allerdings erst zur Anwendung gekommen, nachdem die EU der Regierung des Niger die Zahlung von zusätzlich 1 Milliarde Euro bis 2021 zugesagt hatte – eine gigantische Summe, gemessen daran, dass der nigrische Staatshaushalt 2017 gerade einmal 2,35 Milliarden Dollar betrug. Das, was seit langem normal war, galt nun als kriminelle Handlung: Dutzende Chauffeure wurden inhaftiert, hunderte Autos konfisziert, zudem standen zahlreiche Familien, die von der Unterbringung und Bewirtung der Migrant:innen gelebt hatten, vor dem existentiellen Nichts. Besonders zynisch gestaltet sich die Überwachung der Wüstenpassage, da die nigrische Armee mit logistischer und finanzieller Unterstützung der EU an den lebenswichtigen Brunnen der jahrhundertealten Transsahara-Routen Posten eingerichtet hat. Konsequenz ist, dass die Chauffeure der weiterhin aufbrechenden Migrant:innen-Konvois auf abgelegene und äußerst anspruchsvolle Pisten ausweichen. Kommt es hier zu Unfällen, ist Hilfe nur schwer organisierbar, etwa in der Großen Sandwüste von Bilma. Ebenfalls gefährlich sind Verfolgungsjagden mit Sicherheitskräften, auch unter Einsatz von Schusswaffen, die teils zu schweren Unfällen führen, teils dazu, dass einzelne Chauffeure größere Migrant:innen-Gruppen panikartig mitten in der Wüste aussetzen.

Doch die EU wollte mehr. Sie dehnte ihren Handlungsradius zusätzlich auf die Haupttransitländer südlich der Sahara aus – mehr als 5000 Kilometer von der europäischen Mittelmeerküste entfernt. Ich habe das bei zwei Recherchereisen erlebt, die ich 2017 und 2019 mit Mitgliedern des bereits erwähnten Alarmphone Sahara zwischen Bamako (Mali), Ouagadougou (Burkina Faso) und Agadez (Niger) unternommen habe. Besonders eindrücklich war der 8. Februar 2017 in Burkina Faso: Unsere Recherchegruppe war auf dem Busbahnhof in Ouagadougou gestrandet. Nichts ging mehr, der gesamte Fernverkehr war zum Erliegen gekommen, niemand wusste, wann die Busse wieder fahren würden. Was wie ein ganz gewöhnlicher Arbeitskampf aussah, verwies freilich auf die afrikanisch-europäischen Beziehungen: Nicht die Busfahrer streikten, sondern die Unternehmen. Ihre Aktion richtete sich gegen die zahlreichen Kontrollposten, die die Regierung auf Betreiben der EU entlang der wichtigsten Nationalstraßen neu eingerichtet hatte. Ziel solcher bis heute immer wieder stattfindenden Massenkontrollen ist es, möglichst viele Migrant:innen auf ihrem Weg Richtung Norden aufzuhalten. Hierfür müssen alle Fahrgäste den Bus verlassen und sich ausweisen. Wer nicht aus Burkina Faso kommt, jung ist oder kein konkretes Reiseziel innerhalb des Landes angeben kann, muss an jedem der Checkpoints eine Art Wegezoll von 5 bis 15 Euro entrichten. Ganz ähnlich an der Grenze zum Niger: Immer wieder wird dort Migrant:innen die Einreise verweigert, auch solchen aus Ländern der Westafrikanischen Wirtschaftsgemeinschaft, was einen handfesten Verstoß gegen das bereits 1979 ratifizierte Abkommen zur Reise- und Aufenthaltsfreiheit innerhalb der gesamten ECOWAS-Zone darstellt. Doch auch die übrigen Fahrgäste sind betroffen: Zum einen, weil die Polizei wegen angeblich mangelhafter Ausweispapiere willkürliche Strafzahlungen verlangt, eine in diesem Ausmaß bislang kaum bekannte Praxis, die vor allem für Kleinhändler:innen und Wanderarbeiter:innen zu empfindlichen Verdiensteinbußen führt. Zum anderen, weil es auf den betroffenen Strecken ständig zu stundenlangen Verspätungen kommt. Kurzum: Der von der EU immer rücksichtsloser ausgefochtene Kampf gegen die sogenannte irreguläre Migration trägt mittlerweile mitten in Westafrika zu einer ernsthaften Beeinträchtigung des Wirtschaftslebens bei. Denn der freie Verkehr von Waren und Personen ist nicht nur für die EU ein hohes Gut.

Konditionalisierung der Entwicklungszusammenarbeit: Viele der hier aufgelisteten Maßnahmen wären ohne aktive Beteiligung der afrikanischen Regierungen überhaupt nicht durchführbar. Die EU hat daher begonnen, die Umsetzung entwicklungspolitischer Projekte an die Bereitschaft zur migrationspolitischen Zusammenarbeit zu koppeln. Bekanntheit hat vor allem eine Pressemitteilung der Europäischen Kommission vom Juni 2016 erlangt, dass zukünftig mit einem «Mix aus positiven und negativen Anreizen» vorgegangen werden solle, um «die Anstrengungen der Länder zu honorieren, die bereit sind, bei der Migrationskontrolle wirksam mit der EU zusammenzuarbeiten, und um Konsequenzen für jene sicherzustellen, die dies verweigern».[4] Wie entschieden die EU die drei zentralen Bereiche Migration, Wirtschaft und Entwicklungszusammenarbeit verklammert, verdeutlicht auch das Cotonou-Folgeabkommen, dessen vorläufiger Wortlaut im Dezember 2020 verabschiedet wurde. Dabei handelt es sich um einen Rahmenvertrag, der die Beziehungen zwischen der EU und 79 Ländern des subsaharischen, des pazifischen und des karibischen Raumes in den nächsten 20 Jahren regeln soll. Das Cotonou-Folgeabkommen baut auf seinen Vorgängern auf – den Verträgen von Yaoundé, Lomé und Cotonou. Traditionell standen Fragen des Handels und der Entwicklungspolitik im Zentrum. Umso fragwürdiger ist, dass die EU nun ihre migrationspolitischen Vorstellungen äußerst prominent im neuen Vertragsentwurf platziert hat. Danach wären die afrikanischen Länder zukünftig völkerrechtlich verpflichtet, aktiv an Abschiebungen, an der Einführung biometrischer Überwachungstechnologien oder am Bau von Grenzschutzanlagen mitzuwirken. Damit das Abkommen in Kraft tritt, müssen es mindestens zwei Drittel der beteiligten Länder unterschreiben und ratifizieren. Ob das wirklich gelingen wird, ist offen, aber der nicht-öffentlich erfolgte Cotonou-Prozess unterstreicht, dass die EU in der Migrationsfrage unverändert repressiv handelt, anstatt diese im Horizont zirkulärer Mobilität zu betrachten.

Bekämpfung von Fluchtursachen: Als wichtigste Entscheidung des Valletta-Gipfels im November 2015 wurde der *Nothilfe-Treuhandfonds der EU für Afrika* ins Leben gerufen (EU Emergency Trustfonds for Africa). Ziel des laufend aufgestockten Topfes ist es, in 26 afrikanischen Ländern sowohl Fluchtursachen als auch irreguläre Migration zu bekämpfen – bis Ende 2020 wurden rund 5 Milliarden Euro für 254 Einzelprojekte ausgegeben. Auf Initiative der deutschen Bundesregierung verabschiedete sodann im Juni 2017 der G20-Gipfel in Hamburg den *Compact with Africa.* Seine Strategie ist es, mit öffentlichen Geldern Privatinvestitionen in ausgewählten afrikanischen Ländern zu fördern, auch hier mit der Priorität, Fluchtursachen zu bekämpfen und somit irreguläre

Migration einzudämmen. Jenseits dieser multilateral umgesetzten Großprogramme haben seit 2015 auch diverse Staaten, Entwicklungsbanken und internationale Organisationen Initiativen bezüglich Fluchtursachen gestartet. Stellvertretend sei der *Marshallplan mit Afrika* des Bundesministeriums für wirtschaftliche Zusammenarbeit und Entwicklung (BMZ) erwähnt, der allerdings kein Finanzierungsinstrument darstellt, sondern eine programmatische Plattform zur Koordinierung all jener Maßnahmen, die offiziell der Fluchtursachenbekämpfung dienen.

Wie Abschottung die Länder Westafrikas destabilisiert

Die EU betrachtet ihre rigide Abschottungspolitik gegenüber Afrika als Erfolg. Hervorgehoben wird sowohl die sinkende Zahl von Neuankömmlingen als auch der Anstieg bei Abschiebungen und Rückführungen. Diese Haltung ist keineswegs überraschend. Sie ist Ausdruck von sechs fundamentalen Irrtümern, die dafür sorgen, dass die EU und beträchtliche Teile der europäischen Öffentlichkeit die fatalen Konsequenzen der EU-Migrationspolitik wahlweise ignorieren, billigend in Kauf nehmen oder befürworten.

Irrtum Nr. 1 besteht darin, dass Europa weder die tief in der westafrikanischen Gesellschaft verankerte Selbstverständlichkeit von Migration begriffen hat noch die enormen Erwartungshaltungen, denen Migrant:innen seitens ihrer Familien unterliegen. Verkannt wird, dass Abschottungsmaßnahmen derartige soziale Logiken nicht einfach aufbrechen können. EU-finanzierte Hinweisschilder, die an neuralgischen Punkten auf den Migrationsrouten vor der sogenannten irregulären Migration warnen, bewirken allenfalls Schulterzucken in Westafrika, zumal sich die meisten Migrant:innen von der Überzeugung leiten lassen, mit ihrer Entscheidung ein Menschenrecht wahrzunehmen, also etwas zu tun, was Abermillionen andere auch schon getan haben. Nur so ist verständlich, weshalb Migrant:innen nicht einfach umkehren können. Wer aufgibt, gilt als Faulpelz, so ein arbeitsloser Akademiker aus Guinea, der sich auf den Weg nach Europa gemacht hat: «Die Familie versteht nicht, wieso sich ein Rückkehrer repatriieren lässt, während andere dies nicht tun. Selbst wenn sie aus eigenen Stücken zurückkommen, ist die Familie nicht glücklich. Für sie ist das Versagen. Man sagt, Rückkehrer sind verdammt. In unserem Land spricht man vom ‹Verbrechen der Verdammten›.»[5]

Die Entschlossenheit vieler Migrant:innen ist enorm, sie wirkt, um eine beliebte Redewendung aufzugreifen, wie ein Fels, an dem jedes Ei zerbricht. Ich habe das nicht nur bei jungen Männern erlebt, die noch in der Vorbereitung steckten, sondern auch auf den Migrationsrouten selbst. Besonders eindrücklich war eine von Migrant:innen organisierte Konferenz in der marokkanischen Hauptstadt Rabat, an der ich im Dezember 2018 teilnehmen konnte. Rund 400 Migrant:innen waren vor Ort, um sich zwei Tage lang unter den misstrauischen Blicken der marokkanischen Polizei über ihre Situation auszutauschen. Die Stimmung war bedrückend, mitunter tränenreich, etwa als einige Frauen und Männer in Poetry-Slams ihre fürchterlichen Erfahrungen schilderten. Gleichzeitig spornten sich die Teilnehmer:innen wechselseitig an. In diesen Phasen übernahm Hoffnung die Regie, der Saal begann förmlich zu vibrieren, viele skandierten das Kunstwort «Boza», jenen Freudenschrei, den Migrant:innen ausstoßen, wenn sie erfolgreich die Zäune von Ceuta und Melilla überwunden haben. Hierzu passt, dass in der bereits ausführlich zitierten UN-Studie zu Migration lediglich 2 Prozent der Befragten angaben, dass sie nicht aufgebrochen wären, hätten sie gewusst, was ihnen widerfahren würde. Flankiert wird dies durch ein für europäische Verhältnisse ungewohntes Gottvertrauen, das die abschreckende Wirkung von Zäunen und anderen Hindernissen gleichfalls relativiert, wie ein 26-jähriger Händler aus Guinea bestätigt: «Für mich ist das eine Frage des Schicksals, von Gott. Von denen, die das Land verlassen, schaffen es manche nach Europa, manche sterben im Meer. Was Gott für dich entschieden hat, das wird geschehen.»[6]

In der Summe folgt hieraus, dass repressive Abschottungsmaßnahmen außer Stande sind, eine soziale Kraft wie die der Migration effektiv zu steuern. Wo dies ignoriert wird, droht eine tödliche Eskalationsdynamik, wie sie sich in Libyen längst abspielt. Denn die EU konnte die Überfahrten im zentralen Mittelmeer seit 2017 einzig deshalb drosseln, weil sie auf massive Gewalt setzte. Ausgeübt wurde diese Gewalt weniger durch Vertreter:innen der EU, sondern durch sadistische Aufseher:innen in libyschen Internierungslagern. Voraussetzung war freilich, dass die EU die Seenotrettung in libyschen Hoheitsgewässern weitgehend in die Hände der libyschen Küstenwache gelegt hat. Und hierzu gehört auch, Boote der zivilen Seenotrettung immer wieder unter fadenscheinigen Gründen in europäischen Häfen festzusetzen und somit tausende Migrant:innen einem ungewissen Schicksal in Libyen zu überlassen. Doch letztlich hat selbst dieser Bruch von grundlegenden Menschenrechten die Migration über das Mittelmeer nicht aufgehalten, sondern lediglich zu einer Reduzierung der Ankunftszahlen und einer partiellen Verlagerung der Migrationsströme Richtung Marokko geführt. Europa muss sich insofern die Frage vorlegen, ob es wirklich gewillt ist, dauerhaft einen derart hohen Preis für den sogenannten Schutz seiner Außengrenzen gegen Migrant:innen zu zahlen.

Irrtum Nr. 2 ist Folge von Selbstbetrug. Denn die EU verleugnet nicht nur, dass sie von Gewaltverhältnissen wie in Libyen profitiert, sie übernimmt auch keine Verantwortung dafür, dass es ihre eigene Abschottungspolitik ist, die jene Gewaltverhältnisse überhaupt erst hervorbringt. Könnten afrikanische Migrant:innen ein Flugzeug nehmen oder auf den jahrhundertealten Transsahara-Routen ungehindert nach Nordafrika reisen und dort eine Fähre nach Europa besteigen, wäre das Sterben in der Wüste oder auf dem Meer morgen Geschichte. Und auch das Geschäftsmodell der

Schlepper:innen, Entführer:innen und anderer Menschenschinder:-innen käme zum Erliegen. Denn dieses beruht darauf, dass Menschen auf Unterstützung angewiesen sind, um künstlich errichtete Hindernisse zu umgehen. Die Brutalisierung auf den Migrationsrouten hat viele Gesichter, einige sind schon zur Sprache gekommen. Besonders dramatisch ist die Situation für Frauen und Mädchen, sie sind überproportional häufig körperlicher und sexualisierter Gewalt ausgesetzt, worauf unter anderem Astrid Mukendi aufmerksam macht, mit der ich in Rabat zusammengearbeitet habe. Als Oppositionelle saß Astrid Mukendi in der Demokratischen Republik Kongo neun Jahre in Haft. 2000 verließ sie ihr Land, um durch die Wüste nach Marokko zu gelangen, wo sie sich unter anderem am Aufbau eines Rasthauses für Frauen und ihre Kinder beteiligte. Im September 2017 ist Astrid Mukendi viel zu früh gestorben, zu ihrem Gedenken möchte ich aus einer Rede zitieren, die sie im November 2005 kurz nach den tödlichen Auseinandersetzungen an den Zäunen von Ceuta und Melilla gehalten hat:

> «Viele Frauen werden auf ihrer Reise Opfer von Vergewaltigungen. Sie sind dazu gezwungen, sich zu prostituieren und sind damit einem hohen HIV-Ansteckungsrisiko ausgesetzt. Ihre Kinder werden durch die Strapazen der Reise ebenfalls leicht krank. Die schwächsten von ihnen sterben. Ein großes Problem ist die fehlende Gesundheitsversorgung. Oft kommt es zu ungewollten Schwangerschaften. Die Abtreibungen finden unter unmenschlichen Bedingungen statt und nicht selten kommen Frauen dabei ums Leben. [...] Die Abscheulichkeiten, die wir auf unserer Route erleben mussten, verschärften sich hier in Marokko nur noch weiter. [...] Viele Migrantinnen leiden außerdem unter Hunger, sie werden Opfer von willkürlichen Verhaftungen und von Rückschiebungen in die Wüste.»[7]

Irrtum Nr. 3 hat mit Ignoranz zu tun. Übergangen wird die ebenso schlichte wie existentielle Tatsache, dass Migrant:innen keine Einzelgänger:innen sind, sondern Familien, Freund:innen und Nachbar:innen haben. Das Leid, das Migrant:innen widerfährt, ist auch das Leid ihrer Angehörigen. Ich habe das in Westafrika das erste Mal 2012 erlebt, als mir ein Vater in dem 100 Kilometer östlich von Bamako gelegenen Dorf Konobougou berichtete, dass er nahezu ständig auf den Eingang seines Grundstückes schiele und hoffe, dass sein seit mehreren Jahren verschollener Sohn eines Tages wieder auftauchen möge. Das war ein sehr intimer und schmerzhafter Moment, in dem schlagartig die abstrakte Gewalt europäischer Abschottungspolitik auf sehr persönliche Weise spürbar wurde. 2015 wiederholte sich die Situation. Mit einer Delegation von Afrique-Europe-Interact besuchte ich das Dorf Balandougou im Südwesten Malis. In einer Schule berichteten rund 30 Angehörige verstorbener Migrant:innen vom Schicksal ihrer Liebsten. Die Stimmung war schwer auszuhalten, zumal immer wieder die großen Hoffnungen aufblitzten, die eigentlich mit der Migration eines Familienmitglieds verknüpft sind. Beispielsweise, als eine Frau das Wort ergriff, deren Hände von Lepra verklumpt waren. Sie erzählte, dass ihr ältester Sohn die einzige Hoffnung gewesen sei, um die Familie durchzubringen. Jetzt stehe sie vor dem Nichts, ohne jede Aussicht auf eine Verbesserung der Situation. Die Menschen in Balandougou zeigten sich erleichtert, dass überhaupt jemand von außerhalb zuhörte, auch Besucher:innen aus Europa. Aber natürlich konnte das den Schmerz nicht lindern, und vor allem war es keine Antwort auf ihre unmittelbaren Überlebensbedarfe. Europa hat bis heute keine innere Haltung zu diesem massenhaften Leid entwickelt, häufig ist in der öffentlichen Debatte ein erschreckender Mangel an Empathie und sozialer Vorstellungskraft zu beobachten, auch eine Verweigerung, zu trauern oder gar Verantwortung zu übernehmen. Niemand weiß, wie viele Menschen seit Anfang der 1990er Jahre an den südlichen Außengrenzen – einschließlich der Sahara – ums Leben gekommen sind. Konservative Schätzungen gehen für den afrikanischen Kontinent von 50 000 bis 100 000 Verstorbenen aus. Unterstellt, dass jeder Migrant bzw. jede Migrantin im Durchschnitt 20 nahestehende Menschen zurücklässt, würde das heißen, dass in den letzten drei Jahrzehnten bis zu zwei Millionen Menschen auf persönliche Weise von den Auswirkungen europäischer Abschottungspolitik in Mitleidenschaft gezogen wurden. Diese Wunden heilen nicht von selbst. Sie müssen mitberücksichtigt werden, wenn es um einen Neuanfang der afrikanisch-europäischen Beziehungen gehen soll, wie es Politiker:innen aus Europa immer wieder proklamieren.

Irrtum Nr. 4 beruht auf Realitätsverweigerung. Übersehen wird, wie sehr die restriktive Migrationspolitik die Herkunfts- und Transitländer von Migrant:innen destabilisiert. Am offenkundigsten ist der Wegfall von Rücküberweisungen. Migrant:innen, die blockiert oder verstorben sind, können ihre Familien nicht unterstützen, was auch deshalb dramatisch ist, weil viele Familien Kredite aufgenommen oder einen Teil des familiären Besitzers verkauft haben, um die Reise zu finanzieren. Wie die Rücküberweisungen verwendet werden, ist bereits im dritten Kapitel geschildert worden, unter anderem am Beispiel der Region Dosso in Niger. Gleichwohl liegt es nahe, auch die aggregierten Zahlen zu betrachten. Denn sie machen begreifbar, wie sehr unzählige Familien in Westafrika auf regelmäßige Rücküberweisungen aus dem Ausland angewiesen sind – gleichsam als Notwehrmaßnahme, um den Staat zu ersetzen, der seinen Aufgaben in den Bereichen Bildung, Gesundheitsversorgung oder Förderung kleinbäuerlicher Betriebe schon lange nicht mehr nachkommt: So haben 2019 Migrant:innen aus Gambia 275 Millionen US-Dollar an ihre Familien geschickt, was 14,9 Prozent des Bruttoinlandprodukts (BIP) ausmachte. Und diese Summe wäre noch 20 bis 40 Prozent höher gewesen, wenn die in bar nach Hause gebrachten Gelder mit eingerechnet worden wären. In Mali waren es mit 1 Milliarde US-Dollar 5,5 Prozent des BIPs, in Nigeria mit 23,8 Milliarden US-Dollar 4,9 Prozent des BIPs und in Ghana mit 3,2 Milliarden US-Dollar 4,8 Prozent des

BIPs. Gleichzeitig hat die restriktive Migrationspolitik nicht nur für individuelle Haushalte, sondern auch für regionale Wirtschaftskreisläufe verheerende Auswirkungen. Erinnert sei an die Chaotisierung des grenzüberschreitenden Handels in Burkina Faso durch ständige Kontrollen auf den Hauptverkehrsachsen oder die drastischen Einnahmeausfälle, die viele Hotels, Geschäfte und Busunternehmen in Niger erleiden mussten, nachdem 2015 die Unterbringung und der Transport von Migrant:innen zu einem Straftatbestand erklärt wurde. Nicht minder problematisch ist der Umstand, dass die EU mit ihrer Fokussierung auf Grenzmanagement innerhalb Westafrikas jene Anstrengungen untergräbt, die sich um ein Zusammenwachsen des westafrikanischen Wirtschaftsraumes bemühen. Gerade einmal 12 Prozent des Handels in Westafrika findet zwischen den westafrikanischen Ländern statt, nötig wären aber 40 Prozent, um die westafrikanische Wirtschaft anzukurbeln. Hierzu bedarf es grenzüberschreitender Lösungen wie der Schaffung eines regionalen Eisenbahnnetzes oder des Aufbaus regionaler Produktions- und Lieferketten, beispielsweise innerhalb des Lagos-Abidjan-Korridors an der südlichen Atlantikküste. All das droht jedoch ins Hintertreffen zu geraten, wenn Maßnahmen des Grenzschutzes immer wichtiger werden. Denn relevante Teile der ökonomischen und politischen Elite in Westafrika haben sich ohnehin bestens mit wirtschaftlicher Abschottung arrangiert. Nur wo echte Grenzen bestehen, ergibt sich die Möglichkeit, persönlich von Zöllen, Schmiergeldern oder Schmuggel zu profitieren – so das zynische Kalkül, das die Wirtschaft in Westafrika schon seit Jahrzehnten erheblich schwächt.

Irrtum Nr. 5 verweist auf Skrupellosigkeit. Ausgeblendet wird, dass die EU die ohnehin bestehende Vertrauenskrise zwischen Staat und Bürger:innen in (West-)Afrika vertieft, indem sie die dortigen Regierungen mit Zuckerbrot und Peitsche zur aktiven Beteiligung an migrationspolitischen Maßnahmen drängt. Denn in Westafrika gilt Migration als sakrosankt. Entsprechend habe ich seit 2010 nicht eine einzige Person getroffen, die sich nicht vorbehaltlos für Bewegungsfreiheit als grundlegendem Menschenrecht ausgesprochen hätte. Das erklärt, weshalb Regierungen immer wieder von der Bevölkerung massiv kritisiert werden, auch mit Blick darauf, dass sie von der migrationspolitischen Kungelei mit Europa erheblich profitieren. Eines der prominentesten Beispiele dürfte Niger sein. Es wurde schon erwähnt, dass das Transitland in den Jahren 2017 bis 2021 von der EU 1 Milliarde Euro zusätzlich erhalten hat. Dennoch hat die Bevölkerung in jener Zeit unter radikalen Sparmaßnahmen gelitten: Während die Regierung in der Hauptstadt neue Hotels und Autobahnkreuze errichten ließ, hat sie die Strom- und Wasserpreise derart erhöht, dass selbst Haushalte der Mittelschicht in finanzielle Schwierigkeiten gerieten. Hinzu kommt, dass die Spielräume für die politische Opposition empfindlich beschnitten wurden. Mehrfach saßen bekannte Vertreter der Zivilgesellschaft wegen willkürlicher Vorwürfe monatelang in Haft, ohne dass die EU öffentlich Protest angemeldet hätte. Kurz: Mit ihrer Migrationspolitik forcierte die EU Dynamiken, die ausgerechnet jene Perspektivlosigkeit befeuern, die junge Menschen immer wieder zur Migration animiert.

Irrtum Nr. 6 ergibt sich aus nüchterner Interessenpolitik. Ich habe bereits in der Einleitung darauf hingewiesen, dass das von der EU hochgehaltene Credo der Fluchtursachenbekämpfung allein deshalb zum Scheitern verurteilt ist, weil steigender Lebensstandard in aller Regel mit mehr Migration einhergeht, nicht mit weniger. Doch damit nicht genug. Auch die ins Auge gefassten Geldsummen zur Bekämpfung von Fluchtursachen dürften noch nicht einmal ansatzweise in der Lage sein, die Probleme zu beheben. Die afrikanischen Länder stehen einer epochalen Gesamtproblematik gegenüber, die sich über eine Spanne von 500 Jahren entwickelt hat. Da sind 5 Milliarden Euro aus dem *EU-Nothilfe-Treuhandfonds für Afrika* schlicht eine Farce, zumal in den ersten fünf Jahren 31 Prozent der Gelder für migrationspolitische Maßnahmen verausgabt wurden. Mit Blick auf den Sahel hat eine Arbeitsgruppe der Vereinigung für Afrikawissenschaften in Deutschland 2020 eine *Was-immer-es-koste*-Initiative zur Debatte gestellt, mit der die Sahelländer dabei unterstützt werden sollen, sich schnellstmöglich aus ihrer akuten Existenzkrise zu befreien. Allein für ein Land wie Burkina Faso mit 20 Millionen Einwohner:innen werden bis zu 10 Milliarden Euro zusätzlicher Ausgaben veranschlagt. Noch grundlegender wird der vom Ministerium für wirtschaftliche Zusammenarbeit und Entwicklung ausgearbeitete *Marshallplan mit Afrika*. Er stimmt der UN-Organisation UNCTAD (Welthandels- und Entwicklungskonferenz) zu, nach der jährlich 600 Milliarden Dollar aufgewendet werden müssten, um auf dem afrikanischen Kontinent die 17 UN-Ziele für nachhaltige Entwicklung bis 2030 vollständig zu realisieren (Stichwort: Agenda 2030). Etwas anders liegen die Probleme bei Programmen wie dem *Compact with Africa*, der unter anderem in sieben westafrikanischen Ländern milliardenschwere Privatinvestitionen mobilisieren soll – ebenfalls im Namen der Bekämpfung von Fluchtursachen. Denn die Geschichte privater Investitionen in afrikanischen Ländern ist keineswegs glanzvoll. Vielmehr waren sie oft auf die Interessen der Investoren zugeschnitten, ohne an lokale Begebenheiten anzuknüpfen. Die Stimulation lokaler Wirtschaftskreisläufe gelang selten, stattdessen kam es immer wieder zu Landvertreibungen oder zur Zerstörung natürlicher Ressourcen. Bekannte Beispiele sind die Ölförderung im Nigerdelta, die Ansiedlung agrarindustrieller Landwirtschaft in Sierra Leone oder der Abbau von Bauxit in Guinea. Gewiss, diese Kritik trifft nicht auf alle Auslandsinvestitionen gleichermaßen zu, aber sie dürfte erahnen lassen, dass Entwicklung – und somit Bekämpfung von Fluchtursachen – ungleich komplexer, widersprüchlicher und langwieriger ist, als es die Bereitstellung mehr oder weniger großer Investitionssummen vermuten lässt.

Als Fazit bleibt, dass die europäische Migrationspolitik nicht nur aus einem humanitären Blickwinkel als gescheitert betrachtet werden muss. Auch gesamtgesellschaftlich haben viele der Abschottungsmaßnahmen die ohnehin schwierige Lage in Westafrika verschärft. Eine der wichtigsten Konsequenzen dürfte sein, dass zukünftig mehr Migrant:innen nach Europa kommen werden. Denn die generellen Möglichkeiten zur persönlichen Entfaltung bleiben aus Sicht vieler junger Menschen äußerst unbefriedigend. Gleichzeitig wächst in den Städten die Zahl derer, die über die finanziellen, sprachlichen und sozialen Ressourcen verfügen, um eine Migration nach Europa ernsthaft in Erwägung zu ziehen. Dies unterstreicht, dass es in den westafrikanisch-europäischen Beziehungen auf allen Ebenen eines echten Neuanfangs bedarf – nicht nur migrationspolitisch, auch bezüglich der westafrikanischen Vielfachkrise, um die es nunmehr gehen soll.

5. Kontinuitäten und Diskontinuitäten

Für ein historisch fundiertes Fluchtursachenverständnis

Dieses Kapitel steht an einem Wendepunkt. Es markiert den Übergang zum eigentlichen Zentrum des Buches – den Fluchtursachen. Doch bevor diese systematisch entwickelt werden, möchte ich eine gewisse Geschichtsvergessenheit der europäischen Fluchtursachendebatte näher in den Blick nehmen. Vor allem zwei Dinge geraten regelmäßig ins Abseits: Zum einen, dass Fluchtursachen geschichtlich gewachsene Gebilde sind, in denen sich gesellschaftliche Prozesse als Schichten ablagern und somit wechselseitig stabilisieren – manche Wissenschaftler:innen sprechen auch von historischen Sedimenten. Zum anderen, dass sich das gesellschaftlich geprägte

Verständnis von Fluchtursachen in regelmäßigen Abständen wandelt, was wiederum Auswirkungen auf den geschichtlichen Verlauf hat, einfach deshalb, weil Menschen beginnen, mit neuen Augen auf Fluchtursachen zu schauen und folglich neue Wege einzuschlagen. Mit anderen Worten: Im Folgenden wird es aus unterschiedlichen Perspektiven um die Frage historischer Kontinuitäten und Diskontinuitäten in Westafrika gehen. Dabei werden ganz verschiedene Aspekte zur Sprache kommen. Nicht alle gehören zusammen, aber alle spielen für den Fortgang des Buches eine wichtige Rolle, vor allem für das von mir verfolgte Ansinnen, Fluchtursachen als einen Sachverhalt zu charakterisieren, bei dem Vergangenheit und Gegenwart auf das Allerengste verzahnt sind.

Dauerkrise als Fluchtursache. Das Beispiel Guinea

In Westafrika zählt Guinea zu jenen Ländern, die seit dem 19. Jahrhundert am heftigsten von internen und externen Dauerkrisen in Mitleidenschaft gezogen wurden. Es liegt daher nahe, das Land als Anschauungsbeispiel heranzuziehen, wenn von historischen Schichten die Rede ist, die sich zu einer fluchtverursachenden Dauerkrise verdichtet haben: Mitte des 19. Jahrhunderts begann Frankreich, das Gebiet des heutigen Guinea zu unterwerfen. Schon bald stieß es auf den erbitterten Widerstand von Samory Touré, der im Binnenland eines der im zweiten Kapitel geschilderten Dschihad-Reiche errichtet hatte, um den Widerstand gegen die vorrückende Kolonialmacht möglichst effektiv zu orchestrieren. Anfangs fügte Touré den Franzosen mehrere spektakuläre Niederlagen zu, 1898 geriet er in Gefangenschaft. Danach wurde Guinea ins französische Kolonialreich integriert, nahm dort allerdings eine eher randständige Position ein. Die Kolonie wurde zunächst auf Kautschukexporte getrimmt, was von Anfang an auf Kosten des Anbaus von Nahrungsmitteln für den lokalen Verbrauch ging. Als Kautschuk aus Südostasien ab 1910 den Weltmarkt eroberte, mussten guineische Kautschukproduzent:innen empfindliche Einnahmeausfälle hinnehmen. Es kam zu schweren Hungersnöten, verschärft dadurch, dass die französische Kolonialmacht während des Ersten Weltkriegs überproportional hohe Abgaben im landwirtschaftlichen Bereich verlangte. Einige Jahre später wurde die Ausfuhr von Gold und Bananen bedeutsamer. 1938 machten die beiden Produkte 73 Prozent der guineischen Exporte aus, doch ohne positive Effekte auf die Gesamtwirtschaft, was damit zusammenhing, dass die europäischen und libanesischen Plantagenbesitzer ihre Gewinne nicht reinvestierten, sondern in ihre Heimatländer zurücktransferierten.

Denkwürdig, ja einzigartig verlief die Dekolonisation unter dem Unabhängigkeitsführer Sékou Touré. Der radikale Gewerkschafter war ein Urenkel des gerade erwähnten Samory Touré, der in Westafrika bis heute als Widerstandsheld verehrt wird. Auch er bot Frankreich die Stirn und sorgte dafür, dass Guinea im Zuge einer Volksabstimmung als erstes Land des französischen Kolonialreiches in Westafrika die volle Unabhängigkeit erlangte. In die Geschichtsbücher ging Touré mit einer Aussage ein, die er dem französischen Präsidenten Charles de Gaulle am 25. August 1958 buchstäblich vor die Füße geschleudert hatte: «Wir ziehen die Armut in Freiheit einem Leben in Wohlstand und Sklaverei vor.» Doch Frankreich reagierte mit eiserner Faust. Es wollte auch nach der Unabhängigkeit möglichst großen Einfluss in seinen ehemaligen Kolonien behalten und entschied daher, an Guinea ein abschreckendes Exempel zu statuieren: Französische Fachkräfte verließen das Land über Nacht, die administrative Infrastruktur wurde demontiert oder zerstört, darunter Telefonleitungen und Steckdosen, eine geregelte Übergabe der Verwaltung erfolgte nicht. Später brachte Frankreich massenhaft Falschgeld in Umlauf, um eine Inflation der guineischen Währung zu provozieren, zudem wurden diverse Putschversuche unterstützt. Gleichzeitig, und das ist die eigentliche Tragik Guineas, legte Touré eine bemerkenswerte Janusgesichtigkeit an den Tag: Auf der internationalen Bühne profilierte er sich als entschiedener Panafrikanist. 1960 geißelte er vor der UN in einer aus heutiger Sicht prophetisch anmutenden Rede das eigennützige Gebaren der westlichen Länder, 1963 war er einer der maßgeblichen Architekten der Organisation für Afrikanische Einheit. Folgerichtig wird Touré bis heute als Vater der afrikanischen Unabhängigkeit gewürdigt – nicht zuletzt von jungen Menschen. Ganz anders in Guinea selbst: Dort entpuppte sich Touré als brutaler Tyrann. Seine paranoid anmutende Angst vor tatsächlichen oder vermeintlichen Feinden hatte zwar mit den gezielten Destabilisierungsmanövern Frankreichs zu tun. Doch zur Wahrheit gehört auch, dass Touré bereits vor der Unabhängigkeit äußerst rabiat gegen Oppositionelle vorging – zunächst als Bürgermeister von Conakry, sodann als Regierungschef unter französischer Aufsicht. In den 26 Jahren seiner Herrschaft manövrierte er Guinea durch Verstaatlichung sämtlicher Wirtschaftssektoren, Zwangskollektivierung und nationale Selbstisolierung in den ökonomischen Abgrund. Rund 2 Millionen Menschen verließen das Land, was knapp der Hälfte der damaligen Bevölkerung entsprach. Noch schlimmer war die alltägliche Repression: Etwa 50 000 Menschen wurden ermordet, die nicht aufgearbeiteten Verbrechen stellen bis heute eine schwere Hypothek dar. Nach Tourés plötzlichem Tod 1984 kam Lansana Conté an die Macht, auch er regierte autoritär, allerdings unter marktwirtschaftlichen Vorzeichen: Die Wirtschaft wurde noch stärker als zuvor auf den Bergbau zugeschnitten, was die Korruption erheblich anstacheln sollte. In die Regierungszeit von Conté fallen auch die verschuldungsbedingten Strukturanpassungsprogramme des Internationalen Währungsfonds (IWF). Insbesondere Angestellte des Staates waren betroffen, in den Städten explodierten die Lebensmittelpreise. Ebenfalls destabilisierend wirkten sich die verschiedenen Bürgerkriege in den Nachbarländern aus: 1989 bis 2003 in Sierra Leone und Liberia, 2002 bis 2011 in der Elfenbeinküste. 2010 kam es erstmalig zu einem demokratischen Machtwechsel in Guinea. Der moderate Sozialist Alpha Condé gewann die Wahlen, ein durchaus hoffnungsstiftender Moment, immerhin war er 1970 in Abwesenheit zum Tode verurteilt worden. Es ist daher schwer begreiflich, dass auch Condés Regierungsführung autokratische Züge annahm. Trotz vorzeigbarer Erfolge ließ er 2020 in einem hochgradig umstrittenen Referendum die Verfassung ändern, um sich eine dritte Amtszeit zu verschaffen – ein Ansinnen, das jedoch im September 2021 durch einen Militärputsch frühzeitig scheiterte. Jenseits davon wurde das Land 2014/15 – zusammen mit Liberia und Sierra Leone – von der Ebola-Epidemie heimgesucht. Die meisten Industriebetriebe und Minen mussten schließen, internationale Firmen und Hilfsorganisationen verließen Guinea, Lebensmittel konnten nicht mehr nach Mali und Senegal exportiert werden – insgesamt sank das Einkommen in jener Zeit um 13 Prozent.

Die seit Mitte des 19. Jahrhunderts anhaltende Vielfachkrise in Guinea ist regelrecht zum Verzweifeln. Und sie wirft Fragen auf, unter anderem solche, die das Nord-Süd-Verhältnis betreffen. Ich habe diese Sätze ursprünglich im Frühjahr 2021 geschrieben. Die Welt stand seit einem Jahr im Bann der Corona-Pandemie, die deutsche Politik rang um einen neuen Lockdown, doch viele Menschen meinten, dass sie die alltäglichen Belastungen nicht mehr aushielten. Auch in Guinea herrschte Lockdown. Die Grenzen zu den Nachbarländern waren für den Personenverkehr seit Monaten geschlossen, sogar im Sommer noch, als europäische Tourist:innen längst wieder in alle Welt ausschwärmten. Gleichzeitig verkörperte die Corona-Pandemie lediglich einen weiteren Baustein der seit über 150 Jahren währenden Vielfachkrise in Guinea, eine Zeitspanne, die den Sklavenhandel noch nicht einmal einschließt. Ein solcher Abgleich muss angesichts unserer privilegierten Situation in Europa demütig stimmen. Zugleich lässt er eine gewisse Ahnung von den schier unglaublichen Selbstbehauptungskräften entstehen, die die Bevölkerung in Guinea seit jeher mobilisiert hat, um ihr alltägliches Überleben zu sichern.

Korruption: Weshalb generelle Erklärungen zu kurz greifen

Die Geschichte Guineas zeigt stellvertretend für alle Länder Westafrikas, dass im Zuge kolonialer Herrschaft ökonomische und politische Tiefenstrukturen entstanden sind, die sich nach der Unabhängigkeit als schwere Bürde für die Entwicklungsmöglichkeiten afrikanischer Länder entpuppten. Erfreulich ist daher, dass in verschiedenen europäischen Ländern das allgemeine Interesse an den geschichtlichen Verwerfungen zwischen Afrika und Europa spürbar zugenommen hat. Dafür stehen insbesondere Debatten um die Rückgabe geraubter Kulturgüter oder die Umbenennung von Straßen, deren Namenspatrone während der europäischen Expansion an führender Stelle tätig oder in Verbrechen involviert waren. Umso wichtiger ist es, «chronologische Sprünge» zu vermeiden, worunter Historiker:innen die in öffentlichen Debatten häufig anzutreffende Tendenz verstehen, Ereignisse in der Vergangenheit unmittelbar für Missstände in der Gegenwart verantwortlich zu machen. Eines der bekanntesten Beispiele ist die These, wonach Korruption in afrikanischen Ländern auf das manipulative Wirken der Kolonialmächte zurückginge. Denn diese hätten einzelne Afrikaner:innen, darunter Häuptlinge, mit administrativen Aufgaben wie Steuererhebungen, Rekrutierung von Zwangsarbeitern oder Übersetzungstätigkeiten betraut – und die so Auserwählten wiederum hätten ihre exponierte Stellung missbraucht, um Gelder abzuzweigen oder gegen Bezahlung gewisse Vergünstigungen zu gewähren. Keine Frage, solche in der Kolonialzeit entstandene Prägungen gab es. Kein Geringerer als der malische Schriftsteller Amadou Hampâté Bâ hat sich damit ausführlich befasst, insbesondere in seinem Roman *Das seltsame Schicksal des Wangrin*, in welchem er das hasadeurhafte Agieren eines berühmt-berüchtigten Übersetzers schildert:

> «Trotz seiner großen Gier, die er dreist zugab und die er aufrichtig verabscheute, ohne sie jedoch unterdrücken zu können, hatte er auch ein gutes Herz und einen Hang zum Mitleid. Gewiss, um zu Geld zu kommen, war er zu mancherlei Gaunereien bereit, jedoch stets auf Kosten der Kolonisatoren, der Kantonchefs oder der großen Geschäftsleute, die in seinen Augen nichts anderes als Ausbeuter der Bauern waren.»[1]

Gleichwohl gilt es, den prinzipiell offenen Charakter geschichtlicher Abläufe nicht aus dem Blick zu verlieren. Es war nicht zwangsläufig, dass die Unabhängigkeitsregierungen das korrupte Gebaren der gerade abgezogenen Kolonialmächte und ihrer afrikanischen Hilfskräfte kopierten. Diese Überzeugung leitete auch jene Intellektuelle, die bereits in den 1960er Jahren die neuen Eliten an den Pranger stellten – unter ihnen der Ghanaer Ayi Kwei Armah in seinem 1968 erschienenen Roman *Die Schönen sind noch nicht geboren*:

> «Wir waren eingestimmt auf große und wunderbare Dinge, aber was wir hatten, waren unsere eigenen Schwarzen, welche […] um den weißen Mann herumschlichen, ihn auf unserem Rücken willkommen hießen. Die Männer, die uns aus unserer Verzweiflung führen sollten, waren, als sie auf der Bildfläche erschienen, so fett und zynisch, als hätten sie seit Jahrhunderten von einer Macht gefressen, für die sie nie gekämpft hatten, sie waren alt, bevor sie die Macht erlangt hatten, und eigentlich nur fürs Grab zu gebrauchen. […] Sie begriffen am Ende nicht einmal, weshalb das Volk ihnen nicht glaubte. Wie sollten sie verstehen, dass selbst die, die nie weg gewesen waren, wußten, daß der Schwarze, der sein Leben damit verbringt, vor sich selbst zu fliehen, um weiß zu sein, keine Macht hat, es sei denn, der Weiße gebe sie ihm. Wie hätten diese Führer wissen sollen, daß, während sie die Gipfel der Macht erklommen und ihren Landsleuten ins Gesicht schissen, die Leute

ihre Arschlöcher sahen und sich mit angewidertem Gelächter abwandten.»[2]

Um die von Ayi Kwei Armah beschriebenen Fehlentwicklungen besser zu begreifen, macht es Sinn, den Faden rund um Korruption weiterzuspinnen. Denn auch wenn deren Fundamente bereits im Kolonialismus gelegt wurden, entwickelte sich Korruption erst nach der Unabhängigkeit zu jener destruktiven Kraft, die mittlerweile die Stabilität ganzer Gesellschaften unterminiert. Zwei Beispiele: 1958, kurz vor der Unabhängigkeit, begann Nigeria mit der Ölförderung, geriet aber schnell in den Bann des sogenannten Ressourcenfluchs: Anstatt Infrastruktur, Landwirtschaft und Industrie mittels der üppig sprudelnden Petrodollar weiterzuentwickeln, stützte sich die politische Elite ausschließlich auf die Gewinne aus der Ölindustrie. Solche Dynamiken sind nicht ungewöhnlich, sie sind vor allem in ökonomisch fragilen Ländern mit großen Rohstoffvorkommen immer wieder anzutreffen. Und dies bedeutete im Falle Nigerias auch, dass die politischen und wirtschaftlichen Eliten zwischen 1960 und 2006 die aberwitzige Summe von 360 Milliarden Dollar veruntreuten – teils, um einen extravaganten Lebensstil zu finanzieren, teils, um klientelistische Unterstützer-Netzwerke zu alimentieren. Vollends entgleist ist die Lage in den 1980er und 1990er Jahren. Damals war der Ölpreis gesunken und Nigeria mit 32 Milliarden Dollar in die Falle der Auslandsverschuldung getappt. Dennoch plünderten immer neue Militärregierungen hemmungslos die öffentlichen Kassen, entsprechend musste die Familie des Militärdiktators Sani Abacha nach dessen Tod 52 Luxusautos, 34 Villen und eine halbe Milliarde Euro an den nigerianischen Staat zurückerstatten. Erkennbar wird also, dass es in Nigeria in erster Linie die Ölförderung war, die zur Eskalation von Korruption und anderen Machenschaften beigetragen hat, weniger Prägungen aus der Kolonialzeit. Völlig anders stellte sich die Situation in Ländern wie Mali, Burkina Faso oder Senegal dar, die keinen oder nur geringen Zugriff auf profitable Rohstoffe wie Öl hatten. Dort mussten die jungen Unabhängigkeitsregierungen relativ schnell erkennen, dass die vom Kolonialismus ererbten wirtschaftlichen Strukturen derart fragil waren, dass nicht im geringsten die Möglichkeit bestand, die während der Unabhängigkeitsjahre förmlich explodierten Erwartungshaltungen der Bevölkerung zu erfüllen. Konsequenz war, dass bereits früh erbittert um die Verteilung der knappen Haushaltsmittel gestritten wurde, eine Dynamik, in der sich unter anderem Korruption, Unterschlagung und Klientelismus entwickelten. Dennoch sollte auch hier zeitlich und geographisch differenziert werden. Beispielsweise hat in Mali – anders als im Nachbarland Burkina Faso – Korruption erst Anfang der 1990er Jahre im großen Stil um sich gegriffen, und zwar als Begleiterscheinung eines doppelten Umbruchs: Zunächst der Einführung eines Mehrparteiensystems nach 23-jähriger Militärdiktatur, sodann der verschuldungsbedingten Implementierung neoliberaler Wirtschaftsreformen unter der Fuchtel von IWF und Weltbank. Streng genommen waren das zwei verschiedene Prozesse, aber viele Menschen in Mali mussten damals die Erfahrung machen, dass Mehrparteiendemokratie, wirtschaftliche Liberalisierung und Korruption eine Art Gesamtpaket darstellten. Und das mit dem verhängnisvollen Effekt, dass mittlerweile konservative Prediger wie Ousmane Madani Haidara oder Mahmoud Dicko ungleich mehr Vertrauen genießen als viele Politiker:innen. Ihre Konterfeis prangen in Bamako auf hunderttausenden Mopeds und Autos, sie füllen Stadien mit 80 000 Besucher:innen, zudem treten sie politisch immer wieder in Erscheinung, auch ohne politisches Amt.

China und die Proteste gegen den Franc CFA

Während nichtafrikanische Historiker:innen seit den 1960er Jahren mit wechselnden Schwerpunktsetzungen immer wieder um die Frage kreisten, welche Spuren Sklaverei und Kolonialismus in den unabhängigen Ländern hinterlassen haben, scheint die Angelegenheit für viele Menschen in Westafrika längst geklärt zu sein. Zugespitzt formuliert könnte man von einem antikolonialen Alltagsbewusstsein sprechen, das ganz genau um die tief sitzenden Kontinuitäten Bescheid weiß – trotz einer weitverbreiteten, für externe Beobachter:innen paradox anmutenden Bereitschaft, das eigene Schicksal gottergeben hinzunehmen. Ich möchte daher das Wort der Schriftstellerin Yvonne Adhiambo Owuor überlassen, die zwar in Kenia in Ostafrika lebt, aber Überlegungen und Stimmungen pointiert zum Ausdruck bringt, wie ich sie in ähnlicher Form in zahlreichen Gesprächen in Westafrika erlebt habe. Die zitierten Sätze stammen aus einer Rede, die Yvonne Adhiambo Owuor im Februar 2021 auf einer Online-Konferenz der Frankfurter Hilfsorganisation Medico International gehalten hat:

> «Der Westen möchte ja, dass der Rest, insbesondere Afrika, sich schnell wegbewegt von der Vergangenheit und erwachsen wird. Ihr denkt, wir schulden euch etwas für das imaginäre Licht, das eure Vorfahren bei ihren Heimsuchungen auf uns scheinen ließen. Wir wünschen allerdings euer Mea Culpa, wir hoffen, dass ihr in den Abgrund des singulären und grundlosen Bösen schaut, dass ihr den Schrecken versteht, der euer von Gräueln begleitetes Eindringen in unser Leben und in unsere Geschichten bedeutete, sodass ihr erwachsen werden könnt. Wir haben das Problem ungeklärter Geschichte zwischen uns. […] Das zuzugeben würde nicht uns oder euch weniger menschlich machen, es geht um das Erbe der Wunden, den Wunsch, mit einer kulturellen Pathologie zu brechen, die die Menschlichkeit auf die grausamste Weise zerstört hat. Die Vergangenheit sucht die Gegenwart heim, sie formt sie, sie kolonisiert sie. […] Reparatur ist daher der erste Schritt einer langen Odyssee, die mit einer inneren Bestandsaufnahme beginnt, die zur öffentlichen Anerkennung der Verwundung führt, der langen Schatten im Inneren. Wenige Kulturen haben den Mut, in dieser Tiefe Seelen-

> arbeit zu verrichten, nicht eure und nicht unsere. […] Aber vielleicht ist es mittlerweile zu spät, den Abgrund zu überbrücken. Angesichts einer Zukunft, die woanders spielt, angesichts einer jungen Generation, die nicht – wie einige eurer politischen Panikmacher behaupten – sprungbereit an den Gestaden des Mittelmeeres sitzt, um Europa zu überrennen, sondern hauptsächlich nach innen schaut, und wenn sie nach außen schaut, dann nach Korea, Singapur, Vietnam, Malaysia, Indien und den Nahen Osten. Ist euch bekannt, dass China mittlerweile das bevorzugte Ziel für junge bildungshungrige Afrikaner ist? […] Wie wär's, wenn ihr erst einmal eure Rechnungen bei der Welt bezahlt. In kürzester Zeit werdet ihr feststellen, dass ihr eure Bevölkerung gar nicht mehr aufrufen müsst, jedes Weihnachten 2 Euro pro Kopf zu spenden.»[3]

Mich hat diese Passage sehr berührt, vor allem der leise Zorn, mit dem Yvonne Adhiambo Owuor die europäische Öffentlichkeit auffordert, sich endlich mit der gewalttätigen Beziehungsgeschichte zwischen den beiden Kontinenten auseinanderzusetzen. Ihre Worte bringen eine Haltung zum Ausdruck, die in Westafrika unter dem bereits in der Einleitung erwähnten Schlagwort «Y'en a marre!» (Uns reicht's!) Verbreitung gefunden hat. Ursprünglich war der Slogan auf jene Langzeitherrscher gemünzt, die sich bis heute durch Wahlfälschungen und Verfassungsänderungen immer neue Amtszeiten erschleichen. Ganz in diesem Sinne hat der Afrika-Journalist Dominic Johnson in seinem 2011 erschienenen Essay *Afrika vor dem großen Sprung* die These entwickelt, dass aus Sicht der jungen Generation der Kolonialismus seine Erklärungskraft für aktuelle Missstände eingebüßt habe. Doch die Debattenlage hat sich seit den Nullerjahren des 21. Jahrhunderts grundlegend geändert. Mittlerweile hat das aus der Dekolonisation übrig gebliebene antikoloniale Alltagsbewusstsein ein ungleich schärferes Profil erhalten. Besonders eindrücklich ist das in Mali zu beobachten. Das Land sieht sich seit 2012 mit einer immer komplexeren Gewaltspirale konfrontiert. Neben kriminellen und dschihadistischen Netzwerken spielen auch ethnisch aufgeladene Konflikte zwischen einzelnen Bevölkerungsgruppen eine wichtige Rolle, bereits im ersten Kapitel war von Land- und Wasser-Konflikten zwischen Viehhirten und Ackerbauern die Rede. Regelmäßig kommt es zu Protesten gegen das staatliche Krisenmanagement, zu den wichtigsten Kritikpunkten gehört die Anwesenheit verbündeter Streitkräfte. Insbesondere die Rolle der französischen Armee ist hochgradig umstritten, wobei die weitgehend schlüssige Kritik auch verquere Formen annehmen kann, wie eine meiner Kolleg:innen aus Berlin erfahren musste. Die Betreffende hat längere Zeit in Mali gelebt, sie ist Dolmetscherin für Bambara, die häufigste Verkehrssprache in Mali. Als sie im Februar 2021 in Bamako in eine Straßensperre streikender Minibusfahrer geriet, wurde sie als vermeintliche Französin vom Rücksitz ihres Motorradtaxis gezerrt, mit einer Keule bedroht und auf eine vierspurige Straße geschleift. Die offenkundig mit Drogen vollgepumpten Minibusfahrer ließen erst von meiner Kollegin ab, als sich diese auf Bambara um eine Deeskalation der Lage bemühte. Im Gespräch berichteten die Streikenden, dass sie gegen willkürliche Mautgebühren durch die Polizei protestierten. Sie stellten aber auch Verbindungen zwischen ihrem Streik, Frankreichs Rolle als ewiger Kolonialmacht und angeblich unfruchtbar machenden Corona-Impfungen her. Inhaltlich war das ein kruder Mix aus Grundsatzkritik und Verschwörungsglaube. Gleichwohl sollte nicht unterschätzt werden, dass sich in solchen Haltungen ein allgemeiner Bewusstseinswandel niederschlägt, den es auch in ungleich progressiveren Varianten gibt, etwa bei den seit Jahren kontinuierlich wachsenden Protesten gegen den Franc CFA.

Der Franc CFA ist die offizielle Währung von 14 der 17 ehemals französisch kolonisierten Länder in West- und Zentralafrika. Die Währung wurde 1945 geschaffen, nach der Unabhängigkeit wurde lediglich der Name dekolonisiert – von «Colonies Françaises d'Afrique» zu «Coopération Financière en Afrique». Doch das Grundprinzip blieb das gleiche. Danach ist der Franc CFA fest an den Euro gekoppelt (bzw. bis 1999 an den französischen Franc). Franc CFA und Euro können also in beliebiger Menge umgetauscht werden, der Wechselkurs beträgt 1 Euro zu 656 Franc CFA. Für ökonomische Laien sind Währungsfragen in aller Regel mystisch, auch ich kenne dieses Unbehagen. Und doch ist relativ leicht nachzuvollziehen, inwiefern der Franc CFA vor allem für drei Gruppen von Vorteil ist: für wohlhabende Afrikaner:innen, weil sie auf dieser Basis problemlos Konsumgüter importieren können; für europäische Rohstoffhändler:innen, weil ihnen risikoreiche Wechselkursschwankungen erspart bleiben; für ausländische Investoren, weil sie ihre in der Franc CFA-Zone erzielten Gewinne jederzeit in ihr Herkunftsland zurücktransferieren können, ohne etwaige Verluste durch Währungsabwertung befürchten zu müssen. Demgegenüber profitiert die Masse der Bevölkerung kaum, sie bekommt eher die Nachteile zu spüren. Am gravierendsten dürfte sein, dass der Franc CFA seit Jahren überbewertet ist, was Exporte schwieriger macht, da Waren aus der Franc CFA-Zone auf den Weltmärkten tendenziell zu teuer sind. Die von China vorgelebte Strategie, durch systematische Unterbewertung der eigenen Währung einen gewissen Wettbewerbsvorsprung zu erzielen und somit das Wachstum der heimischen Exportgüterindustrie zu stimulieren, kann also nicht angewandt werden. Hinzu kommt, dass die Länder der Franc CFA-Zone die Hälfte ihrer Währungsreserven in Frankreich hinterlegen müssen, um die permanente Umtauschbarkeit von Franc CFA und Euro zu garantieren. Kritische Ökonom:innen in West- und Zentralafrika kritisieren den Franc CFA schon lange als Wachstumsbremse, da er Importe begünstige und Exporte erschwere. Doch am stärksten wird die Verletzung der Souveränität beklagt. Denn der Franc CFA wird maßgeblich von Frankreich kontrolliert, auch wenn die Länder der Franc CFA-Zone 2019 mit der französischen Regierung weitgehende Reformen vereinbart haben, inklusive Frankreichs Rückzug in die zweite Reihe.

Grundsätzlich ist der Franc CFA ein Paradebeispiel für koloniale Kontinuitäten im ökonomischen Bereich, es kann daher nicht verwundern, dass sich immer wieder heftige Proteste am Franc CFA entzünden. 2017 bis 2019 wurden die Proteste vor allem von jungen Aktivist:innen getragen, Epizentrum war Senegal. Im Juni 2018 veröffentlichten zehn Rapper:innen ein siebenminütiges Protestvideo gegen den Franc CFA, viele der Beteiligten sind bekannte Stars wie der Togoer Elom 20ce oder der Malier Jah Moko. In den Texten wird nicht nur der koloniale Zuschnitt der Währung gegeißelt, der Refrain macht vielmehr deutlich, dass die Rapper:innen weiter reichende Ziele im Blick haben: «Wir wollen den Franc CFA nicht mehr! / Kein BlaBla mehr, wir wollen den Franc CFA nicht mehr / Die Geschichte ist auf dem Vormarsch und niemand wird sie aufhalten / Wir wollen es nicht mehr, wir können es nicht mehr, wir sind davon überzeugt / Das ist kein Flüstern mehr, sondern der Lärm der Straße!» Tausende solcher Videos zirkulieren innerhalb sozialer Netzwerke wie Facebook oder WhatsApp, sie sorgen für eine weitere Welle mentaler Dekolonisierung, die sich auch in den digitalen Kommentarspalten widerspiegelt. Genereller Tenor dort: Afrikanische Langzeitherrscher und ihre europäischen Steigbügelhalter mögen verschwinden. Stattdessen gelte es dort anzuknüpfen, wo ermordete Unabhängigkeitshelden wie Patrice Lumumba (Demokratische Republik Kongo), Ruben Um Nyobè (Kamerun) oder Thomas Sankara (Burkina Faso) nicht weitermachen konnten. Selbst ambivalente Figuren wie der erste Präsident Malis, Modibo Keita, oder der erste Präsident Ghanas, Kwame Nkrumah, werden in den schillerndsten Farben gepriesen.

Was aber liegt der Renaissance antikolonialen Denkens zugrunde? Auf diese Frage gibt es keine einfachen Antworten. Da es um islamistisch ausgerichtete Weltanschauungen noch ausführlich gehen wird, möchte ich mich hier einzig auf jene Bewegungen konzentrieren, die unter nicht-religiösen Vorzeichen koloniale Erbschaften anprangern: *Erstens* kommt darin der Umstand zum Ausdruck, dass das Bildungsniveau seit Jahrzehnten kontinuierlich ansteigt, während es gleichzeitig für junge Leute immer schwieriger wird, qualifizierte Jobs zu finden. Diese Entwicklung vergrößert bei vielen nicht nur den Wunsch, sondern auch die Fähigkeit, die wirklichen Ursachen für die eigene soziale Lage zu ergründen – beispielsweise, wie sich der Franc CFA auf die ökonomische Gesamtsituation der westafrikanischen Länder auswirkt. *Zweitens* ist die immer leichtere Zugänglichkeit des Internets von kaum zu überschätzender Bedeutung. Erst sie ermöglicht die flächendeckende Verbreitung von Videos wie demjenigen gegen den Franc CFA – eine Dynamik, von der nicht zuletzt solche Menschen profitieren, die auf Videos und Audios zwingend angewiesen sind. Denn selbst in ökonomisch prosperierenden Ländern wie der Elfenbeinküste sind gerade einmal 53,1 Prozent der Männer und 32,5 Prozent der Frauen alphabetisiert. *Drittens* wird die Herausbildung antikolonial inspirierter Proteste durch den bereits mehrfach angesprochenen Trend begünstigt, dass die junge Generation überkommene Traditionen und Hierarchien immer öfter in Frage stellt. Wo Gewissheiten ins Wanken geraten, können Dinge neu gedacht werden. Entsprechend sinkt die Bereitschaft, Europa zu schonen, so wie das in der älteren Generation noch sehr viel üblicher war. Gerade Migrant:innen, die die materielle Gewalt europäischer Abschottungspolitik am eigenen Leib erfahren haben, gehen ausgesprochen hart mit Europa ins Gericht. In eine ähnliche Richtung dürfte sich die zunehmende Bedeutung Chinas und anderer asiatischer Länder auswirken. Sie beschleunigt die mentale Ablösung von Europa. Nicht im Sinne einer pauschalen Verdammung, eine solche ist in Westafrika allenfalls in islamistischen Milieus anzutreffen. Aber im Sinne einer Relativierung, also eines unverstellten Blicks auf die Tatsache, dass die Geschichte auch gänzlich anders hätte verlaufen können. Yvonne Adhiambo Owuor treibt diese Frage ebenfalls um. In ihrem Roman *Das Meer der Libellen* geht sie der widersprüchlichen Beziehung zwischen Ostafrika und China nach, die bereits vor der Ankunft der Europäer:innen eine erste Blüte erlebt hatte. Passend hierzu wirft sie in politischen Debatten die Frage auf, ob die chinesische «Neue Seidenstraße» afrikanischen Ländern nicht mehr zu bieten habe als der europäische Mix aus Entwicklungszusammenarbeit und robuster Interessenpolitik:

> «Der Westen hatte diesen Fetisch, diese Fantasie von Afrika: Armut, Mangel. Und sie waren so besessen von unseren Krankheiten. Ihre größte Vision, die sie für uns hatten, waren Moskitonetze. Nun kommt China und sagt, dass die Vision, die sie mit uns haben, Straßen, Brücken, Häfen sind. Das ist eine ganz andere Qualität von Vision. Und ehrlich, dann nehmen wir lieber das attraktivere Angebot.»[4]

Zur Bedeutung von Black Lives Matter für Westafrika

Die Beschreibung der chinesisch-afrikanischen Beziehungen durch Owuor ist auch deshalb inspirierend, weil sie den Blick auf weitere Veränderungen innerhalb des westafrikanischen politischen Diskurses lenkt. So hebt mein Kollege Alassane Dicko in Mali den Umstand hervor, dass die Aktionen von Black Lives Matter in den USA seit ihren ersten Anfängen 2013 auf großes Interesse in Westafrika stießen, auch wenn es nicht zu Massenprotesten wie in den westlichen Ländern gekommen ist. Denn mit Black Lives Matter stand ein weiterer Hebel zur Verfügung, die restriktive Migrationspolitik der EU zu kritisieren. Die afrikanische Diaspora in Europa fühlte sich zudem in ihren Protesten gegen Behördenwillkür und rassistische Polizeigewalt bestätigt. Als der US-amerikanische Fernsehsender CNN im November 2017 zwei Handy-Videos aus Libyen veröffentlichte, die eine Versteigerung von Migrant:innen zeigten, löste dies eine regelrechte Schockwelle aus. Nicht nur in den USA und Europa, sondern auch in mehreren afrikanischen

Ländern gingen Menschen auf die Straße. Mehr noch: Tausende Migrant:innen in Nordafrika entschieden sich zur freiwilligen Rückkehr, allenthalben grassierte die Angst vor Folter, Entführung und Versklavung. Das war durchaus bemerkenswert, denn die Gewalt gegen Migrant:innen in den Ländern des Maghreb war keineswegs neu. Deutlich wird insofern, dass selbst auf dem afrikanischen Kontinent der von Black Lives Matter stark gemachte Bezug auf geschichtliche Ereignisse das Bewusstsein für das bis heute kaum bearbeitete Trauma der Sklaverei buchstäblich wachgerüttelt hat. Und das mit der Konsequenz, dass seitens der Afrikanischen Union erstmalig eine vergleichsweise scharfe Verurteilung dessen erfolgte, was Bürger:innen afrikanischer Staaten seit Jahren auf den Migrationsrouten erleben müssen. Noch drastischer fielen die Reaktionen auf den Mord an George Floyd in Minneapolis im März 2020 aus. Sicherlich, es gab das verstörende Video, auf dem zu sehen ist, wie ein weißer Polizist über neun Minuten lang auf dem Hals von George Floyd kniete. Doch der afrikaweite Aufschrei dürfte – wie auch in anderen Weltregionen – in erster Linie das Resultat eines jahrelangen Sensibilisierungsprozesses gewesen sein, inklusive weitreichender Schlussfolgerungen, wie Alassane Dicko erläutert:

> «Die Solidarität mit George Floyd hat die Überzeugung gestärkt, dass es eine Kontinuität der Unterjochung schwarzer Menschen innerhalb der von Weißen gelenkten Weltgeschichte gibt. Die Menschen haben einmal mehr unsere Abhängigkeit von westlichen Ländern kritisiert und die an Bedingungen gekoppelten Hilfen, die unsere Regierungen akzeptieren. Ein neuer Kampfgeist ist entstanden. Nicht nur, was die Durchsetzung der Existenz-, Entwicklungs- und Wohlfahrtsrechte von Menschen auf dem afrikanischen Kontinent betrifft, sondern auch bezüglich des Respekts gegenüber schwarzen Einwanderer:innen überall auf der Welt. Man kann sagen, dass es Black Lives Matter gelungen ist, den antirassistischen Kampf um Gleichheit wiederzubeleben.»[5]

Auch im Fall von George Floyd ging der Protest bis auf die höchste Regierungsebene: Auf einer Trauerfeier in Accra lud die ghanaische Tourismusministerin schwarze Menschen in aller Welt ein, in das Land ihrer Vorfahren zurückzukehren. Hintergrund war, dass die ghanaische Regierung bereits das Jahr 2019 zum «Jahr der Rückkehr» erklärt hatte – 400 Jahre nach Beginn des atlantischen Sklavenhandels, der einer der Schwerpunkte des nächsten Kapitels sein wird.

6.

Ökonomische Zeitreisen

Vom Getreidestampfen zur aktuellen Wirtschaftslage

Für viele Frauen in Westafrika ist die 100-Stunden-Woche normal, insbesondere in ländlichen Regionen. Dabei gilt: Je trockener das Klima und je prekärer die Haushaltslage, desto umfangreicher die Arbeit, unter anderem deshalb, weil die Böden erschöpfter, die Brunnen verstreuter, das Brennholz rarer und die Märkte weiter entfernt sind. Kommt es unter solchen Bedingungen zu unerwarteten Problemen, wird die Lage noch kritischer, beispielsweise bei klimawandelbedingten Überschwemmungen, die Lehmhäuser wie Kartenhäuser kollabieren lassen, oder bei Konflikten mit bewaffneten Dschihadisten, in deren Verlauf die Jahresernten ganzer Dörfer niedergebrannt werden. Beides habe ich 2019 und 2020 in Mali miterlebt, und beides ist insbesondere für Frauen eine extreme Zusatzbelastung. Denn sie sind für die ohnehin mühsame Zubereitung von Nahrungsmitteln verantwortlich, weshalb es lohnt, einen genaueren Blick auf einige der alltäglichen Abläufe im Küchenbereich eines westafrikanischen Dorfes zu werfen. Fester Bestandteil des Kochprozesses ist das Stampfen von Nahrungsmitteln. Während in den regenarmen Binnenländern die Herstellung von Mehl aus Hirse oder Sorghum im Vordergrund steht, geht es in den regenreichen Küstenländern primär um die Weiterverarbeitung von Süßkartoffeln, Kochbananen oder Maniokwurzeln zu Fofou, einem Standardgericht aus festem Brei. Auf den ersten Blick macht der Vorgang des Stampfens einen eher kurzweiligen Eindruck. Meist sind es zwei Frauen, die unter wechselseitigen Anfeuerungsrufen den eineinhalb Meter langen Holzstößel abwechselnd in den Mörser sausen lassen, also jenes 30 bis 50 Zentimeter tiefe Holzgefäß, in dem die Nahrungsmittel geschält, gemahlen oder weich geklopft werden. Doch die Arbeit ist unglaublich strapaziös, gerade bei Temperaturen von 30 bis 40 Grad. Der rund drei bis vier Kilo schwere Holzstößel wird teils mit beiden Händen, teils mit einer Hand bis auf Kopfhöhe angehoben, was die Wucht verdeutlicht, die erforderlich ist, um die Lebensmittel effektiv zu bearbeiten. Insgesamt nimmt die Herstellung von zwei Kilo Mehl bis zu zwei Stunden in Anspruch, inklusive Sieben und Waschen. Unter kulturellen Gesichtspunkten werden handgestampfte Nahrungsmittel bevorzugt, doch unzählige Frauenkollektive lassen nichts unversucht, in den Besitz einer dieselbetriebenen Getreidemühle zu gelangen. Nicht nur zur körperlichen Entlastung. Es geht auch darum, Zeit für andere Tätigkeiten zu gewinnen, beispielsweise den Anbau von Gemüse, womit die Frauen einen kleinen Nebenverdienst erzielen und so ihre innerfamiliäre Position gegenüber ihren Ehemännern stärken können.

Sofern es in Europa überhaupt um die Situation der Landbevölkerung in Westafrika geht, stehen meist die hochgradig prekären Lebensverhältnisse im Zentrum – inklusive Spendenaufruf zugunsten eines entwicklungspolitischen Projekts. Das ist nicht falsch, ich war auch schon an der Übergabe von drei Getreidemühlen an dörfliche Frauenkollektive beteiligt. Doch eigentlich werfen die prekären Küchenverhältnisse grundlegende Fragen auf. Denn die Tatsache, dass überall in Westafrika jeden Tag Millionen Frauen stundenlang Nahrungsmittel stampfen, veranschaulicht wie unter einem Brennspiegel die extrem fragile Lage westafrikanischer Ökonomien. Ich möchte das anhand einiger wirtschaftlicher Eckdaten konkretisieren, allerdings mit dem ausdrücklichen Hinweis, dass es mir nicht um die einzelnen Kennziffern geht, sondern um die darin zum Ausdruck kommenden grundlegenden Entwicklungstendenzen. Zum Einstieg sei an den bereits im ersten Kapitel zitierten Sachverhalt erinnert, wonach das Bruttoinlandsprodukt aller ECOWAS-Länder kleiner ist als das der Schweiz. Hierzu passt, dass 2017 gerade einmal ein halbes Prozent der weltweiten Exporte aus Westafrika kamen. Zum Vergleich: Aus der EU waren es 15,5 Prozent. Dies verdeutlicht, dass Westafrika im Welthandel eine absolut marginale Rolle spielt, Hintergrund ist, dass westafrikanische Länder – wie nahezu alle Länder in Subsahara-Afrika – in erster Linie Rohstoffe exportieren. Drei Beispiele: Nigerias Exporte sind fast ausschließlich von Öl bestimmt, es macht 87 Prozent des Werts aller Exporte aus. In Ghana sind es Gold, Öl und Kakao, die knapp 85 Prozent der Exporterlöse erwirtschaften. Ähnlich in Mali: Hier steht Gold mit 72 Prozent an der Spitze, gefolgt von Baumwolle und Lebendvieh. Kehrseite dieser Fokussierung auf Rohstoffexporte ist der Mangel an eigener industrieller Fertigung: Während die Industrie in südostasiatischen Ländern wie Thailand, Vietnam oder Malaysia rund 30 Prozent des jeweiligen Bruttoinlandprodukts ausmacht, liegt der entsprechende Anteil in Westafrika bei gerade einmal 10 Prozent – schwankend zwischen 1,8 Prozent in Sierra Leone und 14,1 Prozent in der Elfenbeinküste. Die westafrikanischen Ökonomien sind nicht nur übermäßig stark auf Rohstoffe konzentriert und somit den Wechselfällen internationaler Rohstoffmärkte ausgeliefert, auch die Beschäftigungsverhältnisse sind kaum geeignet, wirtschaftliche Aktivitäten durch gesteigerte Nachfrage zu stimulieren: 92,4 Prozent aller Menschen arbeiten informell, also ohne angemessene Bezahlung und sozialversicherungsrechtlichen Schutz, entsprechend leben 70 bis 80 Prozent der Bevölkerung in Westafrika von weniger als 2 Dollar am Tag. Ähnlich fragil präsentiert sich die Infrastruktur: Das Straßen- und Schienennetz ist derart lückenhaft, dass sogar der Ausbau regionaler Wirtschaftskreisläufe schwierig ist. So kommen in Nigeria auf 1000 Menschen 0,97 Kilometer Straße, in Deutschland sind es 7,52 Kilometer. Oder Elektrizität: Lediglich 52,4 Prozent aller Menschen verfügen über Anschlüsse ans Stromnetz, dies jedoch ohne jede Garantie: Fällt in Bamako oder Niamey der Strom aus, springen nur bei den Wohlhabenden die Dieselgeneratoren an, umgekehrt gerät die Arbeit in Handwerksbetrieben, Internetcafés oder kleinen Büros ins Stocken. Angesichts solcher Eckdaten kann es nicht verwundern, dass das Gesundheitssystem in Westafrika völlig überfordert ist. Die Krankenhäuser sind extrem defizitär ausgestattet, hinzu kommt ein eklatanter Mangel beim medizinischen Personal: Während in Deutschland für 1000 Menschen 4,21 Ärzt:innen zur Verfügung stehen, sind es in Nigeria 11 Mal weniger, in Gambia 38 Mal weniger und in Niger 84 Mal weniger. Folge ist – und dieser fundamentale Unterschied kann gar nicht oft genug betont werden –, dass die Lebenserwartung in Westafrika 58,5 Jahre für Frauen und 56,4 Jahre für Männer beträgt, also rund ein Drittel weniger als in Deutschland.

Was wir vom Panafrikanisten Walter Rodney lernen können

Dieses Kapitel wird tief in die Geschichte eintauchen. Und doch ist es keineswegs zufällig, dass ich einige Zahlen und Fakten zur aktuellen ökonomischen Lage in Westafrika vorausgeschickt habe. Denn mein Erkenntnisinteresse ergibt sich aus der Gegenwart. Ich möchte verstehen, weshalb in den letzten 500 Jahren die ökonomischen Entwicklungspfade zwischen Afrika und Europa immer weiter auseinandergetreten sind. Nur wenn diese Frage überzeugend beantwortet wird, können in der öffentlichen Debatte jene Ansätze zur Bekämpfung von Fluchtursachen zurückgedrängt werden, die sich auf bloße Oberflächen-Phänomene beschränken. Beispielsweise führte eine 2016 veröffentlichte Studie des Europäischen Parlaments die geringe Industrialisierungsquote in afrikanischen Ländern ausschließlich auf interne Missstände wie unzureichende Infrastruktur, fehlende Qualifikationen oder mangelnde Investitionen zurück. Solche Defizitanalysen sind seit Jahrzehnten gang und gäbe. Sie sind Ausdruck des modernisierungstheoretischen Paradigmas, welches in den ersten Jahren nach der Unabhängigkeit die sogenannte Unterentwicklung vor allem durch gezielte Kapitalinvestitionen aus den reichen Industrieländern überwinden wollte. Umso ausdrücklicher sei betont, dass die Modernisierungstheorie bereits Ende der 1960er Jahre durch die in Lateinamerika entstandene Dependenztheorie zurückgewiesen wurde. Diese drehte den Spieß um und machte externe Rahmenbedingungen für die Lage im globalen Süden verantwortlich. Arme Länder seien arm, weil sie arm gemacht würden. Problematisch seien vor allem strukturelle Ungleichgewichte im Außenhandel: Da die Rohstoffpreise langfristig sänken, müssten die ohnehin armen Länder immer mehr Rohstoffe exportieren, um die gleiche Menge industrieller Produkte importierten zu können. Die einzige Chance, auf eigene Füße zu kommen, sei daher, sich vom Weltmarkt zu lösen und den Handel zwischen den armen Ländern auszubauen.

Seit den 1970er Jahren zirkulierten immer neue Theorien, um die ständig größer werdende Kluft zwischen Nord und Süd zu erklären. 2017 schaffte es sogar das von den deutschen Sozialwissenschaftlern Ulrich Brand und Markus Wissen verfasste Buch *Imperiale Lebensweise* auf Rang 17 der *Spiegel*-Bestsellerliste im Bereich Sachbuch. Demnach habe sich unter den globalen Mittel- und Oberschichten eine derart ressourcen- und CO_2-intensive Lebensweise herausgebildet, dass deren Aufrechterhaltung nur noch durch eine Art Hyperausbeutung von Mensch und Natur im globalen Süden gewährleistet werden könne. Die von mir aufgeworfenen Fragen sind also keineswegs neu. Gleichwohl können viele Theorien aus den letzten Jahrzehnten nur eingeschränkt überzeugen. Zum einen, weil die Trennung von internen und externen Ursachen steril ist. Zielführender ist vielmehr, ihre Verschränkung in den Blick zu nehmen, beispielsweise, wenn Staatsangestellte in Nigeria Bestechungsgelder annehmen und im Gegenzug auf die Durchsetzung von Umweltauflagen gegenüber internationalen Ölkonzernen verzichten. Zum anderen, weil zahlreiche Theorien in geographischer Hinsicht völlig diffus sind und daher wenig Tiefenschärfe aufweisen. Wer etwa von «imperialer Lebensweise» spricht, sollte deren Auswirkungen differenziert nach einzelnen Weltregionen darstellen, anstatt immer nur – wie das leider üblich geworden ist – mit der nichtssagenden Gummiformel «Globaler Süden» zu hantieren. Das ist zwar anstrengender, aber Voraussetzung dafür, realitätstaugliche Veränderungsperspektiven für konkrete Länder oder Regionen herauszuarbeiten.

Demgegenüber ist meine Analyse maßgeblich von dem 1980 in seinem lateinamerikanischen Heimatland Guyana ermordeten Panafrikanisten Walter Rodney inspiriert, auch wenn diesem fälschlicherweise bis heute der Ruf vorauseilt, als Dependenztheoretiker in erster Linie externe Ursachen für die desolate ökonomische Lage afrikanischer Länder stark gemacht zu haben. 1967 kam der frisch in London promovierte Sklaverei-Historiker erstmalig an die Universität von Daressalam in Tansania. Die Hauptstadt des ostafrikanischen Landes war unter dem charismatischen Präsidenten Julius Kambarage Nyerere zu einem Tummelplatz für kritische Intellektuelle aus aller Welt geworden. Rodney blieb sieben Jahre in Daressalam, 1972 veröffentlichte er sein bekanntestes und wichtigstes Werk *Afrika: Die Geschichte einer Unterentwicklung*, das nicht nur die akademische Debatte nachhaltig prägte, sondern auch in aktivistischen Kreisen für Furore sorgte. Das Buch beschreibt, wie die von Europa (und den USA) dominierten Strukturen des Weltmarktes seit der Sklaverei eine eigenständige Entwicklung afrikanischer Ökonomien systematisch blockiert haben. Der Akzent auf Europa ist wichtig, er kommt in der deutschen Übersetzung des Buchtitels nicht angemessen zur Geltung, wie ein Vergleich mit dem englischen Original zeigt, wo es kurz und bündig heißt: *How Europe Underdeveloped Africa* (Wie Europa Afrika unterentwickelte). Unter Verweis auf das Werk *Der Kolonisator und der Kolonisierte* des tunesischen Schriftstellers Albert Memmi meint Rodney zwar, dass der Kolonialismus Afrikaner:innen zu machtlosen «Käfern» degradiert habe,[1] aber er belässt es nicht dabei. Vielmehr verbindet er seine historischen Analysen mit einer vehementen Kritik an der Rolle afrikanischer Eliten, die vor und nach der Unabhängigkeit auf ganzer Linie versagt hätten. Er berichtet, dass Parlamentarier:innen in Dahomey – das Land wurde 1975 in Benin umbenannt – mehr verdienen würden als Abgeordnete des britischen Parlaments. Er kritisiert die «Ungerechtigkeiten der Vermögensverteilung». Und er prangert an, dass Gewinne auch nach der Unabhängigkeit nicht in die Landwirtschaft und Industrie investiert worden seien, sondern in Autos, Whisky und Parfum. Entsprechend zweischneidig fällt sein Fazit aus: Er lässt keinen Zweifel daran, dass Europa die «Hauptverantwortung für die wirtschaftliche Rückständigkeit Afrikas» trage, gleichzeitig betont er, dass die «letzte Verantwortung» bei den Afrikanern selbst liege, sie hätten daher die «moralische Verpflichtung», nach neuen Wegen zu suchen.[2] Dies genauso wie der Umstand, dass sich Rodney auch aktivistisch betätigte, sorgten dafür, dass die vor allem von westlichen Wissenschaftler:innen formulierte Kritik ungläubiges Kopfschütteln hinterließ, Rodney habe die Handlungsmächtigkeit afrikanischer Menschen im Kolonialismus und in den ersten Jahren nach der Unabhängigkeit unterschätzt. Sein Buch galt sowohl in Afrika als auch in der schwarzen Diaspora stattdessen als ermächtigend, zumal er die Errungenschaften afrikanischer Gesellschaften vor

Ankunft der Europäer:innen im 15. Jahrhundert umfassend behandelt. Rodney wurde das Verdienst zugeschrieben, antikoloniale Bewegungen, Black Power und die Suche nach einem freiheitlichen Sozialismus zusammengebracht zu haben, wie auch die US-amerikanische Bürgerrechtlerin und Schriftstellerin Angela Davis 2019 in einem Vorwort für die englische Neuauflage von *Afrika: Die Geschichte einer Unterentwicklung* betont:

> «Das Feld der afrikanischen Geschichtsschreibung sollte nach der Veröffentlichung von ‹Afrika: Die Geschichte einer Unterentwicklung› nie wieder dasselbe sein. Gleichzeitig hat diese akribisch recherchierte Analyse der anhaltenden Auswirkungen des europäischen Kolonialismus auf den afrikanischen Kontinent Ansätze des antirassistischen Aktivismus auf der ganzen Welt radikalisiert.»[3]

Imperialer Handel und Verdrängung der Stoffmanufaktur

Folgt man Rodneys Darlegungen, wird rasch deutlich, dass zu Beginn der Beziehungen zwischen Europa und Subshara-Afrika im 15. Jahrhundert keine wesentliche Kluft zwischen den beiden Kontinenten bestand. Deutlich wird zudem, dass Westafrika eine von mehreren prosperierenden Regionen auf dem afrikanischen Kontinent war. Als ökonomisches Epizentrum fungierte der Nigerbogen im Sahel, in der Wüstenstadt Gao lebten am Anfang des 17. Jahrhunderts knapp 100 000 Menschen, etwas mehr als heute. Ausschlaggebend war die geographisch günstige Lage am Schnittpunkt verschiedener Handelsrouten, insbesondere im Kontext des Transsahara-Handels. Auch die handwerklichen Produkte waren von hoher Qualität, wobei die Mengenproduktion bereits damals niedriger ausfiel als in Europa, vor allem deshalb, weil die Webstühle und Eisenschmelzöfen ungleich kleiner waren. Ähnlich im landwirtschaftlichen Bereich, der durch einschlägige Bewässerungs- und Anbautechniken bestens an die schwierigen Boden- und Niederschlagsverhältnisse angepasst war. Verschiedene Agrarhistoriker:innen gehen deswegen davon aus, dass sich im vorindustriellen Zeitalter die Produktivität der afrikanischen und der europäischen Landwirtschaft in etwa die Waage hielten. Im 19. Jahrhundert soll sogar der Maisanbau in Westafrika doppelt so ertragreich gewesen sein wie in Mittelitalien.[4] Insofern kann die Einschätzung des angesehenen nigerianischen Historikers Joseph E. Inikori nicht überraschen, wonach die westafrikanische Ökonomie im 15. und 16. Jahrhundert vom Austausch mit Europa überwiegend profitiert hat.

Zur Wahrheit gehört aber auch, dass europäische Kaufleute von Anfang an aggressiver und expansionistischer agierten als ihre afrikanischen Gegenüber. Anfangs zielten sie vor allem auf Goldexporte, wobei diese per Schiff erfolgten, was wiederum die ökonomischen Grundlagen des Transsahara-Handels austrocknete. Noch fragwürdiger waren zwei weitere Handelsstrategien, die ebenfalls die frühe Herausbildung einer ökonomischen Kluft forcierten. Zum einen ließen die Europäer:innen nichts unversucht, Handelskontakte zwischen afrikanischen Gesellschaften systematisch zu unterbinden. Beispielsweise blockierten die Portugies:innen im 16. Jahrhundert den Küstenhandel zwischen dem heutigen Ghana und der heutigen Elfenbeinküste. Sie wollten nicht nur selber vom Handel profitieren, sondern auch die jeweiligen Gebiete exklusiv an sich binden. Nur so war gewährleistet, dass sie stets das erhielten, was sie tatsächlich wollten, ab 1700 insbesondere Sklav:innen. Zum anderen boykottierten die Europäer:innen die technologische Weiterentwicklung in Afrika systematisch. Bekanntestes Beispiel ist die Stoffproduktion auf der Basis von Baumwolle. Diese war in Westafrika spätestens seit dem 10. Jahrhundert verbreitet, also 500 Jahre bevor die Europäer:innen die Bühne betraten. Frühe Zentren waren die Tschadsee-Region sowie die Oberläufe des Gambia- und Senegal-Flusses, darauf verweisen Grabbeilagen und Funde von Spindeln. Auch der venezianische Fernhändler Alvise

Cadamosto berichtet, dass er 1554 auf Märkten im heutigen Senegal Rohbaumwolle, Garn und handgewebte Stoffe entdeckt habe. Die Europäer:innen nutzten dies und betätigten sich als Zwischenhändler:innen. So kauften sie im 17. Jahrhundert Stoffe im Hinterland des Yoroba-Königreiches Oyo im heutigen Nigeria und verkauften diese 500 Kilometer weiter westlich im heutigen Ghana. Doch als die Europäer:innen im Zuge der beginnenden Industrialisierung ihre Mengenproduktion deutlich erhöhen konnten, begannen sie, westafrikanische Stoffe und Muster nachzuahmen und damit die Märkte in Westafrika zu überschwemmen, teilweise verhinderten sie auch gezielt den Verkauf westafrikanischer Stoffe. Folge war, dass im 19. Jahrhundert nur noch an wenigen Orten Stoffproduktion stattfand, in aller Regel für lokale Märkte. Und selbst diese Überbleibsel des einst blühenden Wirtschaftszweigs wurden bekämpft, nicht zufällig habe ich im zweiten Kapitel den französischen Generalgouverneur zitiert, der 1917 ausdrücklich meinte, dass sich die Menschen in Westafrika auf den Export von Rohbaumwolle beschränken sollten. Das Beispiel der Stoffproduktion ist nur eines von vielen. Auch in anderen Bereichen achteten die Europäer:innen penibel darauf, kein technisches Wissen nach Afrika gelangen zu lassen. Der afrikanische Kontinent sollte Abnehmer verarbeiteter Produkte bleiben – im Austausch gegen Rohstoffe. Umso tragischer ist, dass sich diese Abläufe 200 Jahre später wiederholen sollten: Als die afrikanischen Länder in den 1980er Jahren in die Schuldenfalle gerieten, wurden sie vom IWF zur Öffnung ihrer Märkte verpflichtet, und das mit der Konsequenz, dass die nach der Unabhängigkeit aufgebaute Stoffproduktion erneut vom Markt verdrängt wurde, in diesem Fall durch chinesische Produzent:innen. Pikant war in diesem Kontext auch, dass selbst der Anbau von Baumwolle unter Druck geriet. Denn eine weitere Auflage des IWF lautete, dass die westafrikanischen Regierungen ihre kleinbäuerlichen Baumwollproduzent:innen nicht mehr subventionieren durften, sodass diese auf den Weltmärkten gegenüber den hochsubventionierten Baumwollbetrieben aus den USA und der EU ins Hintertreffen gerieten.

Geschichte des atlantischen Sklavenhandels

Ich möchte zur Geschichte des atlantischen Sklavenhandels kommen, die eng mit den geschilderten Mechanismen verzahnt ist. Den Auftakt machte ein Dekret des spanischen Königs Karl I. im August 1518, das erstmalig den Transport afrikanischer Sklav:innen über den Atlantik genehmigte – zunächst zu den Karibikinseln Puerto Rico und Hispaniola, dem heutigen Haiti. Doch die eigentliche Hochphase des atlantischen Sklavenhandels lag zwischen 1700 und 1875, in diesem Zeitraum erfolgten 87,1 Prozent aller Transporte. 1807 erließ Großbritannien den «Slave Trade Act», der den Handel mit versklavten Menschen im britischen Empire weitgehend verbot. Die britische Marine begann, Schiffe vor der westafrikanischen Küste zu kontrollieren, insbesondere im Bereich des heutigen Ghana. Auf diese Weise konnten 104 000 Menschen auf Sklavenschiffen befreit und nach Afrika zurückgebracht werden, die meisten in das heutige Sierra Leone. Gleichwohl ging das menschenverachtende Geschäft noch bis in die 1860er Jahre weiter, am Ende waren es vor allem scharfe Gesetze in Brasilien, die den atlantischen Sklavenhandel vor rund 150 Jahren endgültig stoppten.

Insgesamt wurden 12,5 Millionen Menschen über den Atlantik verbracht, davon 64,5 Prozent Männer, 14 Prozent Frauen und 21,5 Prozent Kinder. Aufgrund der menschenverachtenden Bedingungen an Bord starben ungefähr 12 Prozent der Passagiere während der Überfahrt, vor allem im 16. und 17. Jahrhundert war die Todesrate hoch. Von den Versklavten kamen 5,2 Millionen aus Westafrika, 4,6 Millionen aus dem westlichen Zentralafrika und 480 000 aus dem südlichen Afrika. Wichtigste Zielregionen waren die Karibik und Südamerika, insbesondere das heutige Brasilien, während auf Nordamerika gerade einmal 3,5 Prozent aller Transporte entfielen. Die meisten Menschen wurden unter portugiesischer bzw. portugiesisch-brasilianischer Flagge versklavt, danach folgten Großbritannien, Frankreich, Spanien und die Niederlande. Wie aber kommt es zu diesen Zahlen, weshalb sind sie derart präzise? Die Antwort ist schlicht und dennoch bemerkenswert: Der atlantische Sklavenhandel gehört zu den am besten erforschten Ereignissen der Geschichte überhaupt. Statistisches Rückgrat ist eine auf der Webseite www.slavevoyages.org öffentlich zugängliche Datenbank, die sich maßgeblich aus den penibel geführten Büchern europäischer Handelsunternehmen speist. Entsprechend weiß man heute, dass rund 40 000 Fahrten im Rahmen des atlantischen Sklavenhandels erfolgten. Von diesen 40 000 Fahrten sind 36 108 Fahrten umfassend dokumentiert, also der Name und die Herkunft des Schiffes, der Zeitpunkt der Überfahrt, die Route und vor allem die Zahl derer, die das Schiff bestiegen bzw. verlassen haben. Konsequenz ist, dass heute von ungefähr 10,3 Millionen Sklav:innen die zentralen Eckdaten ihrer Verschiffung bekannt sind. Auf Basis weiterer Hochrechnungen ist es dann zu der bereits erwähnten Zahl von 12,5 Millionen Menschen gekommen. Diese Zahl gilt als gut abgesichert, Historiker:innen gehen nicht davon aus, dass es noch substantielle Veränderungen an diesem Forschungsstand geben wird.

Interessant ist nun, dass zahlreiche Wissenschaftler:innen unter Rückgriff auf das gewaltige Zahlenmaterial weitergehende Forschungen angestellt haben. Einer von ihnen ist der kanadische Wirtschaftshistoriker Nathan Nunn, der in Harvard lehrt und zu den am meisten zitierten Ökonom:innen der Gegenwart gehört. Nathan Nunn hat in einer 2008 veröffentlichten Studie herausgearbeitet, dass im heutigen Afrika insbesondere jene Regionen innerhalb einzelner Länder zu den ökonomisch schwächsten gehören, wo die meisten Versklavungen erfolgten. Und dies, obwohl es sich zu Beginn des atlantischen Sklavenhandels um die ökonomisch stärksten Regionen gehandelt hat. In diesem Zusammenhang hat Nathan Nunn auch errechnet, in welchen der heutigen Länder Afrikas wie viele Menschen versklavt wurden. Da der atlantische Sklavenhandel für das Verständnis der Geschichte Westafrikas derart zentral ist, möchte ich diese Zahlen im Detail präsentieren, einmal mehr auf das Credo dieses Buches verweisend, dass gerade die mythenüberwucherten afrikanisch-europäischen Beziehungen eine möglichst faktengesättigte Betrachtung erfordern: In Nigeria, Benin und Togo wurden 2 146 000 Menschen versklavt, in Ghana 1 615 000 Menschen, in Liberia, Sierra Leone, Guinea, Guinea-Bissau und der Elfenbeinküste 660 000 Menschen und in Gambia und Senegal 294 000 Menschen. Doch nicht nur die Küstenländer waren betroffen, auch in den Binnenländern fanden Sklavenjagden statt: So gerieten in Mali und Burkina Faso 499 000 Menschen in Gefangenschaft – ein Sachverhalt, der zum Teil wochenlange Fußmärsche bedeutete, bis die Versklavten die Verladungsorte an den Küsten erreichten. Eigentlich wäre es erforderlich, an dieser Stelle genauer über die Umstände der Versklavung zu berichten, etwa darüber, dass bei den Sklavenjagden unzählige weitere Menschen ihr Leben verloren. Dies würde indes zu weit führen, stattdessen möchte ich mich auf die langfristigen Auswirkungen des atlantischen Sklavenhandels konzentrieren, nach wie vor mit der Zielsetzung, das Zustandekommen der ökonomischen Kluft zwischen Afrika und Europa zu rekonstruieren. Hierfür werde ich im Schnelldurchlauf fünf der wichtigsten Auswirkungen skizzieren, wohl wissend, dass die historischen Pfade verschlungen und nicht immer trennscharf sind.

Atlantischer Sklavenhandel als Entwicklungsblockade

Stagnation der Wirtschaft: Die wirtschaftliche Leistungsfähigkeit Westafrikas ist im Zuge des atlantischen Sklavenhandels schrittweise zurückgegangen. Denn die Bevölkerung war zunehmend damit befasst, sich vor drohender Versklavung zu schützen oder aber das eigene Leben nach Überfällen durch Sklavenjäger zu reorganisieren. Darunter litt nicht nur die alltägliche Arbeit auf den Feldern, auch die Offenheit für neue Methoden im Handel oder Handwerk ließ nach, insbesondere die technologische Entwicklung stagnierte immer mehr. Demgegenüber ist in der Forschung umstritten, ob auch der vom Sklavenhandel verschuldete Bevölkerungsrückgang die gesamtgesellschaftliche Entwicklung gehemmt hat. Konkret wird davon ausgegangen, dass die Bevölkerungszahl in Westafrika zwischen 1700 und 1890 von 50 auf 41 Millionen Menschen sank, während die Werte in weniger stark vom Sklavenhandel betroffenen Regionen stiegen.

Destabilisierung durch Kostendruck: Die wirtschaftliche Leistungsfähigkeit ist auch deshalb unter Druck geraten, weil Sklav:innen keineswegs ein stets verfügbares Nebenprodukt innerafrikanischer Konflikte waren, wie bisweilen behauptet wird.[5] Vielmehr wurden immer dann zusätzliche Mittel für Sklavenjagden mobilisiert, wenn die allgemeine Nachfrage nach Sklav:innen wieder anzog. Konsequenz war, dass die entsprechenden Mittel an anderer Stelle fehlten, etwa bei öffentlichen Bauvorhaben oder Investitionen in die Landwirtschaft. Dieses Dilemma verweist auf einen grundlegenden Widerspruch: Etliche Königreiche sind zwar durch den Sklavenhandel groß geworden, beispielsweise das Königreich Dahomey im heutigen Benin, gleichzeitig schafften es nur wenige, die wirtschaftlichen Folgeschäden des Sklavenhandels dauerhaft auszugleichen oder die Aufstände einzudämmen, die die ständigen Sklavenjagden zwangsläufig hervorriefen. Selbst das mächtige Aschantireich im heutigen Ghana büßte ab Mitte des 18. Jahrhunderts erheblich an Durchsetzungsfähigkeit ein, ungeachtet dessen, dass es noch Anfang des 19. Jahrhunderts schlagkräftig genug war, den Brit:innen mehrere schwere Niederlagen zuzufügen.

Fragmentierung des ökonomischen Raumes: Ebenfalls einschneidend war der Umstand, dass der Sklavenhandel mit einem Kollaps regionaler Handelskreisläufe einherging. Denn je stärker der Handel mit Sklav:innen das wirtschaftliche Geschehen dominierte, desto weniger bezogen die Küstengebiete Textilien und andere verarbeitete Produkte aus dem Binnenland. Im Zentrum stand vielmehr der Austausch von Sklav:innen gegen die von den Europäer:innen gelieferten Produkte. Historisch war das der Beginn des langsamen Niedergangs des einst prosperierenden Binnenlandes – im Wechselspiel mit dem Umstand, dass das im Süden Westafrikas geförderte Gold nicht mehr über den Transsahara-Handel, sondern über den Seeweg nach Europa abtransportiert wurde. Und dieser Sachverhalt ist auch deshalb von Belang, weil er zu der von Rodney gemachten Beobachtung passt, wonach die frühe Industrialisierung Englands ganz maßgeblich von dessen regionalen Handelskontakten mit Skandinavien und den Anrainern des Mittelmeers profitierte. Es stellt daher eine riesige Bürde dar, dass die einzelnen Wirtschaftsräume in Westafrika in den letzten Jahrhunderten zunehmend auseinanderdividiert wurden. Mehr noch: Es handelt sich bis in die Gegenwart um eines der Haupthindernisse für den ökonomischen Aufschwung der gesamten Region. Heute ist das unter anderem an den katastrophalen Straßenverhältnissen in Westafrika erkennbar. Selbst die Verbindungsstraßen zwischen den Hauptstädten wirken häufig wie kleine Nebenstraßen. Zwischen Ouagadougou und Niamey – den Hauptstädten von Burkina Faso und Niger – müssen die Fahrzeuge teils dutzende Kilometer über sandige Pisten links und rechts der asphaltierten Hauptstraße fahren. Denn diese ist derart von Schlaglöchern übersät, dass nur ein mühsames Vorankommen in Schlangenlinien möglich wäre. Dahinter steckt, dass über Jahrhunderte ein Zusammenwachsen der ökonomischen Räume in Westafrika unterblieben ist, und hierzu zählt auch, dass nie ernsthaft in die Verkehrsinfrastruktur investiert wurde – weder in Straßen- und Schienennetze noch in Wasserwege.

Allgegenwärtiges Misstrauen: Die Sklavenjagden stellten in weiten Landstrichen Westafrikas eine permanente Bedrohung für die Bevölkerung dar, zumal ihnen eine grausame Zufälligkeit innewohnte. Es konnte nahezu jede:n treffen, auch deshalb, weil die Sklavenjäger gezielt Konflikte zwischen Dörfern, Ethnien oder Nachbarn schürten, um möglichst effektiv vorgehen zu können. Der von den Europäer:innen eingefädelte Sklavenhandel mutierte in den Worten des senegalesischen Sozialphilosophen Babacar M'Baye zu einem «darwinistischem Universum, in dem sich der Afrikaner als Wolf entpuppte, der andere Afrikaner jagte».[6] Diese existentielle Erfahrung hat das soziale Gefüge in Westafrika tiefgreifend erschüttert. Entsprechend konnten Historiker:innen zeigen, dass noch heute in den einst besonders stark vom Sklavenhandel betroffenen Regionen das soziale Misstrauen zwischen den Menschen ungewöhnlich hoch ist – ein Umstand, der die ohnehin komplizierte Schaffung von größeren ökonomischen Einheiten enorm erschwerte.

Anstieg innerafrikanischer Sklaverei: Es ist unstrittig, dass auf dem afrikanischen Kontinent bereits vor Ankunft der Europäer:innen unterschiedliche Varianten von Leibeigenschaft, Kriegsgefangenschaft und Sklaverei existierten. Gleichwohl ist der immer wieder durch die Debatte geisternde Mythos falsch, der atlantische Sklavenhandel habe lediglich eine weitverbreitete Praxis aufgegriffen und könne daher den Europäer:innen nicht wirklich angelastet werden. Die Forschung hat längst gezeigt, dass es erst der atlantische Sklavenhandel war, der im Zuge seiner Abschaffung im 19. Jahrhundert einen regelrechten Boom innerafrikanischer Sklaverei in Westafrika ausgelöst hat. Und das aus zwei Gründen: Zum einen, weil die Versklavung von Menschen mittlerweile als völlig selbstverständlich galt, zum anderen, weil es aufgrund der jahrhundertelangen wirtschaftlichen und technologische Stagnation kaum andere Möglichkeiten gab, zu Macht und Wohlstand zu gelangen. So hat die Bevölkerung von Lagos in den 1860er Jahren zu 90 Prozent aus Sklav:innen bestanden.[7] Ähnlich im dschihadistischen Kalifat von Sokoto im heutigen Nordnigeria, dort lebte rund die Hälfte der Menschen im Sklavenstatus. Insgesamt gehen Schätzungen davon aus, dass noch Anfang des 20. Jahrhunderts rund ein Fünftel der westafrikanischen Bevölkerung versklavt war. Und das mit fatalen Effekten. Denn überall, wo Sklav:innen als billige Arbeitskräfte herangezogen wurden, machten sich ähnliche Entwicklungsblockaden bemerkbar, wie sie schon – wenn auch aus anderen Gründen – aus der Zeit des atlantischen Sklavenhandels bekannt waren. Hinzu kam, dass ausgerechnet die europäischen Kolonialmächte den Kampf gegen die innerafrikanische Sklaverei als Rechtfertigung für ihre Eroberung des afrikanischen Kontinents missbrauchten.

Europas Industrialisierung als Kehrseite der Medaille

Bislang habe ich ausschließlich über die Auswirkungen des Sklavenhandels in Westafrika gesprochen. Ich möchte daher erneut an Rodney erinnern. Denn dessen Diagnose lautet, dass in ökonomischer Hinsicht zwischen dem 15. und 19. Jahrhundert aus einem anfänglich «unerheblichen Unterschied» eine «tiefe Kluft» zwischen Afrika und Europa entstanden sei.[8] Insofern gilt es nun, der Frage nachzugehen, auf welchen Feldern Europa vom atlantischen Sklavenhandel profitiert hat. Denn so viel steht fest: Während die afrikanischen Ökonomien gelähmt wurden, gehörte die millionenfache Verschleppung von Menschen zu jenen Vorgängen, die den Aufstieg Europas zur dominanten Weltmacht überhaupt erst möglich gemacht haben, insbesondere über zwei Schienen.

Finanzielle Profite: Der Handel mit Sklav:innen war ein hochgradig profitables Geschäft, wobei der aus Schulbüchern bekannte Begriff des Dreieckshandels nur die europäische Perspektive widerspiegelt: Es begann mit den Waren, die in Europa oder Asien produziert und in Afrika gegen Sklav:innen eingetauscht wurden. Es ging weiter mit dem Verkauf der Sklav:innen. Und es endete mit dem Transport der von den Sklav:innen produzierten Rohstoffe nach Europa, überwiegend Zuckerrohr, Baumwolle und Tabak, in den ersten zwei Jahrhunderten auch Gold, Silber und Kupfer. Von den diversen Geschäften profitierten insbesondere die Standorte der Schiffe, also Hafenstädte wie Bordeaux, Liverpool oder Sevilla – teils über Steuern und Hafengebühren, teils über die beteiligte Wirtschaft, wozu Schiffbauer, Proviantausstatter oder Hersteller der in Afrika eingetauschten Waren gehörten. Ähnlich die Geldwirtschaft: Große Bankhäuser wie Barclays wurden mit Profiten aus dem Sklavenhandel gegründet. Auch der Versicherungskonzern Lloyd's of London machte enorme Gewinne mit der Versicherung von Sklavenschiffen, eine Erblast, für die er sich 2020 anlässlich der Black-Lives-Matter-Proteste öffentlich entschuldigte.

Stimulation der Industrialisierung: Inwieweit der Sklavenhandel die maßgeblich in England auf den Weg gebrachte Industrialisierung begünstigt hat, wird seit langem kontrovers diskutiert. Die einen verneinen eine entscheidende Rolle. Sie argumentieren, dass der Anteil des Sklavenhandels an der englischen Wirtschaftsleistung viel zu klein gewesen sei, um eine entscheidende Rolle zu spielen. Andere sehen das anders, etwa Eric Williams, der erste Premierminister der Karibikinsel Trinidad und Tobago, der bereits 1944 das viel diskutierte Buch *Capitalism and Slavery* veröffentlichte. Ein weiterer Meilenstein war das 2002 erschienene Buch *Africans and the Industrial Revolution in England* des bereits erwähnten nigerianischen Historikers Joseph E. Inikori. In jüngerer Zeit hat vor allem der deutsche Historiker Sven Beckert mit seinem preisgekrönten Buch *King Cotton. Eine Geschichte des globalen Kapitalismus* für Furore gesorgt. Beckert zeigt, dass Ende des 18. Jahrhunderts die Nachfrage nach Baumwolle rasant anstieg. Dank immer besserer Spinnmaschinen steigerte England allein zwischen 1781 und 1800 die verarbeitete Baumwollmenge von 2,3 Millionen auf 25,4 Millionen Kilogramm. Entsprechend wurde fieberhaft nach zusätzlichen Anbaumöglichkeiten für Baumwolle gesucht, doch weder das Osmanische Reich noch Indien oder Griechenland konnten die sprunghaft angestiegene Nachfrage befriedigen. Stattdessen erfolgte die Ausweitung der Plantagenproduktion in der Karibik. Konsequenz war, dass die Sklaventransporte Ende des 18. Jahrhunderts schneller als je zuvor anwuchsen. Rasch forcierten auch Guyana, Brasilien und die USA den Anbau von Baumwolle. Denn neben der gesteigerten Nachfrage hinterließ auch der in Europa bis heute viel zu wenig gewürdigte Sklavenaufstand von Saint-Domingue deutliche Spuren. Die französische Kolonie Saint-Domingue war der wichtigste Baumwollproduzent in der Karibik, in den 1780er Jahren kamen jährlich 30 000 Sklav:innen auf der Insel an. Die Arbeitsbedingungen waren fürchterlich, gleichzeitig war der Schlachtruf der Französischen Revolution *Freiheit, Gleichheit, Brüderlichkeit* nicht spurlos an den Sklav:innen vorbeigegangen. Unter Führung von Toussaint Louverture – einem freigelassenen Sklaven mit Vorfahren im heutigen Benin – schritten sie 1791 zur größten Sklavenselbstbefreiung der Geschichte. Der Aufstand mündete 1804 in den unabhängigen Staat Haiti ein, gleichzeitig sanken die Erträge auf den Plantagen erheblich. So lieferte Saint-Domingue zehn Jahre nach Beginn des Aufstands nur noch ein Drittel der vormaligen Menge an Baumwolle nach Frankreich. Angesichts dieser Ereignisse findet Beckert sehr klare Worte. Er spricht von «Kriegskapitalismus», nach ihm ist die Industrielle Revolution ohne die Sklaverei «schwer vorstellbar», und dies ist auch explizit auf die Entwicklung in den USA gemünzt, deren Industrialisierung auf das Allerengste mit den Gewinnen aus der Plantagenproduktion verknüpft ist. Obwohl also die Bücher von Beckert und Rodney in zwei völlig unterschiedlichen intellektuellen und politischen Milieus entstanden sind, kommen sie zu ähnlichen Schlussfolgerungen hinsichtlich des Zusammenhangs zwischen Sklaverei und Industrialisierung. Diesbezüglich ist auch der Hinweis Rodneys bemerkenswert, dass der von Sklav:innen in der Karibik angebaute Zucker auf englischen und französischen Schiffen in großem

Stil nach Hamburg gelangte, sodass Hamburg im 18. Jahrhundert zum größten Zuckerraffineriezentrum Europas wurde.

Mir ist durchaus bewusst, dass es irritieren kann, in einem Buch über Fluchtursachen vergleichsweise detaillierte Ausführungen über ein Ereignis zu finden, dessen Ende bereits im 19. Jahrhundert liegt. Umso ausdrücklicher möchte ich an die Worte der bereits zitierten Schriftstellerin Yvonne Adhiambo Owuor erinnern, dass nicht die Beschäftigung mit historischen Kontinuitätslinien das Problem sei, sondern die Leichtfertigkeit, mit der diese in Europa ausgeblendet würden. Selbst Fachleute schrecken nicht davor zurück, den atlantischen Sklavenhandel als bedauerlichen Betriebsunfall der Geschichte zu verharmlosen. 2016 schrieb der renommierte Afrikanist Adam Jones in seinem viel gelobten Buch *Afrika bis 1850*, dass «langfristige Auswirkungen [des atlantischen Sklavenhandels – O. B.] im Sinne einer strukturellen Schwächung der Wirtschaft betroffener Regionen nicht eindeutig erkennbar» seien – ein Urteil, das er bedauerlicherweise ohne jede Auseinandersetzung mit den hier thematisierten Zusammenhängen fällt.[9] In der Forschung zum atlantischen Sklavenhandel stellen Positionen wie die von Jones eine Minderheitenmeinung dar, dennoch beeinflussen sie den öffentlichen Diskurs. Das ist der Grund, weshalb es derart wichtig ist, den historischen Prozess ins Zentrum der Debatte um Fluchtursachen zu rücken. Nur so ist gewährleistet, dass aktuelle Problemlagen in ihrer ganzen Vielschichtigkeit begreifbar werden. Im fünften Kapitel habe ich das unter anderem am Beispiel Guineas ausgeführt, wo die koloniale Periode nach der Unabhängigkeit in eine auch für westafrikanische Verhältnisse ungewöhnlich heftige Vielfachkrise überging. Ähnliche Kontinuitätslinien sind zudem regional zu beobachten, selbst innerhalb solcher Länder, die als aufstrebend gelten. Wenn etwa junge Migrant:innen aus dem Norden Ghanas aufbrechen, um auf Tomatenplantagen im Süden Italiens zu arbeiten, reicht es nicht, ihren Weggang auf den weltmarktbedingten Zusammenbruch der ghanaischen Tomatenindustrie zurückzuführen, wie das in europäischen Medien regelmäßig geschieht. Vielmehr muss rekonstruiert werden, weshalb der Norden Ghanas in den letzten 200 Jahren zu einer ökonomisch hochgradig fragilen Region geworden ist, also zu einem von jungen Menschen als perspektivlos empfundenen Ort. Genau darum soll es im Folgenden gehen. Ich möchte zeigen, wie der Kolonialismus die Kluft zwischen Afrika und Europa einmal mehr vertieft und somit jene Strukturen geschaffen hat, die bis heute die ökonomische Verfasstheit Westafrikas nachhaltig prägen.

Zur kolonialen Eroberung Westafrikas im 19. Jahrhundert

Das allmähliche Auslaufen des atlantischen Sklavenhandels Mitte des 19. Jahrhunderts hat zunächst enorme Kräfte freigesetzt. Zehntausende Haushalte nutzten die in der Sklaverei entstandenen Handelskontakte und stiegen aus freien Stücken in die Produktion von Erdnüssen, Palmölfrüchten oder Kakao für den Weltmarkt ein. Gleichzeitig bildeten sich erste Inseln kolonialer Landnahme. Die Brit:innen hatten bereits Anfang des 19. Jahrhunderts das heutige Ghana ins Visier genommen, an dessen Küste mehrere Handelsrouten aus dem westafrikanischen Binnenland endeten. Doch ihre Macht beschränkte sich lange auf einen 40 Kilometer breiten Küstenstreifen – dies im Bündnis mit der Volksgruppe der Fanti, die der einzig verbliebene Antipode des mächtigen Aschantireiches im Zentrum des Landes geblieben war. Unterdessen begann die koloniale Eroberung des heutigen Nigerias erst 1862 mit der Ernennung von Lagos zum Protektorat. Ähnlich bei der französischen Kolonialmacht, die allerdings im äußersten Westen startete, wo sie bereits seit 1659 in St. Louis – an der Atlantik-Mündung des Senegal-Flusses – einen Handelsposten unterhielt. Von dort stieß sie ab 1854 ins westafrikanische Binnenland vor, wobei manche Gebiete erst im 20. Jahrhundert endgültig unterworfen wurden, etwa in der Regenwaldzone der heutigen Elfenbeinküste.

Diese Schlaglichter sind vor allem aus zwei Gründen wichtig: Zum einen, weil sie in Erinnerung rufen, dass die koloniale Durchdringung Westafrikas lange vor der viel zitierten Berliner Afrika-Konferenz 1884/85 ihren Anfang genommen hat. Zum anderen, weil sie nachvollziehbar machen, weshalb das häufig verwendete Bild von Afrika als aufgeteiltem Kuchen nicht wirklich präzise ist. Rückblickend wissen wir zwar, dass Afrika Anfang des 20. Jahrhunderts mit Ausnahme Äthiopiens und Liberias gänzlich unterworfen war. Der Weg dorthin war aber keineswegs geradlinig, er folgte auch keiner klaren Programmatik. Vielmehr lag seitens der Kolonialmächte ein Mix ganz unterschiedlicher Interessen vor: Die Handelsunternehmen wollten vor allem Geld verdienen, zunehmend auch im Landesinneren. Die Kolonialarmeen hingegen waren einer rein militärischen Logik verpflichtet. Beispielsweise kursierte auf französischer Seite die Sorge, Großbritannien könnte von seinen an der Küste gelegenen Kolonien in den Norden Westafrikas vorstoßen und somit Frankreichs Einflusssphären auf einer imaginären West-Ost-Achse gefährden. Hinzu kamen imperiale Erwägungen in der europäischen Öffentlichkeit, wonach Kolonien in Afrika wahlweise als Rohstofflieferanten, Absatzmärkte oder nationale Prestigeprojekte angepriesen wurden. Es gilt als unstrittig, dass solche Differenzierungen für das Verständnis des Kolonialismus unverzichtbar sind. Gleichwohl ist die in manchen Teilen der Forschung anzutreffende Tendenz fragwürdig, die koloniale Eroberungsdynamik als eine Art Automatismus ohne Subjekt zu interpretieren. Stellvertretend sei die viel gelesene *Kleine Geschichte Afrikas* von Winfried Speitkamp erwähnt. Dieser spricht von «Kettenreaktionen», welche «die Europäer immer tiefer in den afrikanischen Kontinent hineingezogen» hätten.[10] Wer so argumentiert, läuft Gefahr, europäische Narrative der Selbstentlastung zu bedienen. Denn natürlich wussten die Europäer:innen ganz genau, was sie taten, auch wenn es anfangs noch keinen Masterplan zur territorialen Eroberung des gesamten Kontinents gegeben haben mag. Immerhin lief der atlantische Sklavenhandel auf Hochtouren, als die frühe koloniale Periode begann. Auch die rücksichtslose, im 16. Jahrhundert begonnene Handelspolitik ging unverändert weiter, ganz zu schweigen von modernen rassistischen Stereotypen, die vor allem in der zweiten Hälfte des 19. Jahrhunderts immer stärker die politischen Diskurse in Europa prägten, bevor sie im Nationalsozialismus kulminierten.

Ungeachtet dessen stellten die beiden großen Kolonialreiche in Westafrika völlig unterschiedliche Gebilde dar: Britisch-Westafrika umfasste die heutigen Küstenländer Gambia, Sierra Leone, Ghana und Nigeria. Alle vier waren in landwirtschaftlicher Hinsicht äußerst ertragreich, hinzu kamen immense Gold-, Diamanten- und Zinnreserven. Demgegenüber war das Territorium von Französisch-Westafrika größer, aber wirtschaftlich schwächer, was den britischen Premierminister Lord Salisbury einst zu einem launischen, die imperialen Konkurrenzen bestens illustrierenden Kommentar veranlasste: «Wir haben dem gallischen Hahn eine Riesenmenge Sand überlassen. Soll der doch nach Belieben darin herumscharren.»[11] Konkret gehörten zu Französisch-Westafrika die heutigen Länder Mauretanien, Senegal, Mali, Niger, Guinea, Burkina Faso, Togo und Benin. Weitere Kolonialmächte im westafrikanischen Raum waren Deutschland und Portugal: Während das Deutsche Reich 1884 bis 1914 das heutige Togo als sogenanntes Schutzgebiet kontrollierte, hielt Portugal bis 1973 das heutige Guinea-Bissau als Kolonie, ein relativ kleines Land, welches vor allem durch seinen charismatischen Unabhängigkeitsführer Amílcar Cabral weltweit bekannt wurde.

Derweil durchlief die ökonomische Indienstnahme der Kolonien drei Phasen. Zunächst etablierten die Kolonialmächte ein System der Beutewirtschaft. Sie zwangen die Menschen unter Androhung nackter Gewalt, feste Quoten einzelner Produkte abzuliefern, häufig Kautschuk oder Elfenbein. Nicht nur in Afrika, auch in Europa ist diese Phase eng mit dem Namen des belgischen Königs Leopold II. verbunden, der auf dem Gebiet der heutigen Demokratischen Republik Kongo ein beispielloses Terrorregime errichtete. Der Herrschaft in seiner Privatkolonie Freistaat Kongo sind zwischen 1885 und 1908 bis zu 10 Millionen Menschen zum Opfer gefallen, die meisten als Folge künstlich erzeugter Hungersnöte. Unzählige Menschen wurden schwer verstümmelt, gefoltert oder vergewaltigt. Verbrechen dieses Ausmaßes gab es in Westafrika nicht, auch wenn ausdrücklich betont sei, dass der Widerstand gegen die kolonialen Eroberungen mehrere hunderttausend Menschen das Leben gekostet hat. Nach dem Ersten Weltkrieg sattelten die Kolonialmächte auf eine Strategie der Inwertsetzung um. Ziel war es, durch gezielte Investitionen wie den Bau von Straßen oder Häfen die Profitabilität der Kolonien zu erhöhen. Nach dem Zweiten Weltkrieg sollten auch die Lebensbedingungen der Bevölkerung verbessert werden, um die aufkeimende Unabhängigkeitsbewegung einzuhegen. Doch hierzu war es zu spät. Den Kolonialmächten blieb keine andere Möglichkeit, als die immer vehementer eingeforderte Unabhängigkeit unter kontrollierten Bedingungen zuzulassen. Es würde zu weit führen, diese Abläufe im Detail nachzuerzählen, stattdessen möchte ich mich auf die fünf wichtigsten Bausteine der kolonialen Ökonomie in Westafrika beschränken.

Ökonomische Weichenstellungen im Kolonialismus

Fokussierung auf Rohstoffe: Die Kolonialmächte deklarierten zwar ihr Vorgehen als Beitrag zur Entwicklung des afrikanischen Kontinents, doch im Kern sollte die durch die Sklaverei geschaffene Grundstruktur aufrechterhalten werden, in der Afrika Rohstoffe zu liefern hatte, während Europa für die Versorgung mit verarbeiteten Produkten zuständig war. Entsprechend bemühten sich die europäischen Kolonialmächte, die Produktion agrarischer Rohstoffe zu forcieren, und dies durchaus erfolgreich: Die Goldküste exportierte 1911 40 000 Tonnen Kakao, Ende der 1930er Jahre waren es bereits 270 000 Tonnen. Oder Senegal: Die Kolonie steigerte den Export von Erdnüssen zwischen 1880 und 1920 von 34 000 Tonnen auf 800 000 Tonnen. Prinzipiell war die Bereitschaft kleinbäuerlicher Haushalte groß, in den Anbau weltmarktgängiger Rohstoffe einzusteigen. Mehr noch: In der heutigen Elfenbeinküste war es in erster Linie Eigeninitiative, die Anfang der 1920er Jahre das Produktionsvolumen von Kakao und anderen Produkten steil anwachsen ließ, während der von der französischen Kolonialmacht ausgeübte Anbaudruck häufig Widerstand auslöste. Gleichwohl gab es ein grundlegendes Problem: Die Fokussierung auf agrarische Exportprodukte führte zu einer Verkleinerung der Anbaupalette, das heißt, die Menschen verlernten, Nahrungsmittel anzubauen, und waren von nun an für ihre eigene Versorgung auf den Markt angewiesen. Genau darin lag aber ein unkalkulierbares Risiko. Denn die Preise für agrarische Exportprodukte schwankten bereits damals erheblich, beispielsweise hat sich der Kakaopreis in der Goldküste zwischen 1929 und 1939 halbiert. Zudem konnte es jederzeit auf den Weltmärkten zu einem Überangebot kommen oder die Ernte wegen Schädlingsbefall verderben. Diese und ähnliche Schwierigkeiten sind bis heute ganz normal. Das ist der Grund, weshalb kleinbäuerliche Haushalte mittlerweile sehr viel zögerlicher bei der Umstellung auf den Anbau agrarischer Exportprodukte sind, auch wenn dies häufig als Königsweg aus ihrer Armut angepriesen wird. Mit Afrique-Europe-Interact unterstütze ich in Mali seit mehreren Jahren den Kampf der beiden Dörfer Sanamadougou und Sahou, die 2010 einen Großteil ihrer landwirtschaftlichen Nutzflächen an einen malischen Großinvestor verloren haben. Mehrfach wurden ihnen Ersatzflächen für den Anbau von Reis in Aussicht gestellt, doch die betroffenen Haushalte sind bis heute ausgesprochen skeptisch. Nicht nur, weil sie aus guten Gründen die Ernsthaftigkeit des Angebots in Frage stellen. Wichtiger ist, dass sie weiterhin Trockenhirse anbauen möchten. Denn bei Anbau von Reis, der vor allem Reisimporte aus Asien ersetzen soll, müssten sie nicht nur Wassergebühren bezahlen, es würden auch kreditfinanzierte Kosten für Saatgut und Dünger anfallen, also Gelder, die selbst dann zurückzuzahlen wären, wenn es durch Dürren, Überschwemmungen oder andere klimawandelbedingte Katastrophen zur Zerstörung der Ernte kommen sollte.

Selektive Investitionen: Seit den 1920er Jahren nahmen die Investitionen der Kolonialmächte zu, nicht jedoch, um die allgemeine Entwicklung zu fördern, sondern einzig mit dem Ziel, die ökonomische Erschließung der Kolonien zu vertiefen. Ein gutes Beispiel ist das Eisenbahnwesen. Gebaut wurde kein Eisenbahnnetz, mit dem es möglich gewesen wäre, verschiedene Regionen innerhalb Westafrikas zu verbinden und so den regionalen Handel anzukurbeln. Stattdessen entstanden lauter Sticheisenbahnen, um die Rohstoffe möglichst direkt aus dem Landesinneren zu den großen Häfen wie Lagos, Lomé oder Abidjan abzutransportieren. Diese Bürde existiert bis in die Gegenwart, zumal viele Eisenbahnlinien im Zuge der verschuldungsbedingten Krisen in den 1980er und 1990er Jahren ganz oder teilweise stillgelegt wurden. Doch nicht nur die Verkehrsinfrastruktur blieb rudimentär, auch sonstige Baumaßnahmen beschränkten sich ausschließlich darauf, was die Kolonialmächte unmittelbar brauchten, etwa Stromversorgung in den großen Städten – Letzteres mit der Konsequenz, dass in der Provinz an eine industrielle Weiterverarbeitung agrarischer Rohstoffe nicht zu denken war. Statistiken bestätigten dies: Frankreich investierte in seinen west- und zentralafrikanischen Kolonien zwischen 1900 und 1940 zehnmal weniger als in seinen nordafrikanischen Kolonien. Dabei flossen 39 Prozent der Investitionen in die Förderung des exportorientierten Handels, aber nur 9,6 Prozent in industrielle Anlagen, und selbst diese waren dem Export gewidmet, beispielsweise Sägewerke, die das Holz aus dem tropischen

Regenwald für die Verschiffung zuschnitten. Gewiss, das ist längst Geschichte, aber die Zahlen markieren den Ursprung jenes seit kolonialen Zeiten aufgetürmten Investitionsstaus, um den es ging, als der G20-Gipfel im Juni 2017 in Hamburg beschloss, mittels des staatlichen Förderprogramms *Compact with Africa* Privatinvestitionen in afrikanischen Ländern zu unterstützen. Und noch etwas sollte nicht aus dem Blick geraten, daran werde ich in den folgenden Kapiteln immer wieder erinnern: Die systematische Vernachlässigung der Industrie war ausdrücklich gewollt. Die afrikanischen Kolonien sollten keine wirtschaftliche Eigenständigkeit entfalten, nur so war gewährleistet, dass Rohstoffe im Austausch gegen verarbeitete Produkte ständig verfügbar waren. Entsprechend erließen die Kolonialmächte während der Weltwirtschaftskrise hohe Ein- und Ausfuhrzölle für den Handel mit Drittländern, die Kolonien sollten auf Europa fixiert bleiben. Außerdem sorgten sie dafür, dass nach Ende des Zweiten Weltkriegs jene industriellen Hersteller in Westafrika wieder vom Markt verdrängt wurden, die sich zwischenzeitlich etabliert hatten, weil Europa während der Kriegsjahre nicht in der Lage war, verarbeitete Produkte in größerer Menge zu liefern.

Zwangsarbeit und Kopfsteuer: In öffentlichen Debatten ist bis heute regelmäßig zu hören, dass der Kolonialismus zwar Unrecht gewesen sei, dass er aber moderne Infrastruktur wie Eisenbahnen, Staudämme oder den Bergbau nach Afrika gebracht habe. In Frankreich hat diese Haltung sogar dazu geführt, dass das Parlament in einer zu trauriger Berühmtheit gelangten Nachtsitzung am 23. Februar 2005 beschloss, dass im Schulunterricht «die positive Rolle der französischen Kolonisierung in Übersee und besonders in Nordafrika» hervorzuheben sei. Das Gesetz löste allenthalben Empörung aus und musste vom damaligen Präsidenten Jacques Chirac umgehend kassiert werden. Derweil ignoriert der Verweis auf die infrastrukturellen Erfolge zweierlei: Zum einen, dass die Maßnahmen in erster Linie der ökonomischen Ausbeutung dienten und somit den afrikanischen Gesellschaften auf verschiedenen Ebenen Schaden zufügten. Zum anderen, dass es die afrikanische Bevölkerung selbst war, die durch Steuern, finanzielle Abgaben und Zwangsarbeit die Infrastrukturprojekte überhaupt erst möglich gemacht hat. In den französischen Kolonien mussten junge Männer pro Jahr 15 Tage Zwangsarbeit gegen eine geringfügige Entlohnung leisten, wobei die Kolonialverwaltung nicht immer und flächendeckend davon Gebrauch machte. Manche Historiker:innen meinen daher, dass das Ausmaß der Zwangsarbeit bisweilen überschätzt würde. Bei einer Bevölkerung von 40 bis 60 Millionen summierte sich freilich das durch Zwangsarbeit zustandegekommene Arbeitsvolumen auf mehrere Millionen Arbeitsstunden jährlich, die ihrerseits an anderer Stelle fehlten. Und das galt insbesondere für jene Soldaten, die im Ersten und Zweiten Weltkrieg in europäischen Armeen kämpfen mussten, teils gegen ihren Willen. Kurzum: Es war nicht nur die Freiheitsberaubung an sich, die immer wieder dazu führte, dass sich junge Männer der Zwangsarbeit entzogen. Vielmehr spielten auch die brutalen und häufig tödlichen Arbeitsbedingungen eine wichtige Rolle, vor allem aber ökonomische Überlegungen, wonach es sich die Haushalte nicht erlaubten konnten, immer wieder auf wertvolle Arbeitskraft zu verzichten.

Noch perfider war die Kopf- bzw. Hüttensteuer, die seit Ende des 19. Jahrhunderts von den Kolonialbehörden erhoben wurde, eine obligatorische Abgabe, die jeder Haushalt unabhängig von seinen tatsächlichen finanziellen Möglichkeiten entrichten musste. Denn sie war der zentrale Hebel, mit dem die Menschen gezwungen wurden, ihre Subsistenzproduktion aufzugeben und in die von den Kolonialmächten gewünschte Richtung zu gehen – also entweder für den Weltmarkt agrarische Rohstoffe zu produzieren oder sich als Lohnarbeiter:in auf Plantagen oder in Minen zu verdingen. Der Schriftsteller Ahmadou Kourouma kommentierte daher in seinem kolonialismuskritischen Roman *Monnè: Schmach und Ärger* bissig-ironisch, dass der Kopf- bzw. Hüttensteuer eine pädagogisch-rassistische Botschaft innegewohnt habe: Einziges Ziel sei es gewesen, die Afrikaner:innen dazu zu bringen, «die Zivilisation zu wollen, das Geld zu jagen anstelle des Wildes, das Geld mehr zu lieben als Freundschaft, Brüderlichkeit, mehr als Frauen und Kinder, mehr als die Vergebung Allahs».[12] Problematisch war darüber hinaus, dass die Steuer die Möglichkeiten der Menschen häufig überstieg. So mussten 1940 in Französisch-Westafrika die Haushalte durchschnittlich 40 Prozent ihres Einkommens als Steuer abführen. Wie dramatisch die Situation war, zeigen etwa die Jahre 1933/1934. Damals musste die Steuererhebung im Sahel eingestellt werden. Viehseuchen, Dürren und Pandemien hatten die Situation für viele Haushalte unerträglich gemacht.

Ungleiche regionale Entwicklung: Dass der Sklavenhandel zur Vernachlässigung des westafrikanischen Binnenlandes geführt hat, wurde schon erläutert. Eines der prominentesten Beispiele ist das heutige Ghana, wo sich das Aschanti-Königreich im Zentrum des Landes ganz auf den Handel mit den Europäer:innen an der Küste konzentriert und folglich die weiter nördlich gelegenen Gebiete ökonomisch abgehängt hat. Umso tragischer war, dass die Kolonialmächte diese Tendenz einmal mehr verstärkten, allerdings aus anderen Gründen. Denn im Süden der ökonomisch boomenden Goldküste herrschte allenthalben Arbeitskräftemangel, sodass die britische Kolonialmacht die nördlichen Gebiete zum bloßen Arbeitskräftereservoir degradierte. Der einflussreiche Gouverneur Gordon Guggisberg räumte unumwunden ein, dass er die Entwicklung der landwirtschaftlichen Produktion im Norden habe «opfern» müssen, entsprechend wurde eine bereits geplante Eisenbahnlinie nie gebaut. Doch damit nicht genug: Der einmal geschaffene Rückstand ließ sich auch nach der Unabhängigkeit nicht aufholen. Obwohl es in den 1970er Jahren eigens auf den Norden gemünzte Entwicklungsprogramme unter Namen wie *Operation feed yourself* (Operation Selbstversorgung) gab, blieb der Norden in ökonomischer Hinsicht derart schwach, dass sich die Probleme in einer ewigen Abwärtsspirale immer stärker vertieften. So floss zwischen 1994 und 1999 gerade einmal 1 Prozent aller Privatinvestitionen in den Norden, während 79 Prozent im Großraum Accra blieben. Und selbst bei dem 2002 beschlossenen Armutsreduzierungsprogrammen von IWF und Weltbank entfielen die wenigsten Projekte auf den Norden, trotz des Umstandes, dass dieser mit einer Armutsquote von 80 Prozent die prekärsten Lebensbedingungen im gesamten Land aufwies. Nur wenn dieser langfristige Entwicklungstrend in den Blick genommen wird, lässt sich nachvollziehen, weshalb die Schließung der Tomatenfabrik «Northern Star» in der im Norden gelegenen Stadt Pwalugu zu der schon erwähnten Abwanderung vieler Tomatenbauern nach Süditalien geführt hat. Denn für die Betroffenen gab es im Norden keinerlei Alternativen, nachdem der Hauptabnehmer ihres Produktes weggefallen war. Die Ursachen der Fabrikschließung sind vielfältig, am wichtigsten dürften die erzwungenen Marktöffnungen in den 1990er Jahren gewesen sein. Denn das hat dazu geführt, dass die Importe von Tomatenmark nach Ghana zwischen 1996 und 2015 von 1 272 Tonnen auf 120 565 Tonnen drastisch zugenommen haben, hauptsächlich aus China und Italien. Die ghanaische Regierung wollte gegensteuern und einen Importzoll von 40 Prozent erheben. Doch internationale Handelsabkommen verhinderten dies, mehr als 10 Prozent seien unzulässig. Konsequenz war, dass am Ende alle in den ersten Jahren der Unabhängigkeit entstandenen Tomatenmarkfabriken bis 2019 schließen mussten – eine veritable Katastrophe für das gesamte Land, dessen Küche ganz wesentlich von Tomaten geprägt ist.

Finanzielle Gewinne: Die Kolonialmächte haben nicht nur die ökonomischen Tiefenstrukturen geschaffen. Sie haben auch finanziell erheblich profitiert, wobei die entsprechenden Hebel völlig unterschiedlich waren, wie eine stichwortartige Auflistung zeigt: *Erstens* wurde den bäuerlichen Cash-Crop-Produzent:innen nur ein Bruchteil der auf den Weltmärkten erzielten Erlöse ausgezahlt, in Nigeria waren es in Spitzenzeiten gerade mal 40 bis 60 Prozent. Diese Problematik zieht sich bis heute durch, wobei mittlerweile die großen Supermarktketten im globalen Norden einen überproportional großen Anteil der Erlöse auf sich vereinen. Beispielsweise landen vom Ladenpreis einer Tafel Schokolade in Deutschland 44,2 Prozent bei den Supermärkten, 35,2 Prozent bei den Schokoladenherstellern und gerade einmal 6,6 Prozent bei den bäuerlichen Kakao-Produzent:innen. *Zweitens* wurden den Bewohner:innen der Kolonien während der beiden Weltkriege und der Weltwirtschaftskrise diverse Sonderabgaben in Naturalien aufgebürdet – trotz der ohnehin schon bestehenden Belastungen durch Steuern und Zwangsarbeit. *Drittens* wurden verarbeitete Produkte aus Europa zu überteuerten Preisen auf den Markt gebracht, jedenfalls gemessen an den tendenziell sinkenden Einkommen der Menschen. Dieses Missverhältnis hat in den 1940er Jahren mehrfach zu Massenstreiks geführt, im Kern besteht die Problematik bis heute fort. *Viertens* wurden die im internationalen Handel erwirtschafteten Devisen den Staatshaushalten der Kolonialmächte als niedrigverzinste Kredite gutgeschrieben, während die Kolonien lediglich den Gegenwert in einheimischer Währung erhielten. Entsprechend stammte 1955 die Hälfte der britischen Dollar- und Goldreserven aus Geschäften mit afrikanischen Kolonien. *Fünftens* wurden die Gewinne aus dem Bergbau größtenteils nach Europa bzw. in die USA transferiert. Denn der Abbau mineralischer Rohstoffe lag komplett in der Hand ausländischer Konzerne und diese hatten wenig Interesse, ihre Gewinne in den Kolonien zu investieren. Auch dies hat sich bis heute nur geringfügig verändert.

Keine Frage, das war nur ein Schnelldurchlauf durch rund 500 Jahre Wirtschaftsgeschichte in Westafrika – eigentlich müsste jeder der genannten Mechanismen eigens vertieft werden. Gleichwohl dürfte als Quintessenz deutlich geworden sein, dass bereits am Ende der Kolonialzeit jene ökonomischen Tiefenstrukturen und Mechanismen etabliert waren, die das wirtschaftliche Geschehen in Westafrika bis in die Gegenwart maßgeblich prägen. Und das wiederum ist deshalb von Belang, weil es unmittelbar die Frage berührt, weshalb es westafrikanischen Ländern in den vergangenen 60 Jahren nicht gelungen ist, diese Tiefenstrukturen zu überwinden – trotz eines kurzfristigen wirtschaftlichen Aufschwungs in den 1960er und 1970er Jahren. Denn es wäre irreführend, das Scheitern lediglich als Ausdruck davon zu begreifen, dass die ökonomischen Erblasten zu erdrückend gewesen seien und die unabhängig gewordenen Länder Westafrikas von Anfang an keine Chance gehabt hätten, die ökonomische Kluft zwischen Afrika und Europa zu verkleinern. Vielmehr müssen auch die politischen und ökonomischen Umstände nach der Unabhängigkeit berücksichtigt werden, die ebenfalls eng mit der Kolonialzeit zusammenhängen.

7.

Politische Zeitreisen

Schlaglichter staatlichen Handelns im 21. Jahrhundert

Dieses Kapitel ist den vielfältigen Verknüpfungen zwischen kolonialer Herrschaft und schlechter Regierungsführung in Westafrika gewidmet. Ursprünglich war der von der Weltbank geprägte Begriff der schlechten Regierungsführung eine Sammelbezeichnung für all jene Regierungen im globalen Süden, die nicht einer westlichen Entwicklungsagenda folgten. Heute hingegen ist der Begriff relativ frei von ideologischem Ballast, auch im westafrikanischen Diskurs. Gemeint ist vor allem zweierlei: Zum einen die Ineffektivität staatlicher Institutionen, also die eklatante Schwäche der öffentlichen Daseinsfürsorge, des Rechtssystems, der Steuer- und Finanzbehörden, der Wirtschaftspolitik etc. Zum anderen das skrupellose Gebaren wesentlicher Teile der politischen Eliten, wozu Phänomene wie Korruption, Klientelismus, politische Repression, gefälschte Wahlen oder das Anheizen von ethnischen Konflikten gehören. Auf den ersten Blick scheinen beide Aspekte eng verwoben. Eine populäre These lautet, dass die Ineffektivität staatlicher Institutionen auf das Agieren skrupelloser Eliten zurückzuführen sei. Zu ihren entschiedensten Verfechter:innen zählt Volker Seitz, dessen Bestseller *Afrika wird armregiert oder wie man Afrika wirklich helfen kann* bereits im ersten Kapitel kritisch beleuchtet wurde. Doch die These ist fragwürdig: Sie ignoriert, wie es überhaupt zur Entstehung skrupelloser Eliten gekommen ist, was die Vermutung nahelegt, dass sie von dem rassistisch unterfütterten Stereotyp geleitet ist, in Afrika seien herrschsüchtige Potentaten ganz normal. Zudem blendet sie den grundlegenden Sachverhalt aus, dass die Unabhängigkeitsregierungen vor allem deshalb auf die undemokratischen und gewalttätigen Institutionen des kolonialen Kommandostaats zurückgeworfen waren, weil der Kolonialismus die Institutionen der vorkolonialen politischen Systeme weitgehend zerstört hat. Mit anderen Worten: Auch dieses Kapitel orientiert sich an der Devise eines historisch fundierten Fluchtursachenverständnisses. Wer schlechte Regierungsführung im 21. Jahrhundert verstehen möchte, muss deren komplizierte Entstehungsgeschichte vor und nach der Unabhängigkeit zur Kenntnis nehmen. Und das wiederum ist keineswegs einfach. Gefragt ist die Bereitschaft, sich auch auf solche Prozesse innerhalb der westafrikanischen Gesellschaften einzulassen, die sich aus europäischer Perspektive wie bloße Details oder längst überholte geschichtliche Sachverhalte ausnehmen. Dahinter steht die Überzeugung, dass sich eine kritische Auseinandersetzung mit Fluchtursachen nicht auf externe Faktoren wie ungerechte Handelspolitik, niedrige Rohstoffpreise oder Klimawandel beschränken darf. Denn die eigentliche Tragödie kolonialer Herrschaft bestand darin, das ökonomische, politische und kulturelle Gefüge der westafrikanischen Gesellschaften derart ausgehöhlt zu haben, dass diese nach der Unabhängigkeit nicht nur an äußeren Zwängen, sondern auch an inneren Widersprüchen zerbrachen.

Wie aber stellt sich schlechte Regierungsführung aus dem Blickwinkel der einfachen Bevölkerung dar, vor allem dort, wo schwache Institutionen und skrupelloses Verhalten Hand in Hand gehen? Ich möchte das am Beispiel einer Situation verdeutlichen, die ich 2019 als Augenzeuge miterlebt habe. Sie ist auch deshalb bemerkenswert, weil sie zeigt, auf welche Weise das destruktive Verhalten der Eliten abfärben kann – in diesem Fall auf den Mitarbeiter einer malischen Hilfsorganisation, der Bewohner:innen eines mir gut bekannten Dorfes um 3 000 Euro geprellt hat, immerhin das Dreifache eines durchschnittlichen Jahresgehalts. Der Mitarbeiter war Berater des Dorfes und wusste schon seit längerem, dass die Dorfbewohner:innen anlässlich eines geplanten Bewässerungsprojekts ein Ingenieurbüro beauftragt hatten, ihre Felder zu vermessen. Vor diesem Hintergrund hat er mit einem gefälschten Personalausweis ein Konto auf den Namen des Besitzers dieses Ingenieurbüros eröffnet und sodann den Dorfbewohner:innen nach Abschluss der Arbeiten eine ebenfalls gefälschte Rechnung für den Vermessungsauftrag überbracht – und zwar mit der Bankverbindung seines Fake-Kontos. Die Beweislast war erdrückend, ganz zu schweigen davon, dass der Schwindel ohnehin früher oder später aufgeflogen wäre. Ich habe Vertreter:innen des Dorfes zur Gendarmerie begleitet, der malischen Polizeibehörde, die für solche Ermittlungen zuständig ist. Ich war auch dabei, als der Betrüger auf Betreiben der Dorfbewohner:innen aus der Sozialistischen Partei Malis ausgeschlossen wurde. Doch die Justiz unternahm nichts, trotz Einschaltung eines namhaften Anwalts – wahrscheinlich deshalb, weil der Betrüger zwei Brüder in hohen Positionen bei der

Gendarmerie hat, was auch erklären dürfte, wie er überhaupt an einen biometrischen und somit fälschungssicheren Personalausweis gelangt ist. Gewiss, das Beispiel ist ungewöhnlich, normalerweise findet Unterschlagung mit weniger Begleitkriminalität statt. Aber die Erfahrung war für alle Beteiligten ernüchternd, zumal sie auf der persönlichen Ebene mit einem extremen Vertrauensbruch einherging. Mehr noch: Der soziale Zusammenhalt schien für viele Dorfbewohner:innen plötzlich gefährdet. Gleichzeitig vertiefte sich ihre Skepsis gegenüber staatlichen Strukturen, so wie das seit vielen Jahren diverse Umfragen für breite Teile der Bevölkerung zum Ausdruck bringen: Zum Beispiel meinten 2020 in der Elfenbeinküste gerade einmal 33 Prozent aller Befragten, dass es möglich sei, mittels Wahlen unfähige Politiker:innen aus dem Amt zu jagen, in Nigeria betrug dieser Wert 34 Prozent und in Guinea 37 Prozent. In einer weiteren Umfrage erklärten 80 Prozent der Menschen in Sierra Leone, dass die Regierung nicht genug für die Bedarfe der Jugend tue, in Burkina Faso sahen das 64 Prozent und in Ghana 53 Prozent so. In einer dritten Umfrage gaben 23 Prozent der Malier:innen, 43 Prozent der Nigerianer:innen und 47 Prozent der Guineer:innen an, im Laufe der vergangenen zwölf Monate Bestechungsgelder für öffentliche Dienste bezahlt zu haben.[1]

Koloniale Manipulationen und ihre Folgen

Historiker:innen gehen davon aus, dass bereits im 15. Jahrhundert 75 Prozent der Bevölkerung Westafrikas in Staaten oder staatenähnlichen Gemeinwesen lebten.[2] Diese Zahl dürfte deutlich über dem gesamtafrikanischen Durchschnitt liegen, aber sie widerlegt das in Europa immer wieder bemühte Stereotyp, Menschen in Afrika hätten sich bis ins 20. Jahrhundert vorwiegend in kleinteiligen Ethnien oder Stammesgemeinschaften organisiert. Richtig ist stattdessen, dass die Kolonialmächte bei ihren Eroberungszügen auf eine kaum überschaubare Vielfalt sozialer und politischer Systeme gestoßen sind – von autonomen Dorfrepubliken über lokale Fürstentümer bis hin zu Königreichen. Und das bedeutete auch, dass soziale Mehrfachzugehörigkeiten gang und gäbe waren. Ein Haushalt konnte mit anderen Haushalten sowohl zu einem lokalen Fürstentum gehören als auch zu einem weitverzweigten Familienverband, der sich wiederum als Teil einer großen Ethnie wie die der Fulbe oder Haussa verstand. Hinzu kamen weitere Zugehörigkeiten, die ebenfalls das soziale Selbstverständnis prägten, etwa die Mitgliedschaft in einem religiösen Kult, einer muslimischen Bruderschaft oder einer besonderen Berufsgruppe wie die der Schmiede. Anders formuliert: Soziale Identitäten waren im vorkolonialen Afrika ausgesprochen vielfältig, flexibel und hybrid. Entsprechend waren auch die Kolonialmächte herausgefordert. Denn zur Ausübung ihrer Herrschaft mussten sie sich mit den vielfältigen Gemeinwesen und Identitäten innerhalb ihrer Kolonien arrangieren. Das war allein deshalb erforderlich, weil sie ohne afrikanische Mitarbeiter:innen wie Dolmetscher, Soldaten oder Hausangestellte gar nicht handlungsfähig gewesen wären. So kamen Ende der 1930er Jahre im Gebiet des heutigen Nigerias auf 20 Millionen Einwohner:innen gerade einmal 386 britische Kolonialadministrator:innen.

Zur Verwaltung ihrer Kolonialreiche griffen Frankreich und Großbritannien auf unterschiedliche Philosophien zurück: Die Brit:innen versuchten, im Rahmen indirekter Herrschaft einen möglichst großen Teil der alltäglichen Arbeit an bereits etablierte Autoritäten zu delegieren. Berühmtheit erlangte ihre Kooperation mit den Emiren des islamischen Kalifats von Sokoto im Norden des heutigen Nigerias. Dieses wurde zwar 1903 militärisch besiegt, aber der Verwaltungsapparat existierte weiterhin, und das mit tiefgreifenden Konsequenzen. Denn durch die Kooperation mit den Brit:innen konnten die konservativen Emire ihre Machtstellung im Norden aufrechterhalten. Daraus ging eine feudal geprägte Herrschaftselite hervor, die sich nach der Unabhängigkeit zu einem der drei Machtzentren Nigerias entwickelte. Zum britischen

Selbstverständnis gehörte auch, Afrikaner:innen bei der Erlangung einer britischen Staatsbürgerschaft nicht eigens zu unterstützen. Auf diese Weise sollte die symbolische Distanz zwischen Afrikaner:innen und Europäer:innen gewahrt bleiben, was zwar einer rassistischen Logik gehorchte, gleichzeitig aber gewisse Freiräume schuf. So waren in der Goldküste bereits Anfang des 20. Jahrhunderts Einheimische als Richter und Anwälte zugelassen. Historiker:innen betrachten dies als einen wichtigen Grund dafür, weshalb die Justiz im heutigen Ghana deutlich unabhängiger agiert als in ehemals französisch kolonisierten Ländern wie Mali, Niger oder Benin, wo erstmalig in den 1960er Jahren Jurist:innen ausgebildet wurden. Jenseits davon ist das Beispiel der unterschiedlichen Justizkulturen auch deshalb hilfreich, weil es das von Frankreich praktizierte Modell direkter Herrschaft illustriert. Dieses bestand darin, den afrikanischen Kolonien ihre aus Frankreich importierte Verwaltungsstruktur aufzuoktroyieren. Eine Kooperation mit lokalen Autoritäten war nicht erwünscht, die alltägliche Macht sollte bei den omnipotenten Kolonialadministrator:innen bleiben, wie der bereits im fünften Kapitel zitierte Schriftsteller Amadou Hampâté Bâ in seinen Lebenserinnerungen *Oui mon Commandant!* eindrücklich schildert: «Sie waren wie ein Stein inmitten eines Eierbergs: Wenn ein Ei auf den Stein fällt, zerbricht es; fällt der Stein auf das Ei, zerbricht es auch. Das Ei verliert immer. Und genauso war ein Kolonialadministrator, ob im Recht oder Unrecht, seinem Kontrahenten gegenüber immer im Recht.»[3] Ungeachtet dessen erklärte die französische Kolonialmacht alle Kolonisierten zu französischen Staatsbürger:innen, ohne allerdings staatsbürgerliche Rechte zu gewähren. Denn diese mussten erworben werden. Erforderlich war hierfür, französisch zu sprechen, die eigenen afrikanischen Gebräuche aufzugeben und sich zu den christlich geprägten Werten des damaligen Frankreich zu bekennen. 1939 hatte gerade einmal ein halbes Prozent der Bevölkerung in Französisch-Westafrika den Status von *évolués* erreicht, von sogenannten «Entwickelten». Gewiss, das waren nicht viele, gleichwohl handelte es sich um eine überaus perfide Herrschaftsstrategie, welche unter den besser gebildeten Afrikaner:innen die Tendenz von Depersonalisierung, Identitätsverlust und Selbsthass enorm verschärfte, wie ich noch unter Rückgriff auf Frantz Fanon und andere Protagonist:innen der Unabhängigkeitsbewegung zeigen werde. Bei aller Unterschiedlichkeit glichen sich britische und französische Vorgehensweisen im Laufe des Kolonialismus allmählich an. Die französische Kolonialmacht musste akzeptieren, dass sie ihre Verwaltungsstruktur nur durch Kooperation mit lokalen Autoritäten tatsächlich realisieren konnte. Umgekehrt mussten die Brit:innen akzeptieren, dass sich nicht immer kooperationsbereite lokale Autoritäten finden ließen. Folge war, dass beide Kolonialmächte zu außerordentlich machtvollen Manipulationen griffen – mit drastischen Auswirkungen bis in die Gegenwart:

Erstens wurden immer wieder Personen zu Häuptlingen ernannt, die nicht das Vertrauen der lokalen Bevölkerung genossen – teils, weil sie Außenseiter waren oder nicht aus ehrwürdigen Familien stammten, teils, weil es in bestimmten Regionen wie dem heutigen Südostnigeria überhaupt keine Häuptlingstraditionen gab. Dies führte nicht nur zu sozialen Spaltungen innerhalb der lokalen Bevölkerung. Es erneuerte auch das bereits in der Sklaverei entstandene Arrangement, in dem Europäer:innen als Schutzpatron:innen jener afrikanischen Autoritäten agierten, die europäischen Interessen Geltung verschafften. Und das sind keineswegs historische Petitessen. Vielmehr stellt das von Aimé Césaire als «Filz von Gefälligkeiten und versteckter Komplizenschaft» angeprangerte Arrangement bis heute einen zentralen Baustein der offiziellen Beziehungen zwischen afrikanischen und europäischen Ländern dar.[4] Das Schlüsselwort lautet Konditionalisierung, wonach die EU-Regierungen jederzeit bereit sind, mit Regierungen aller Couleur zusammenzuarbeiten, solange diese politische Hörigkeit an den Tag legen – ganz gleich, ob es um die Implementierung restriktiver migrationspolitischer Maßnahmen oder die Verabschiedung investorenfreundlicher Steuergesetze geht.

Zweitens wurden die von den Kolonialmächten eingesetzten Häuptlinge mit derart weitgehenden Vollmachten ausgestattet, dass die kulturell tief verankerten Mechanismen von Machtbeschränkung (*checks und balances*) aus dem Gleichgewicht gerieten. Die Häuptlinge mussten sich nicht mehr mit Ältestenräten, Imamen oder anderen traditionellen Instanzen rückkoppeln, etwa bei der Steuererhebung. Stattdessen waren sie nur noch der Kolonialmacht Rechenschaft schuldig. Auf diese Weise wurde staatliches Handeln zunehmend als bloße Willkür empfunden. Es entstand ein tiefes Misstrauen gegenüber staatlichen Repräsentant:innen, das noch heute dazu führt, dass der Staat in erster Linie als Gegner betrachtet wird, bezeichnenderweise auch dort, wo er abwesend ist und die öffentlichen Daseinsfürsorge nicht gewährleisten kann. Beobachter:innen glauben daher, dass der straff organisierte Zentralstaat, wie er im Kolonialismus eingeführt und nach der Unabhängigkeit aufrechterhalten wurde, für viele Menschen bis heute einen zutiefst undemokratischen «Fremdkörper» darstellt.[5] Was das konkret bedeutet, lässt sich einem Interview entnehmen, in dem der nigerianische Literaturnobelpreisträger Wole Soyinka einige Grundsätze des bis heute aktiv gelebten Königtums der Yoruba-Kultur erläutert:

> «Andere Leute verstehen das nicht, aber eigentlich ist das Yoruba-System des Obaship, also des Königtums, ein ziemlich demokratisches. Es gibt strenge Beschränkungen für das, was ein König tun oder nicht tun kann. Es gibt einen Rat von Häuptlingen, die eine Menge Macht ausüben, sie sind wie ein Kabinett, und wenn der König sich falsch verhält oder exzessiv Macht ausübt, kann dieser Ogboni-Rat tatsächlich zusammenkommen, die Enklave kann sich treffen und ihn entthronen.»[6]

Drittens förderten die Kolonialmächte eine Ethnisierung der sozialen Beziehungen. Aus ihrer alltäglichen Arbeit war ihnen zwar bewusst, dass es innerhalb der afrikanischen Bevölkerung keine sozial und territorial genau abgegrenzten Ethnien oder Stämme gab. Gleichwohl hielten sie hartnäckig an diesem rassistisch aufgeladenen Stereotyp fest. Schlimmer noch: Sie unternahmen vielfältige Anstrengungen, in jedem ihrer Verwaltungsbezirke eine Art Hauptethnie zu identifizieren, wovon sie sich unter anderem verbindliche Partnerschaften oder Allianzen versprachen. Folge war, dass sich die Menschen zunehmend gezwungen sahen, ihre patchworkartigen Bezugsysteme zu vereindeutigen. Soziale Mehrfachzugehörigkeiten waren zwar weiterhin normal, denn das alltägliche Leben ging ja weiter. Aber die von den Kolonialmächten ausgegebene Losung lautete nun, die soziale Wirklichkeit nach Ethnien neu zu organisieren, also die verschiedenen Zugehörigkeiten und Loyalitäten zu hierarchisieren und jeweils einer Hauptethnie unterzuordnen. Dies geschah, indem sich Haushalte, Familienverbände oder Dorfgemeinschaften auf Basis von Gemeinsamkeiten wie Sprache, religiösen Überzeugungen oder Handelskontakten zu neuen Ethnien zusammenschlossen. Oder indem bereits bestehende Ethnien wie die der Fulbe, Haussa oder Bambara ihre ethnischen Konturen erheblich nachschärften. Denn bislang handelte es sich eher um kulturelle und somit quasi-ethnische Zusammenschlüsse von Menschen, die gleichen Tätigkeiten wie Viehwirtschaft, Handel oder Ackerbau nachgingen. Jetzt allerdings sollten diese Zusammenschlüsse mit ethnischer Energie aufgeladen werden. Dies umfasste auch die Erfindung von Mythen, um sich autosuggestiv in die Idee einer jahrhundertelangen gemeinsamen Geschichte hineinzuimaginieren. Insofern wäre es zu simpel, die Entstehung von Ethnien als Ausdruck bewusster Entscheidungsakte zu begreifen. Nirgendwo saßen Menschen unter dem Dorfbaum und beschlossen, von nun an eine gemeinsame Ethnie zu bilden. Entsprechende Tricksereien mag es anfänglich gegeben haben, um in den Genuss gewisser Vorteile durch die Kolonialmacht zu gelangen. Amadou Hampâté Bâ hat solche taktischen Winkelzüge in einigen seiner Bücher eindrucksvoll beschrieben. Doch grundsätzlich ist die Bevölkerung in die neuen ethnischen Muster unmerklich reingewachsen. Dabei ist auch zu berücksichtigen, dass das Zugehörigkeitsgefühl zu einer Ethnie keine statische Angelegenheit ist – weder damals noch heute. Vielmehr variiert die Relevanz der eigenen ethnischen Identität erheblich. Ein bemerkenswertes Beispiel stammt aus der Kolonialzeit, es zeigt unmissverständlich, inwiefern Ethnien soziale Konstrukte sind: Im Süden der damaligen Goldküste gaben sich Migrant:innen aus dem Norden in aller Regel als Mitglieder ganz bestimmter Ethnien aus, auch wenn sie eigentlich anderen Ethnien angehörten. Dies hat Neuankömmlingen die Herstellung persönlicher Kontakte erleichtert, unabhängig davon, wer tatsächlich dazugehört hat oder wer nicht. Zudem fungierten die ethnischen Netzwerke als Wohnungs- und Arbeitsplatzbörsen.

Ungleich problematischer ist die politische Ethnizität, die in den letzten Jahrzehnten zahlreiche Konflikte in Westafrika massiv verschärft hat. Wo sie zur Geltung kommt, droht sie, die meist friedliche Koexistenz der unterschiedlichen Bevölkerungsgruppen zu unterminieren. Denn politische Ethnizität zeichnet sich dadurch aus, politische Forderungen im Namen einzelner Ethnien zu erheben, nicht selten in feindseliger Abgrenzung zu anderen Ethnien. Auch politische Karrieren werden im Kielwasser politischer Ethnizität geschmiedet, vor allem, wenn Politiker:innen den Angehörigen ihrer eigenen Ethnie versprechen, sich im Falle eines Wahlsiegs ausdrücklich für deren Belange einzusetzen. Wohin das führen kann, lässt sich in verschiedenen Ländern beobachten, unter anderem in Nigeria, worum es nunmehr ausführlich gehen soll.

Nigeria I: Von der politischer Ethnizität zum Biafra-Krieg

In Nigeria hat das Problem politischer Ethnizität spätestens 1914 begonnen. Damals schloss die britische Kolonialmacht auf dem Territorium des heutigen Nigerias drei Großregionen mit einer kaum überschaubaren Vielzahl an Staaten, Gemeinwesen und Ethnien zu einer einzigen Kolonie zusammen. Für Großbritannien war dies ein bloßer Verwaltungsakt, für viele Nigerianer:innen eine kolossale Fehlkonstruktion, die bereits den Keim jener Verwerfungen in sich trug, die die Geschichte Nigerias bis in die Gegenwart maßgeblich prägen. Die in der neu geschaffenen Kolonie Federation of Nigeria versammelten Regionen konnten sich kaum auf eine gemeinsame Vorgeschichte stützen, es war also nicht erkennbar, wie daraus ein funktionierender Staat entstehen sollte. Während im überwiegend muslimisch geprägten Norden zentralisierte staatliche Gebilde bestanden, dominierten im Süden kleine und mehrheitlich christlich ausgerichtete Gemeinwesen. Dabei stach insbesondere der Südosten hervor, also jenes Gebiet, wo ein Großteil der nigerianischen Ölressourcen liegt und wo mehrheitlich Menschen leben, die sich bis heute als Angehörige der Igbo begreifen. An den Küsten gab es zwar diverse Fürstentümer, die im Sklavenhandel eine unrühmliche Rolle gespielt hatten, doch im Landesinneren waren die Gemeinwesen durch dezentrale Kommunikations- und Entscheidungsprozesse geprägt. Neben Dorfrepubliken gab es auch Regionen, wo sämtliche Entscheidungen auf der Ebene von Familienverbänden getroffen wurden, also ganz ohne Staat, beispielsweise bei den Tiv. Schon bald zeichnete sich ab, dass die Nichtexistenz zentraler und hierarchischer Strukturen in den ersten Jahrzehnten der Kolonisierung enorme gesellschaftliche Kräfte freisetzte. Im Unterschied zu anderen Regionen stießen junge Igbo kaum auf traditionelle Barrieren, die sie daran gehindert hätten, die Schulen christlicher Missionare zu besuchen oder wirtschaftlich aktiv zu werden. Vielmehr bestand eine grundlegende Offenheit gegenüber den von den Briten eingeführten Veränderungen, auch wenn einzelne Gruppen wie die legendäre Ekumeku-Bewegung massiven Widerstand gegen die britische Kolonialmacht leisteten. Daraus folgte, dass die Igbo nicht nur einen rasanten Bildungsaufstieg durchliefen und bereits früh wichtige Schlüsselpositionen in der Verwaltung bekleideten, sondern auch zu äußerst erfolgreichen Geschäftsleuten wurden, dies jedoch um den Preis, dass in den übrigen Teilen der Kolonie Sorgen vor einer drohenden Igbo-Dominanz aufkamen. Ich selbst habe von diesen alten Dynamiken erstmalig 2004 eine gewisse Ahnung bekommen, als sich ein älterer Nigerianer am Telefon mit leisem Schauer in der Stimme über einen von Abschiebung bedrohten Landsmann äußerte: Dieser sei Igbo und Igbo seien derart willensstark, dass selbst ein Verstorbener wieder erwache, wenn man mit einem Becher voller Münzen an seinem Ohr klappern würde. Schließlich sollten sich auch die enormen Größenunterschiede zwischen den Ethnien als gewaltiges Manko erweisen. Denn auch sie stifteten Angst vor Dominanz und Übervorteilung, insbesondere gegenüber den Haussa-Fulani im Norden, die rund doppelt so zahlreich wie die Yoruba und Igbo im Süden waren. Hinzu kamen hunderte kleinere Ethnien im Zentrum des Landes («Middle Belt»), die zwar ebenfalls einen beträchtlichen Teil der Bevölkerung ausmachten, aber als Einzelethnien kaum über Einfluss verfügten.

Umso verhängnisvoller war es, dass die britische Kolonialmacht diese Gegensätze zwischen den Regionen und Ethnien mit der 1951 verabschiedeten Verfassung einmal mehr zuspitzte. Aufhänger war das Ansinnen, der Bevölkerung mehr Mitsprachemöglichkeiten in den politischen Institutionen der Gesamtkolonie einzuräumen, insbesondere im Legislativ- und Exekutivrat. Auf diese Weise sollte die anwachsende Unabhängigkeitsbewegung ausgebremst werden. Gleichwohl wollten die Brit:innen allgemeine Wahlen vermeiden, in denen die Bevölkerung über ihre Vertreter:innen im Legislativ- und Exekutivrat hätte abstimmen können. Ein solcher Wahlprozess wäre lediglich der Unabhängigkeitsbewegung zugutegekommen, einfach deshalb, weil er die verschiedenen Regionen des Landes näher zusammengebracht hätte. Die Brit:innen richteten stattdessen Wahlen in jeder der drei Großregionen aus und förderten so ganz bewusst die ethnische Ausrichtung der Parteien. Denn um in ihrer Region zu gewinnen und so Zugang zum nationalen Legislativ- und Exekutivrat zu erhalten, mussten sich die Parteien vor allem um die Zustimmung der jeweils größten Ethnie innerhalb ihrer eigenen Region bemühen.

Zugestanden, die innenpolitischen Konflikte im kolonialen Nigeria wirken aus heutiger Sicht wie historische Details. Aber sie sind es, die nachvollziehbar machen, dass es nicht irgendwelche mythisch aufgeladenen Stammeskonflikte waren, sondern handfeste Entscheidungen der britischen Kolonialmacht, die das politische Geschehen in Nigeria ethnisiert und zunehmend vergiftet haben, weit über die Unabhängigkeit hinaus. Deutlich wurde das bereits im Januar 1966, als junge Igbo-Offiziere den ersten Putsch im unabhängigen Nigeria begingen. Vordergründig reagierten sie auf politische Tumulte in der Südwestregion. De facto ging es jedoch um die Absetzung des aus dem Norden stammenden Ministerpräsidenten Tafawa Balewa, einzig mit der Begründung, dass dieser die Vormachtstellung des Nordens forciert haben solle. Das wiederum weckte Bedrohungsgefühle im Norden, zumal Tafawa Balewa und weitere Persönlichkeiten im Zuge des Putsches ermordet wurden. Entsprechend kam es bereits im Juli 1966 zum Gegenputsch und zur Einrichtung einer Militärregierung unter Yakubu Gowon. Zudem erfolgten im Norden zwischen Mai und Oktober 1966 mehrere Pogrome gegen Igbo, die als Migrant:innen aus dem Südosten des Landes eingewandert waren. Rund 5000 Menschen starben, mehrere hunderttausend mussten fliehen. Die nigerianische Schriftstellerin Chimamanda Ngozi Adichie hat in ihrem viel gelesenen Roman *Die Hälfte der Sonne* eindrücklich an diese Pogrome erinnert – Schauplatz ist ein Zug, mit dem Igbo den Norden fluchtartig verlassen:

> «Olanna saß auf dem Boden des Waggons, die Knie bis zur Brust hochgezogen und den warmen Druck anderer Körper um sich herum. [...] Die Frau mit der Kalebasse stupste sie an und winkte dann ein paar anderen Leuten zu, die in der Nähe saßen. ‹Bianu, komm›, sagte sie. ‹Schau mal rein.› Sie öffnete die Kalebasse. ‹Schau nur rein›, sagte sie wieder. Olanna blickte in den Krug. Sie sah den Kopf eines kleinen Mädchens mit aschgrauer Haut und geflochtenem Haar. Die Augen waren weggerollt, der Mund stand offen. Sie starrte ihn eine Weile an, dann blickte sie weg. Jemand schrie. Die Frau legte den Deckel wieder auf die Kalebasse. ‹Weißt du›, sagte sie, ‹wie lange ich gebraucht habe, um ihr all die Zöpfchen zu flechten? Sie hatte so dickes Haar.›[7]

Die Pogrome waren der Tropfen auf den heißen Stein, von da an drehte sich die Eskalationsspirale immer schneller: Die Igbo-dominierte Regierung in der Ostregion beschlagnahmte im März 1967 Vermögenswerte des Zentralstaats, darauf reagierte die Zentralregierung, indem sie im Mai 1967 eine Gebietsreform anordnete und die drei bisherigen Großregionen durch zwölf Bundesstaaten ersetzte. Die neuen Bundesstaaten waren allerdings so geschnitten, dass den Igbo nur noch 6 Prozent der Ölressourcen des Landes verblieben wären, während kleinere Ethnien über den großen Rest verfügt hätten. Kurz darauf erklärten die Igbo die Unabhängigkeit von Biafra, wozu sie pikanterweise den gesamten Südosten rechneten, also auch das Territorium von Ethnien, die sich erklärtermaßen nicht von Nigeria lossagen wollten. Die Unabhängigkeitserklärung war der Startschuss für den Abspaltungskrieg Biafras, der militärisch von Anfang an ein aussichtsloses Unterfangen war. Umso tragischer ist, dass er sich über knapp drei Jahre hinzog. Am

Ende waren mindestens 700 000 Menschen tot, darunter viele an Hunger verstorbene Kinder.

Der Biafra-Krieg hat die nigerianische Gesellschaft tief erschüttert. In der Rückschau hat er sich für viele als Menetekel für das erwiesen, was nach der Unabhängigkeit in ganz Westafrika geschah. Vor allem zwei Aspekte seien hervorgehoben: Zum einen war der Biafra-Krieg ein internationaler Krieg, ähnlich wie das heute im Sahel der Fall ist. Frankreich stand zusammen mit China und Portugal an der Seite Biafras. Die französische Staatsfirma SAFRAP förderte im Nigerdelta Öl, zudem wetteiferten Frankreich und Großbritannien um die Vormachtstellung auf dem afrikanischen Kontinent. Demgegenüber wurde die Zentralregierung nicht nur von Großbritannien unterstützt, sondern auch von Spanien, den USA und der Sowjetunion. Diese Konstellation macht noch heute sprachlos. Immerhin herrschte Kalter Krieg, die Kubakrise, in der es beinahe zum Atomkrieg zwischen den Supermächten gekommen wäre, lag gerade einmal fünf Jahre zurück. Dass sich auf beiden Seiten der Fronten westliche und östliche Großmächte wiederfanden, zeigt vor allem die Skrupellosigkeit, mit der zahlreiche Länder auch in der Ära der Unabhängigkeit ihre Interessen auf dem afrikanischen Kontinent verfolgten. Zum anderen war der Biafra-Krieg ein Propagandakrieg, der die Ethnisierung Nigerias weiter verschärfte. Mit Blick auf die Pogrome im Norden sprachen die Vertreter:innen Biafras davon, dass die Sezession einen drohenden Genozid verhindert habe. Dieses Narrativ ist bis heute lebendig, hierzu gehören auch extreme Übertreibungen. Obwohl die Forschung von 5 000 Toten ausgeht, sprechen Igbo-Nationalist:innen weiterhin von 50 000 Toten. Von den 300 000 bis 500 000 Vertriebenen sind viele noch vor Beginn des Biafra-Kriegs in ihre Wahlheimat im Norden Nigerias zurückgekehrt, trotzdem ist bis heute von 1 Million Igbo zu hören, die ihre Heimat verloren hätten. Ausschlaggebend war sicherlich, dass die Vertreter:innen Biafras ihr Anliegen mit solchen Stichworten belegten, die im Westen großen

Anklang fanden: In der von der Biafra-Regierung 1969 veröffentlichten Ahiara-Deklaration war einerseits von Korruption und Dekadenz des nigerianischen Zentralstaats die Rede, andererseits von Rassismus, Imperialismus und arabisch-muslimischem Expansionismus. Mit Letzterem war das angebliche Ziel der multikonfessionellen Zentralregierung gemeint, den Süden Nigerias zu islamisieren. Zusammenfassend heißt es in der Ahiara-Deklaration, dass es Biafra einzig darum gehe, «einen gesunden, dynamischen und fortschrittlichen Staat aufzubauen, wie er der Stolz der Schwarzen in der ganzen Welt sein würde».

Bei der Propagandaschlacht spielte auch die US-amerikanische Werbeagentur MarkPress eine fatale Rolle. Sie arbeitete im Auftrag der Biafra-Regierung und startete Anfang 1968 eine weltweite PR-Kampagne unter dem Titel *Fight for Survival* (*Überlebenskampf*). 25 Mitarbeiter:innen belieferten täglich die Weltpresse mit Bildern und Nachrichten. Die beiden Hauptschlagworte lauteten Genozid und Hunger. Die Hamburger Aktion Biafra-Hilfe sprach von «A wie Auschwitz – B wie Biafra». Allein in Deutschland gab es in 95 Städten Biafra-Solidaritätsgruppen, an der Luftbrücke für Lebensmittel beteiligten sich kirchliche Organisationen aus 32 Ländern. Deutlich wird also: Biafra war der Startpunkt westlicher Katastrophenhilfe in Afrika. Oxfam, Caritas, Rotes Kreuz, alle waren dabei, auch die Wurzeln der Nichtregierungsorganisationen Ärzte ohne Grenzen und Medico international liegen in der Solidaritätsarbeit mit Biafra. Und selbst in diesem Milieu finden sich bis heute Akteure, die mit stark übertriebenen Opferzahlen hantieren, vor allem was die an Hunger Verstorbenen betrifft. Immer wieder ist von 2 bis 3 Millionen Toten die Rede, während die Forschung von deutlich weniger als 1 Million Toten ausgeht. Derartige Übertreibungen waren indes nie das eigentliche Problem. Denn dass der Krieg grausam war, ist völlig unstrittig. Das Problem war vielmehr, dass große Teile des westlichen Publikums die ethnisch-religiöse Lesart des Konflikts übernahmen, obwohl von Anfang an klar war, dass die übrigen Ethnien im Süden Nigerias von einer Teilung des Landes mehrheitlich nichts wissen wollten. Verkannt wurde also, dass die Igbo-Eliten in erster Linie die Kontrolle über die Ölquellen erlangen wollten, während die Masse der Igbo-Bevölkerung nicht über den Status von Statist:innen hinauskam. Daran ließ auch der 1995 hingerichtete Schriftsteller und Umweltaktivist Ken Saro-Wiwa in seinem Roman *Sozaboy* keinen Zweifel. Der jugendliche Protagonist Mene kämpft zwar in Biafra auf beiden Seiten, muss aber irgendwann erkennen, dass er von den Hintergründen des Konflikts nichts versteht: «Wie ich in diesem Sumpf gesessen habe, da hab ich auf einmal gedacht, he, ich weiß ja gar nicht, warum kämpfen wir überhaupt diesen Krieg.»[8]

Vor diesem Hintergrund wirkt es äußerst irritierend, dass selbst eine integre Persönlichkeit wie der weltberühmte Schriftsteller Chinua Achebe noch 2013 in seinem letzten Buch *There Was a Country: A Personal History of Biafra* (Es gab ein Land: Eine persönliche Geschichte von Biafra) sein Engagement für die Biafra-Regierung rechtfertigt. Denn seine Ausführungen atmen einen unversöhnlichen Geist. Er betont zu Recht die größere Anpassungsfähigkeit der Igbo zu Beginn der Kolonisierung, verbindet dies jedoch mit jenem Igbo-Chauvinismus, der in der Vergangenheit nicht nur das Misstrauen vieler anderer Ethnien geweckt hat, sondern auch für das katastrophale Sezessionsprojekt der Igbo-Elite verantwortlich war:

> «Die Igbo-Kultur, die offen für Veränderungen, individualistisch und sehr wettbewerbsorientiert ist, gab dem Igbo einen unbestrittenen Vorteil gegenüber seinen Landsleuten […] Im Gegensatz zu den Haussa/Fulani war er ungehindert von einer misstrauischen Religion, und im Gegensatz zu den Yoruba war er ungehindert von traditionellen Hierarchien. […] Nigerias erbärmlicher Versuch, diese Besonderheiten zu unterdrücken, anstatt sie zu feiern, ist einer der Hauptgründe, warum sich das Land nicht so entwickelt hat, wie es

sollte, und zu einer Lachnummer geworden ist. Der Trick im nigerianischen Kontext war einfach und plump: Die Leistungsträger rauswerfen und durch weniger qualifizierte Personen aus dem gewünschten ethnischen Hintergrund ersetzen, um so Zugang zu den Ressourcen des Staates zu erhalten.»[9]

Nigeria II: Soziale Konflikte im ethnisch-religiösen Gewande

Der Biafra-Krieg endete ohne Siegerjustiz, das offizielle Motto lautete «Kein Sieger, keine Besiegten». Für beide Seiten galt eine weitgehende Amnestie, im Zentrum stand der Wiederaufbau. Hierzu passte, dass staatliche Repräsentant:innen im Norden angewiesen wurden, rückkehrwillige Igbo willkommen zu heißen und bei der Wiedererlangung ihres Eigentums zu unterstützen. Gleichwohl hatten Igbo jahrzehntelang kaum Chancen, im Sicherheitsapparat aufzusteigen, zumal sie immer wieder in Verdacht gerieten, die Spaltung Nigerias voranzutreiben. Nach dem Biafra-Krieg wurde die Maxime zur Staatsräson erklärt, es dürfe nie wieder zu einem solchen Abspaltungskrieg kommen. Das hatte natürlich auch damit zu tun, dass keiner der Bundesstaaten auf die Einnahmen aus dem Ölgeschäft verzichten wollte. Und doch spiegelte sich in dieser Haltung ein gewisses Bekenntnis zu Nigeria wieder – allen Konstruktionsfehlern zum Trotz. Denn eines hat der Biafra-Krieg auch gezeigt: Scheitert Nigeria, hätte das aufgrund der sozialen Gegensätze und der schieren Größe des Landes einen gefährlichen Flächenbrand zur Folge. Nicht nur deshalb ist es beunruhigend, dass die Konflikte bis heute ungebremst weitergehen, wobei sich religiöse, ethnische, soziale und politische Aspekte vielfältig überlagern.

Ein wichtiger Wendepunkt waren die späten 1970er Jahre. Damals begannen radikale Islamisten im Norden Nigerias Fuß zu fassen, vor allem zwei Strömungen sollten Schule machen: Zum einen nahm die Zahl der wahabitisch-salafistischen Prediger zu, das hatte auch damit zu tun, dass vor allem Saudi-Arabien in jener Zeit den Bau von Moscheen und Koranschulen massiv förderte – ähnlich wie in Niger, Mali oder Senegal. Dabei war bemerkenswert, dass eine junge Generation dschihadistisch inspirierter Prediger ausgerechnet jene islamischen Eliten ins Visier nahm, deren ideologisches Fundament das ebenfalls aus einem Dschihad hervorgegangene Kalifat von Sokoto im 19. Jahrhundert war. Zum anderen breitete sich unter der armen Bevölkerung eine populistische islamistische Bewegung aus, die der kamerunische Wanderprediger Muhammadu Marwa gegründet hatte. Auch diese Bewegung kritisierte, dass die islamischen Eliten im Norden schon längst zu einem festen Bestandteil des korrupten und verwestlichten Establishments des nigerianischen Zentralstaats geworden seien. 1980 führte dies erstmalig in der alten Handelsstadt Kano zu gewalttätigen Auseinandersetzungen zwischen Gläubigen und Sicherheitskräften mit 4000 Toten. Heute weiß man, dass damals jene Prozesse begannen, die etwa 2003 in die Gründung der islamistischen Terrorsekte Boko Haram einmündeten. Als im Jahr 2000 die Scharia, das islamische Recht, in mehreren nördlichen Bundesstaaten eingeführt wurde, ist es zu wochenlangen Konflikten zwischen Befürwortern und Gegnern gekommen. Allein in der multiethnischen und multireligiösen Metropole Kaduna starben 1000 Menschen, entsprechend vertieften sich in den folgenden Jahren die Gräben auf dramatische Weise. Denn immer mehr Quartiere segregierten sich nach ethnisch-religiösen Kriterien, wobei ausgeblendet wurde, dass die Scharia im Alltag eine ungleich kleinere Rolle spielte, als von vielen ursprünglich befürchtet: Todesurteile wegen Ehebruch erfolgten nicht, auch die Diskriminierung von Homosexuellen nahm nicht zu und selbst die berühmt-berüchtigten Amputationen als Strafe für Diebstahl wurden schon bald eingestellt. Hintergrund war, dass sich in den Anfangsjahren jugendliche Diebe aus bloßer ökonomischer Not immer wieder erwischen ließen, um nach der Amputation in den Genuss der Resozialisierungsprämie von ca. 500 Dollar zu kommen. Drittes Beispiel: 2010 geriet die Stadt Jos mehrfach in die Schlagzeilen der Weltpresse, unter anderem, weil Viehhirten im Dorf Dogo Nahawa in der Nähe von Jos 500 christliche Bauern und Bäuerinnen ermordet hatten.

1980, 2000 und 2010 – das sind lediglich drei zufällig ausgesuchte Jahreszahlen. Denn zur bitteren Realität gehört, dass es im Norden Nigerias bereits seit vier Jahrzehnten nahezu täglich zu tödlichen Auseinandersetzungen kommt. Häufig scheinen ethnisch-religiöse Spannungen Ausgangspunkt zu sein, doch diese lassen sich nicht von politischen und sozialen Fragen trennen: Während Terrorgruppen wie Boko Haram in der direkten Konfrontation mit korrupten und gewalttätigen Strukturen des Staates entstanden sind, geht es bei den Konflikten zwischen Viehhirten und Ackerbauern in erster Linie um Weiderechte. In Nigeria leben rund 22 Millionen Fulani, das ist die in Nigeria gebräuchliche Selbstbezeichnung der Fulbe. Viele sind als Viehhirt:innen tätig, und das bedeutet auch, dass sie mit ihren großen Herden in der Trockenzeit aus dem Norden ins regenreiche Zentrum des Landes ziehen. Lange wurden die Wanderrouten der Fulani zentralstaatlich geregelt – Grundlage war ein bereits in vorkolonialer Zeit erlassenes Besteuerungssystem namens Jangali. 1978 ging allerdings die Verwaltung des Bodens auf die Bundesstaaten über, ohne dass sich diese ernsthaft um die Organisation der Wanderrouten gekümmert hätten. Seitdem kommt es immer öfter zu Konflikten, sei es, dass im Zuge des Bevölkerungswachstums auf den traditionellen Wanderrouten Felder angelegt werden, sei es, dass Viehherden Felder zertrampeln oder Teile der Ernte fressen. Doch die Weideproblematik war nur der Anfang, seit 2010 sind in der nördlichen Landeshälfte weitere Probleme dazugekommen: *Erstens* Regelmäßige Viehdiebstähle und Überfälle auf Viehhirt:innen, *zweitens* der sich ständig zuspitzende Terror von Boko Haram und *drittens* die fatalen Auswirkungen des Klimawandels. In der Summe führte das dazu, dass sich immer mehr Viehhirt:innen nicht nur in zyklischen Abständen, sondern dauerhaft im Zentrum des Landes niederließen, was wiederum die geographische Konfliktzone erheblich ausweitete. Zwischen 2014 und 2019 sind mindestens 7000 Menschen bei Konflikten zwischen Viehhirten und Ackerbauern ums Leben gekommen. Mit am stärksten betroffen sind die Bundesstaaten Plateau, Benue und Enugu, wobei Enugu im Süden liegt und zum Igbo-Kernland gehört. In der aufgeheizten Atmosphäre spielen lokale Politiker:innen eine äußerst zwielichtige Rolle. Denn sie sind es, die aus populistischen Motiven von ethnisch-religiösen Konflikten sprechen und somit die eigentlichen Interessengegensätze übertünchen. Zudem ergreifen sie häufig einseitig Partei, dies gilt auch für extrem unausgewogene Maßnahmen zur Konfliktregulierung. Beispielsweise müssen Viehhirt:innen an manchen Orten 730 Euro für die Beschädigung von Feldern zahlen, während für die absichtliche Vergiftung eines Tieres gerade einmal 7 Euro fällig werden.

Tragischerweise hat die Verlagerung des Konfliktgeschehens Richtung Süden auch die alten Konfliktlinien aus dem Biafra-Krieg wieder aufbrechen lassen. Viele Igbo erleben die Entwicklungen der letzten Jahrzehnte als eine Wiederholung der Geschichte. Der Norden scheint einmal mehr zum Angriff geblasen zu haben – ähnlich wie bei den Pogromen 1966. Vieles wird an Präsident Muhammadu Buhari festgemacht, der Muslim und Fulani ist. Nach seiner ersten Wahl 2015 hat Muhammadu Buhari ein Programm zur Ansiedlung von Fulani in sogenannten Ruga-Dörfern auf den Weg gebracht. Ruga bedeutet Rural Grazing Area (ländliche Weidefläche), zudem ist es die Haussa-Bezeichnung für Fulani. Die Ansiedlung von Fulani in festen Dörfern mit rudimentärer Infrastruktur und eigens ausgewiesenen Weideflächen ist eine seit langem etablierte Praxis. Ziel ist die Entschärfung der Konflikte zwischen Viehhirten und Ackerbauern, doch zahlreiche Igbo wittern eine heimliche Landenteignung. Und das ist nur das eine, was Igbo kritisieren. Hinzu kommt, dass auch die Situation im Nigerdelta unverändert katastrophal ist, also in jener Region, um die bereits der Biafra-Krieg getobt hat. So fließen jährlich 180 000 Tonnen Rohöl aus leckgeschlagenen Leitungen in die Magrovenwälder des Nigerdelta. Der Boden ist bis zu fünf Meter tief kontaminiert, das Trinkwasser vergiftet, die Grenzwerte für krebserregende Kohlenwasserstoffe wie Benzol um das 900-Fache überschritten. Das ist der Grund, weshalb zivilgesellschaftliche Akteure von Ökozid sprechen – in Deutschland hat der Begriff vor allem durch den aus dem Nigerdelta stammenden Umweltaktivisten Peter Emorinken-Donatus Bekanntheit erlangt. Zwischen 1995 und 2009 erpressten verschiedene Rebellengruppen mit Entführungen Millionensummen, gleichzeitig sollte mit Sabotageakten und Angriffen auf nigerianische Sicherheitskräfte Druck ausgeübt werden, um die allgemeine Lage der Bevölkerung zu verbessern. Die bewaffneten Auseinandersetzungen endeten mit einer allgemeinen Amnestie und Entwaffnungsprämien für die Aufständischen. Doch geändert hat sich wenig, auch wenn der britisch-niederländische Ölkonzern Shell 2021 in einem spektakulären Urteil zu Entschädigungszahlungen an vier Kläger:innen aus dem Nigerdelta verurteilt wurde.

Vor diesem Hintergrund haben sich vor allem jüngere Igbo der 2012 gegründeten Unabhängigkeitsbewegung Indigenous People of Biafra (IPOB) angeschlossen, die sich zwar offiziell für eine Unabhängigkeit qua Referendum ausspricht, die aber seitens des nigerianischen Staats als terroristische Organisation eingestuft und mit massiven Repressalien überzogen wird. Ich habe das lange nur aus dem Augenwinkel mitverfolgt, bis ich immer öfter Whatsapp-Nachrichten von einem alten Bekannten erhielt, der bereits seit vielen Jahren als Händler zwischen Nigeria und Deutschland pendelt. In den 1990er Jahren war er als Geflüchteter nach Deutschland gekommen, wo er sich rasch einen Namen als Menschenrechtsaktivist machte. Heute hingegen agiert er als Igbo-Nationalist für die Unabhängigkeit Biafras. Ich gab meinem Bekannten mehrfach zu verstehen, dass ich die Meinung jener Nigerianer:innen teilen würde, die die Unabhängigkeitsbestrebungen der Igbo als massive Gefahr für den gesellschaftlichen Frieden in der gesamten Region erachten, auch mit Blick darauf, dass knapp 90 Prozent der nigerianischen Staatseinnahmen aus dem Ölgeschäft stammten. Anfang 2021 wurde unsere Debatte hitziger. Aufhänger war ein weitergeleitetes Musikvideo, das zu eingängigen Rhythmen regelrecht Hass auf die Fulani schürte:

> «Wir sagen Nein zur Fulanisierung / Wir sagen nein zur Islamisierung / Wir wollen ihre Invasion nicht / Wir wollen ihre Zerstörung nicht / Wir wollen sie überhaupt nicht / Sie reden über Frieden, bringen uns aber Krieg / […] Korruption ist in ihrer DNA / Zerstörung ist ihr zweiter Name / Alles, was sie können, ist zu töten und zu verstümmeln / Verteidigt eurer Land, eure Kinder, eure Frauen / Die nigerianische Regierung kann nichts machen, denn sie ist Komplizin / Ihr Ziel ist unser Biafra / […] Aber wir sollten Biafra bis zu unserem letzten Blutstropfen verteidigen.»[10]

Ich wollte das nicht unkommentiert lassen und suchte das klärende Gespräch, auch unter Verweis darauf, dass ich in Mali eng mit Fulani bzw. Fulbe zusammenarbeiten würde. Aber ohne Erfolg. Vielmehr musste ich anlässlich unserer Debatte konsterniert zur Kenntnis nehmen, dass sich mein Bekannter im Irrgarten politischer Ethnizität verlaufen hat. Die Fulani seien ein Sonderfall, wie er immer wieder beteuerte: Sie kämen aus den Nachbarländern und würden Frauen vor den Augen von deren Ehemännern und Brüdern vergewaltigen, sie hätten Sex mit Tieren, lehnten Bildung größtenteils ab und stellten Nicht-Muslime vor die Alternative, islamisiert oder getötet zu werden. Dies zu hören, tat weh. Es erklärt sich aber nicht zuletzt daraus, dass der charismatische Anführer der Unabhängigkeitsbewegung, Nnamdi Kanu, keine Möglichkeit auslässt, den Fulani jede Zivilität, ja Humanität abzusprechen.[11] Deutlich wird also, welche enorme Kraft politischer

Ethnizität innewohnt, insbesondere, wenn sie sich sowohl aus historischen Quellen wie dem Biafra-Krieg speist als auch aus der Erfahrung jahrzehntelanger Marginalisierung und Entrechtung.

Frantz Fanon: Dezentralisierung als Entwicklungsstrategie

Auch wenn ich die Frage politischer Ethnizität am Beispiel Nigerias erläutert habe, sollte nicht unter den Tisch fallen, dass seit ihrer Unabhängigkeit alle Länder Westafrikas mehr oder weniger intensive ethnische Spannungen erlebt haben: So betrachtet war es äußerst hellsichtig, dass sich die Unabhängigkeitsbewegungen bereits in den 1950er Jahren mit dem destruktiven Potential politischer Ethnizität auseinandersetzten. Ausgangspunkt war ihre Erfahrung, dass die Kolonialmächte überregionale Zusammenschlüsse der Bevölkerung absichtsvoll sabotierten. Die Kolonisierten sollten räumlich getrennt bleiben – ich habe das am Beispiel der Wahlen in Nigeria dargestellt. Als Gegengift sprachen sich die Unabhängigkeitsbewegungen für die Schaffung eines nationalen Bewusstseins aus, wobei als territorialer Bezugsrahmen für dieses neue Bewusstsein die Kolonien fungierten, nicht die vorkolonialen Gemeinwesen, deren territoriale Grenzen deutlich unschärfer waren. Berühmtheit erlangte das Bonmot von Samora Machel, dem ersten Präsidenten Mosambiks: «Damit die Nation leben kann, muss der Stamm sterben.»[12] Länder wie Guinea und Mali wickelten binnen kürzester Zeit das Häuptlingswesen ab, konkret ging es um die von den Kolonialmächten eingesetzten Häuptlinge. Diese galten nicht nur als loyale Parteigänger kolonialer Herrschaft, sondern auch als Propagandisten ethnischer Ideologie. Immerhin waren sie bzw. ihre Vorgänger einzig deshalb auf ihre Posten gelangt, weil sie sich den Kolonialherren als legitime Vertreter sogenannter Hauptethnien angedient hatten. Zudem traten sie als konservative Bremser in Erscheinung, ganz gleich ob es um erweiterte Mitspracherechte für die junge Generation oder neue Anbauverfahren in der Landwirtschaft ging. Doch diese und weitere Maßnahmen fruchteten nur punktuell. Das nationale Bewusstsein blieb allenfalls ein Projekt der in den Städten verankerten Unabhängigkeitsbewegungen. Und selbst die aus den Unabhängigkeitsbewegungen hervorgegangenen Präsidenten und Regierungschefs schreckten nicht davor zurück, Minister:innen und hohe Funktionäre nach ethnischen Kriterien zu rekrutieren. Entsprechend empört reagierten viele Zeitgenoss:innen, unter ihnen auch Frantz Fanon, der bereits in der Einleitung erwähnt wurde und der bis heute zu den bekanntesten Stimmen der afrikanischen Dekolonisation zählt. Fanon war Psychiater und Schriftsteller, er stammte von der Karibikinsel Martinique, war aber im algerischen Unabhängigkeitskampf engagiert. In seinem 1961 erschienenen Klassiker *Die Verdammten dieser Erde* schreibt Fanon, dass man «voller Ingrimm den erstaunlichen Triumph der ethnischen Gemeinschaften mitansehen» müsse, wie sie sich kurz nach der Unabhängigkeit in Lynchmobs gegen ausländische Kleinhändler:innen in Ghana, Senegal oder der Elfenbeinküste gezeigt hätten.

Doch Fanon wollte mehr. Er interessierte sich auch für die Ursachen dieser Konflikte, konkret hatte er zwei Aspekte im Auge: Zum einen sei der im Kolonialismus entstandene «Territorialismus» sträflich unterschätzt worden, also die ethnisch aufgeladene Verbundenheit mit bestimmten Regionen. Zum anderen habe ein fundamentaler Konflikt zwischen städtischer und bäuerlicher Bevölkerung für weitgehende Verwerfungen gesorgt. Denn aus Sicht der Städter:innen seien die ländlichen Massen nicht für das nationale Unabhängigkeitsprojekt mobilisierbar. Vielmehr würden sie «in Trägheit und Unfruchtbarkeit» dahindämmern, ohne Bereitschaft, ihre ethnisch ausgerichteten Trutzburgen zu verlassen. Fanon weist derartige Vorwürfe entschieden zurück. Die Städter:innen hätten nicht begriffen, dass die bäuerliche Bevölkerung trotz kolonialer Herrschaft in intakte Gemeinwesen eingebunden sei und daher nicht ohne weiteres an der Spitze eines Aufstandes stehen könne, ganz zu schweigen davon, dass es auch von ihrer Seite deutliche Vorbehalte gegenüber dem «Stadtmenschen» gäbe, wie Fanon mit unverstelltem Blick betont:

> «Da er wie ein Europäer gekleidet ist, seine Sprache spricht, mit ihm arbeitet und manchmal in seinem Viertel wohnt, wird er von den Bauern als ein Überläufer betrachtet, der alles, was das nationale Erbgut bildet, aufgegeben hat. Die Stadtmenschen sind ‹Verräter, Verkaufte›, die mit dem Okkupanten unter einer Decke zu stecken scheinen und im Rahmen des Kolonialsystems hochzukommen versuchen. Deshalb hört man die Bauern oft sagen, die Stadtmenschen hätten keine Moral. Wir haben es hier nicht mit dem herkömmlichen Gegensatz von Stadt und Land zu tun. Es handelt sich um den Gegensatz zwischen dem Kolonisierten, der von den Vorteilen des Kolonialismus ausgeschlossen ist, und demjenigen, der sich arrangiert, um von der kolonialen Ausbeutung zu profitieren.»

Fanon beschäftigt sich zwar mit der gesellschaftlichen Situation am Vorabend der Unabhängigkeit, seine Überlegungen reichen aber weit darüber hinaus. Wann immer ich in Westafrika in Dörfern unterwegs bin, erlebe ich das von Fanon geschilderte Spannungsverhältnis, so sehr sich die Rahmenbedingungen seit 1960 verändert haben mögen: Die Stadt gilt als wichtig, insbesondere im Kontext zirkulärer Migration. Gleichzeitig gibt es einen tief sitzenden Groll, ausgehend davon, dass die ländliche Bevölkerung seit der Kolonialzeit systematisch vernachlässigt, ja ausgepresst wird. Entsprechend weitgehend – und vor allem hochaktuell – sind die Schlussfolgerungen von Fanon, der 1961 mit gerade mal 36 Jahren an Leukämie starb. Er fordert, «die Hauptstadt zu entsakralisieren» und «das Hinterland zu privilegieren». Die Staatsangestellten dürften «sich nicht mehr sträuben, wenn von einer Verlegung ins ‹Innere› die Rede ist». Stattdessen gelte es, die Bevölkerung aktiv zu beteiligen, nur so könnten ethnische Spannungen überwunden werden. Dafür genüge es freilich nicht, «in belehrendem Ton von den großen Dingen des Tages zu sprechen». Wichtiger sei eine Dezentralisierung der Macht, die bäuerliche Bevölkerung müsse begreifen, «daß es keinen Demiurgen gibt, keinen berühmten und für alles verantwortlichen Mann, sondern daß das Volk der Demiurg ist»[13] – heute würden solche Empfehlungen als Empowerment bezeichnet werden.

Wie die Hauptstädte die Landbevölkerung entrechten

Fanons Thesen zur Dezentralisierung sind bemerkenswert. Sie zeigen, dass es bereits zum Zeitpunkt der Unabhängigkeit Beobachter:innen gab, die unmissverständlich darauf drängten, die Machtverhältnisse zwischen städtischen Zentren und ländlichen Regionen neu auszutarieren – lange bevor die meisten Länder Westafrikas in den 1990er Jahren Dezentralisierung zu einer ihrer zentralen innenpolitischen Zielsetzungen erklärten. Ich möchte daher auf Ousmane Sy zurückkommen, den bereits zitierten Ex-Minister für Dezentralisierung in Mali. Sy hat seit den 1970er Jahren als Wissenschaftler und Politiker mit ländlichen Gemeinden zusammengearbeitet, wie er in seinem 2009 veröffentlichten Buch *Vorwärts Afrika. Plädoyer für einen Wandel von unten* eindrucksvoll schildert. Auch er betrachtet Dezentralisierung als einen zentralen Schlüssel zur Bearbeitung der Vielfachkrise in Westafrika, allerdings aus einem völlig anderen Blickwinkel als Fanon. Letzterer ging von der Gefahr ethnischer Zersplitterung aus. Fanons Ziel lautete daher, mittels Dezentralisierung möglichst viele Ethnien für das nationale Projekt zu gewinnen und so ethnische Konflikte auszutrocknen. Demgegenüber kann Sy in sozialer und ethnischer Vielfalt keine Gefahr erkennen, wobei ausdrücklich betont sei, dass er das offene und flexible Verständnis von Ethnien aus der vorkolonialen Zeit im Auge hat, nicht das enge und starre, wie es von den Kolonialmächten propagiert wurde. Denn besagte Vielfalt sei seit Jahrhunderten das soziale Rückgrat Westafrikas, vor allem deshalb, weil sie mit einer Kultur korrespondiere, die auf dem «Respekt des Unterschieds» beruhe. Sy widerspricht auch der «absurden Logik des Vorrangs des Zentrums, das eint, über die Peripherie, die spaltet». Genau diese Vorrangstellung der Hauptstädte sei bis heute eines der wesentlichen Probleme. Sie habe seit der Unabhängigkeit dazu geführt, dass der Zentralstaat in Westafrika der ländlichen Bevölkerung wie eine «Besatzungsverwaltung» begegnet sei und «die Beziehungen und Methoden der Kolonialverwaltung» fortgesetzt habe. Und zwar mit dem Effekt, dass sich die bereits im Kolonialismus entstandene Entfremdung zwischen Zentralstaat und ländlicher Bevölkerung immer weiter vertieft habe.[14]

Zur Illustration schildert Ousmane Sy, wie sich in Mali die bäuerliche Bevölkerung in den ersten drei Jahrzehnten nach der Unabhängigkeit systematisch gegängelt sah. So wurden unter dem sozialistischen Präsidenten Modibo Keita (1960–1968) bäuerliche Haushalte zwangsweise in landwirtschaftlichen Kooperativen zusammengefasst. Da dies auf massiven Widerstand stieß, verlegte sich der malische Staat darauf, feste Produktionsvorgaben für Getreide- und Exportkulturen zu erlassen und ein striktes Vermarktungsmonopol einzurichten. Beides wurde mit Hilfe der Wirtschaftspolizei durchgesetzt, Sy spricht von «Demütigungen» und einem «Teufelskreis der Repression».[15] Unter dem Militärdiktator Moussa Traoré (1968–1991) wurden kollektivistische Ansätze aufgegeben. Stattdessen sollten die bäuerlichen Haushalte Intensivlandwirtschaft betreiben. Dafür wurden ihnen Saatgut, Kunstdünger und technische Geräte auf Kreditbasis zur Verfügung gestellt, auch Berater:innen kamen zum Einsatz. Doch dies schuf neue Probleme: Die Konzentration auf wenige Produkte widersprach dem seit jeher praktizierten Anbau von Mischkulturen, der aber zur Erhaltung der ohnehin fragilen Bodenqualität unverzichtbar war. Gleichzeitig mussten größere Flächen bewirtschaftet werden, um die höheren Kosten wieder reinzuholen. Genau hiermit hatten die bäuerlichen Haushalte wenig Erfahrung, sodass die Erträge pro Hektar wieder sanken. Darüber hinaus führte die Ausdehnung der Anbauflächen zur verstärkten Abholzung, was im hochsensiblen Ökosystem des Sahel das Vorrücken der Wüste einmal mehr forcierte.

Die Schilderungen von Sy passen gut zu dem, was aus anderen Ländern über die Zeit zwischen 1960 und 1990 berichtet wird. Aber nicht nur wirtschaftlich, auch politisch fühlte sich die bäuerliche Bevölkerung fremdbestimmt. Bereits die Auflösung des Häuptlingswesens sorgte für erhebliche Unruhe. Nicht wenige Dörfer und Regionen hatten mit dem kolonialen Arrangement Frieden geschlossen. Sie betrachteten ihre von den Kolonialmächten eingesetzten Häuptlinge bzw. deren Nachfolger als legitime Interessenvertreter, entsprechend beunruhigt waren sie, dass sich die neuen Verwaltungsstrukturen nachteilhaft auswirken könnten. Gleichzeitig war offenkundig, dass der Staat so gut wie nichts für die Entwicklung der ländlichen Gebiete tat. Er trat allenfalls in Erscheinung, wenn er eigene Interessen verfolgte, beispielsweise wenn es um Rohstoffe ging. Und daran hat sich wenig geändert, selbst in Mali nicht, wo unter Federführung von Sy 1998/99 erstmalig bei Kommunalwahlen 12 000 Gemeinderäte in 703 neu geschaffenen Gemeinden gewählt wurden. Denn die kommunalen Strukturen werden bis heute regelmäßig übergangen, wie Sy bei einer Videokonferenz im Dezember 2020 unumwunden einräumte. Hinzu kommt, dass die Zentralregierung einen Großteil der staatlichen Finanzen verwaltet und Kommunalpolitiker:innen daher kaum über eigene Gestaltungsmacht verfügen.

Was das bedeuten kann, habe ich 2014 bei einer Delegationsreise nach Falea erlebt. Die Region liegt im äußersten Südwesten Malis auf einem üppig bewachsenen Hochplateau im Grenzgebiet zu Senegal und Guinea. Bereits 1970 hat der französische Atomkonzern Areva – damals noch Cogema – in Falea Uran-, Kupfer- und Bauxitvorkommen entdeckt. 2007 erhielt die kanadische

Firma Delta Exploration von der malischen Regierung eine Konzession für den Abbau von Uran – ein Recht, das sie kurz darauf an die ebenfalls in Kanada registrierte Firma Rockgate Capital abtrat. Entgegen den gesetzlichen Bestimmungen wurden weder die Dorfältesten noch die gewählten Gemeinderäte über das Vorhaben informiert, geschweige denn ihre Zustimmung eingeholt. Vielmehr begann Rockgate Capital ohne weitere Rücksprache, im Abstand von 200 Metern Gesteinsproben aus bis zu 300 Meter tiefen Bohrlöchern zu holen und einmal pro Woche zur Erstellung einer geologischen Kartographie nach Südafrika auszufliegen. Gleichzeitig nahm die Verunsicherung unter der Bevölkerung zu. Tiere verendeten an nicht verschlossenen Bohrlöchern, aus denen uranhaltiges Wasser sickerte. Schweres Gerät beschädigte heilige Orte und Kultstätten. Später wurde sogar einer der Dorfbrunnen durch die für die Bohrungen verwendeten chemischen Präparate verunreinigt, sodass Frischwasser eigens in einem Tankwagen herbeigeschafft werden musste. Erst eine eigenständige Internetrecherche ehemaliger Bewohner:innen von Falea brachte 2010 Klarheit. Die Bevölkerung erfuhr, dass in ihrer Region die Erde im Übertagebau auf einer Fläche von 150 Quadratkilometern 300 Meter tief abgetragen und in Mühlwerken staubfein zermahlen werden soll, als Voraussetzung dafür, das Uran mittels Grundwasser und Säuren herauszufiltern. In Falea drohten also Verhältnisse, wie sie bereits seit 1968 aus den Uranminen in Niger hinlänglich bekannt sind: Mondlandschaften mit riesigen Abraumhalden, radioaktiv verseuchte Staubwolken und Absenkung des Grundwasserspiegels. Umso bezeichnender war, dass außer dem Bergbauministerium niemand in der malischen Regierung Bescheid wusste. Noch nicht einmal das für die Umwelt- und Sozialverträglichkeitsprüfung zuständige Umweltministerium war darüber im Bilde, dass in Falea die Existenzgrundlagen von rund 20000 Menschen zur Disposition standen. Überraschend wurde das Minenprojekt 2016 wegen des anhaltend niedrigen Weltmarktpreises für Uran bis auf weiteres eingestellt. Dabei dürfte auch der Umstand eine wichtige Rolle gespielt haben, dass die Bewohner:innen von Falea seit 2010 mit internationaler Unterstützung eine breite Protestkampagne auf die Beine gestellt hatten. Die für mich eindrücklichste Erinnerung an Falea ist der komplette Mangel an sozialer Infrastruktur, was auch insofern paradox erscheint, als Falea zur Region Kayes gehört, deren Goldindustrie 25 Prozent des malischen Staatshaushaltes erwirtschaftet. In einem der Dörfer berichteten die Bewohner:innen, dass ihre Schule wegen fehlender Lehrer:innen schon lange geschlossen sei. Noch nötiger bräuchten sie einen 15 bis 20 Meter tiefen Brunnen. Derzeit müssten die Frauen und Mädchen des Dorfes rund vier Kilometer zur nächsten Quelle im Wald laufen, wo sie aber regelmäßig von einer Affenhorde attackiert würden, die uns ebenfalls begegnet ist. Für Außenstehende ist schwer begreifbar, was solche Lebensumstände für die Betroffenen tatsächlich bedeuten. Sogar die Delegationsmitglieder aus Bamako zeigten sich empört darüber, in einem Land zu leben, wo der Staat derart wenig für seine Bürger:innen tut, gleichzeitig jedoch Konzessionen an internationale Bergbauunternehmen vergibt, die der Bevölkerung das wenige raubt, was ihr überhaupt zur Verfügung steht.

Die Umstände des geplanten Uranabbaus in Falea sind keineswegs ungewöhnlich, sie stehen stellvertretend für unzählige Beispiele aus den letzten Jahrzehnten. Denn in Westafrika werden der Bevölkerung seitens des Staates kaum effektive Mitsprache- und Klagerechte eingeräumt, insbesondere in der Peripherie, wo ja die Mehrheit der Menschen lebt. Gewiss, es gibt Wahlen, doch diese werden von vielen als Farce empfunden. Die Wahlbeteiligung ist meist sehr niedrig, nicht zufällig ist allenthalben von Fassadendemokratie die Rede. Und Gleiches gilt auch für die bislang erfolgten Reformen im Bereich der Dezentralisierung. Der Ansatz ist vielversprechend, doch den kommunalen Behörden fehlt jede Durchsetzungsfähigkeit, wie Falea auf bittere Weise bestätigt. Und das wiederum bedeutet, dass selbst solche Themen ohne echte Debatte entschieden werden, bei denen ausländische Interessen eine zentrale Rolle spielen – egal, ob es um Bergbau-Lizenzen, agrarindustrielle Ansiedlungen oder Militäreinsätze gegen Terrornetzwerke geht. Dieses grundlegende Demokratiedefizit begünstigt nicht nur gravierende Menschenrechtsverletzungen. Vielmehr muss die Bevölkerung auch ständig die Erfahrung machen, ignoriert, missachtet oder ausgebremst zu werden. Denn natürlich versuchen die Menschen alles, um sich Gehör zu verschaffen. Doch das verhallt, meist deshalb, weil die Betroffenen in Endlosschleife vertröstet oder mit nadelstichartiger Repression eingeschüchtert werden. Wer mit dieser Logik brechen möchte, muss das gesamtgesellschaftliche Projekt der Dezentralisierung vorantreiben, samt der Zielsetzung, die Komplizenschaft zwischen nationalen Regierungen und ausländischen Akteuren zugunsten einer echten demokratischen Teilhabe zu überwinden.

Der Territorialstaat als uneingelöstes Versprechen

Ein Punkt ist in diesem Zusammenhang noch offen, er kommt in Europa bei öffentlichen Veranstaltungen und Debatten regelmäßig zur Sprache. Danach müssten die massiven Spannungen zwischen Peripherie und Zentrum als Ausdruck davon begriffen werden, dass auf dem afrikanischen Kontinent nicht nur der Territorialstaat gescheitert sei, sondern auch die von den Kolonialmächten gezogenen Grenzen. Umso ausdrücklicher möchte ich betonen, dass in Westafrika seit der Unabhängigkeit Grenzen nur äußerst selten in Frage gestellt wurden, schon gar nicht durch Sezessionsbewegungen. Wichtigste Ausnahme waren der Biafra-Krieg in Nigeria und der jüngste Tuareg-Aufstand in Mali. Denn aus Sicht der Bevölkerung sind nicht die Grenzen das Problem, sondern der Umstand, dass in den Hauptstädten politische Eliten das Sagen haben, die es aus unterschiedlichen Gründen nicht schaffen, ihre Territorien angemessen zu verwalten. Entsprechend fordern die meisten Menschen eine grundlegende Reform staatlicher Institutionen, nicht jedoch eine Auflösung des westafrikanischen Staatensystems – einfach weil sie ganz genau wissen, dass sich auch in neu zugeschnittenen Territorien die grundlegenden Probleme rund um Bildung, Gesundheit, Verkehr, Sicherheit, Wasser, Energie, Land etc. stellen würden. Der Territorialstaat wird insofern von vielen als eine Art uneingelöstes Versprechen empfunden. Konsequenz ist, dass insbesondere im Sahel seit den 2010er Jahren eine gewisse Bereitschaft entstanden ist, radikalen Islamisten das Ruder zu überlassen – etwa im Justizwesen, das vielerorts derart korrupt und dysfunktional ist, dass es weder im zivil- noch strafrechtlichen Bereich gelingt, Rechtsfrieden zu erzielen. Doch dies wird lediglich als vorübergehender Kompromiss empfunden, auch mit Blick darauf, dass die Herrschaft der Islamisten im Alltag mit massiven Einschränkungen verbunden ist, etwa dem Verbot von Musik, rigiden Kleidervorschriften oder Diskriminierung von Frauen. Und Ähnliches trifft auch auf jene (halb-)nomadisch lebenden Bevölkerungsgruppen wie die Tuareg oder Fulbe zu, deren ursprüngliche Siedlungsgebiete durch die Entstehung unabhängiger Staaten zerschnitten wurden. Auch sie fordern keinen Rückzug des Staates, was ja bedeuten würde, dass es noch weniger mobile Schulen, Krankenstationen oder Veterinärteams gäbe. Sie fordern vielmehr, dass sie in ihren Bewegungen nicht eingeschränkt oder schikaniert werden, was aber gerade beim grenzüberschreitenden Pastoralismus regelmäßig geschieht. Kurzum: An dieser Stelle möchte ich dafür plädieren, genauer hinzugucken, anstatt den Menschen Ansichten in den Mund zu legen, die sie in dieser Form überhaupt nicht vertreten.

Zur politisch-mentalen Verfasstheit der Unabhängigkeitseliten

Das vorliegende Kapitel legt weite Wege zurück, ich möchte daher das bislang Gesagte kurz rekapitulieren: Ausgangspunkt war die Frage nach den Ursprüngen schlechter Regierungsführung. Dazu habe ich zunächst gezeigt, wie die Kolonialmächte die vorkolonialen politischen Systeme zerstört und durch eigene Strukturen ersetzt haben, unter Einbeziehung solcher afrikanischer Institutionen, die zur Kollaboration mit den Europäer:innen bereit waren. Von dort bin ich sodann zu zwei Problemkomplexen gelangt, die beide eine Folge kolonialer Herrschaft sind und die bis heute das politische Geschehen in Westafrika maßgeblich beeinflussen: einerseits die Ethnisierung politischer Konflikte, andererseits das Spannungsfeld zwischen zentralen und dezentralen Formen von Staatlichkeit. Auf dieser Basis möchte ich nun zu dem wohl frappierendsten Phänomen des gesamten Unabhängigkeitsprozesses kommen, nämlich zur Frage, wie es überhaupt passieren konnte, dass die Unabhängigkeitsregierungen – und viele ihrer Nachfolger – die Interessen ihrer eigenen Bevölkerung nahezu permanent verletzt haben. Denn es würde zu kurz greifen, Korruption, Skrupellosigkeit oder Gewalt einzig mit den schwierigen Ausgangsbedingungen zum Zeitpunkt der Unabhängigkeit zu erklären. Dagegen spricht vieles, nicht zuletzt der Umstand, dass Frantz Fanon bereits 1961 mit den neuen Eliten ausgesprochen hart ins Gericht gegangen ist. Also zu einem Zeitpunkt, als die Unabhängigkeit der meisten westafrikanischen Länder gerade einmal seit einem Jahr bestand – lediglich Ghana und Guinea hatten zwei bzw. drei Jahre Vorsprung: «Manche [Angehörige der Unabhängigkeitsregierungen – O. B.] fressen an mehreren Krippen und erweisen sich als brillante Spezialisten des Opportunismus. Die Schiebungen häuften sich, die Korruption triumphiert, die Sitten verfallen. Die Raben sind heute zu zahlreich und zu gefräßig für die magere nationale Beute.»[16] Um diesen Verrat an den eigenen Idealen besser nachvollziehen zu können, ist es erforderlich, die Entstehungsgeschichte der Unabhängigkeitseliten im Kolonialismus zu betrachten: Wer waren ihre Träger:innen, wovon waren sie geprägt, was waren ihre Ziele? Kurz: Wie sah ihre mentale und psychologische Verfasstheit zum Zeitpunkt der Unabhängigkeit aus? Eine detaillierte Beantwortung dieser Fragen würde zu weit führen, sie würde auch längere Persönlichkeitsstudien erforderlich machen. Ich möchte allerdings vier analytische Eckpunkte skizzieren, die das auf den ersten Blick kaum begreifliche Verhalten der Unabhängigkeitseliten zumindest grundsätzlich nachvollziehbar machen.

Zwischen Anpassung und Selbstabwertung: Die ökonomische und politische Unterwerfung Afrikas ging von Anfang an mit gezielten Angriffen auf die soziale und kulturelle Identität der Bevölkerung einher. Insbesondere die Missionsschulen sorgten dafür, dass Ehrgeiz, Drill und Leistungswettbewerb Einzug in den Alltag der Menschen erhielten, mit ähnlichen Individualisierungseffekten, wie sie aus der zeitgleich aufgezwungenen Geldwirtschaft bekannt waren. Zudem torpedierten die Kolonialmächte viele jener Institutionen und Traditionen, die eine entscheidende Rolle für den sozialen Zusammenhalt der Menschen spielten. Hierzu gehörte nicht nur der Raub von Kunst- und Kulturgegenständen. Auch Praktiken wie Polygamie, Brautgeschenke, Animismus, religiöse Kulte oder Initiationsriten wurden offensiv in Frage gestellt, mitunter verboten. Die Bevölkerung wehrte sich vehement, nicht selten mit Erfolg – eine Feststellung, die unabhängig davon zu treffen ist, dass bestimmte Praktiken wie Beschneidung oder Bestrafung vermeintlicher Hexen als handfeste Menschenrechtsverletzungen zu werten sind. Umgekehrt gab es bereits früh einzelne Familien, Dörfer oder Ethnien, die bereitwillig auf den Kurs der Kolonialmächte einschwenkten. Und genau dies hat im sozialen Gefüge Westafrikas Bruchlinien gestiftet, die die Gesellschaften bis heute als eine Art Dauerbeben erschüttern. So berichtet Amadou Hampâté Bâ in seinen Lebenserinnerungen, dass sich bestimmte

Bevölkerungskreise einzig deshalb zu Höherem berufen fühlten, weil sie zu einem früheren Zeitpunkt als andere mit weißen Europäer:innen in Kontakt gekommen waren. Ahmadou Kourouma bestätigt diesen psychologischen Mechanismus. In seinem bereits zitierten Roman *Monnè. Schmach und Ärger* schildert er sarkastisch, dass nach dem Ersten Weltkrieg selbst schwer versehrte Kriegsteilnehmer mit einem Überlegenheitsdünkel zurückkehrten: «Ihre Worte waren gespickt von Lobreden, Lügen und Wundergeschichten. Sie taten so, als hätten sie innerhalb von zwei Jahren unsere Dialekte und unsere wilden Verhaltensweisen vergessen, wie etwa mit der Hand zu essen, barfuß zu gehen, sich hinter den Büschen zu erleichtern, sich mit Blättern abzuwischen und mit den Fingern zu schnäuzen. Sie waren Fremde geworden [...].»[17] Diese Beispiele zeigen, dass sich Afrikaner:innen im frühen Stadium der Kolonisierung nur unter der Bedingung positiv auf die Kolonialmächte beziehen konnten, dass sie auch deren verächtlichen Blick auf die afrikanischen Gesellschaften verinnerlichten. Die daraus hervorgegangene Selbstabwertung ist oft beschrieben worden, auch im Kontext der französischen Strategie, die Zuerkennung staatsbürgerlicher Rechte von bestimmten Assimilierungsleistungen an die französische Kultur abhängig zu machen.

Mit dem Aufkommen der Unabhängigkeitsbewegungen seit den 1920er Jahren veränderte sich die Lage grundlegend. Nun wuchs die Zahl derer, für die der Erwerb westlicher Bildung oder die Mitarbeit im Regierungs- und Verwaltungsapparat der Kolonialmächte nicht automatisch mit einer Unterwerfung unter europäische Wertvorstellungen einherging, sondern einen Befreiungsakt darstellte, um die Kolonialherr:innen selbstbewusster herauszufordern. Gleichwohl ist unübersehbar, dass Ambivalenzen fortbestanden: Die Protagonist:innen der Unabhängigkeitsbewegungen kämpften zwar für größere Mitspracherechte, manche proklamierten auch frühzeitig die vollständige staatliche Souveränität, das änderte aber nichts am dominanten Auftreten gegenüber der ländlichen Bevölkerung, von dem bereits ausführlich die Rede war. Denn der städtische Chauvinismus hatte mehrere Wurzeln, insbesondere den Wunsch, sich möglichst stark vom ländlichen Leben abzugrenzen, mit dem die meisten persönlich noch eng verbunden waren. Umso irritierender ist, dass diese Haltung bis heute nachklingt, selbst bei Vertreter:innen zivilgesellschaftlicher Organisationen. Die für mich eindrücklichste Situation habe ich 2017 in Mali erlebt. Damals griff in einem von Landraub betroffenen Dorf der malische Repräsentant einer internationalen Nichtregierungsorganisation (NGO) den Dorfchef scharf an, weil dieser seinen Aufgaben vermeintlich nicht nachgekommen sei. Der Dorfchef war steinalt und erblindet, allein deshalb verstieß das Vorgehen des 40 Jahre jüngeren NGO-Mitarbeiters gegen sämtliche kulturellen Gepflogenheiten. Die Berater des Dorfchefs baten mehrfach um Mäßigung, auch der Griot schritt ein, also jener Sänger, der die Geschichte einzelner Familien, Dörfer oder Ethnien in mündlichen Darbietungen nacherzählt. Doch ohne Erfolg, der NGO-Vertreter hatte sich in Rage geredet. Die Dorfbewohner:innen reagierten prompt und erteilten dem Provokateur ein unbefristetes Zutrittsverbot zu ihrem Dorf.

Nur wer die Summe dieser seit über 100 Jahren andauernden Ungerechtigkeiten und Demütigungen ernst nimmt, wird begreifen, weshalb sowohl der Staat als auch zivilgesellschaftliche Organisationen bei der bäuerlichen Bevölkerung in Westafrika in den letzten Jahrzehnten zunehmend an Vertrauen eingebüßt haben. Als ich 2012 mit einer afrikanisch-europäischen Delegation erstmalig die Vorläuferorganisation der bäuerlichen Basisgewerkschaft COPON besuchte, mit der ich seitdem eng zusammenarbeite, schlug uns in den ersten Tagen große Skepsis entgegen. Die Situation entspannte sich erst, als wir bei sengender Hitze einen sechs Kilometer langen Fußmarsch zu den Reisfeldern unternommen hatten. Denn so etwas täten Besucher:innen aus der Hauptstadt gemeinhin nie, hieß es später. Sie kämen allenfalls mit dem Auto oder träfen sich in der nächstgrößeren Stadt mit den Dorfbewohner:innen. Genau dieses von Desinteresse und Verächtlichkeit geprägte Verhältnis beklagte ein älteres Mitglied der COPON anlässlich einer Protestkundgebung im Februar 2021 in Kourouma. In einer langen Brandrede mit vielen rhetorischen Fragen kritisierte Abdolaye Dembélé, dass die politische Klasse die Landbevölkerung seit jeher als bloßes Stimmvieh für Wahlen missbrauche, ansonsten aber untätig bleibe. Anlass für seine auf Youtube dokumentierte Intervention war der Umstand, dass in der Nähe seines Dorfes Funktionäre des Staates frisch erschlossenes Bewässerungsland unterschlagen hatten, das eigentlich für ortsansässige Familien vorgesehen war:

> «Die Felder, die angeblich für uns Bauern aufbereitet wurden, keines davon wurde an uns vergeben […]. Und die Beamten […], sie verkauften die Felder und machten nicht mal ein Geheimnis daraus! Das hast Du gesehen? Na klar! Wer zehn Jahre Esel antreibt, versteht zwar nicht ihre Sprache, kennt aber all ihre Wege. […] Wer von der politischen Elite ist denn hier bei uns in Niono? Wen habt Ihr gesehen? Niemanden! Diese leeren Versprechungen: Wenn sie an der Macht wären, würden sie dies oder das machen! Das ist doch nur Geschwafel! Bevor man einem Hungernden mit einem Fisch Luft zufächelt, sollte man ihm doch davon eine Suppe kochen! […] Dass wir Armen keinen Zugang zur Bildung haben, hilft den Politikern nur, das Land für sich selbst zu verbraten. Es sind nicht die Dschihadisten, es ist das politische System, was uns aussaugt. Würde man das politische System zerlegen, die ganzen Parasiten und den Dreck entfernen, wäre der Dschihadismus vorbei. Absolut!»[18]

Verlust der eigenen Mitte: Es war Frantz Fanon, der als einer der Ersten das im Kolonialismus geborene Phänomen der Selbstentfremdung aus einer psychologischen Perspektive näher beleuchtete. Bereits in seiner 1952 erschienenen Dissertation *Schwarze Haut, weiße Masken* heißt es, dass der Kolonisierte «desto weißer sein wird, je stärker er seine Schwarzheit, seinen Busch verleugnet».[19] In seinem letzten Werk *Die Verdammten dieser Erde* nimmt Frantz Fanon diesen Faden wieder auf, allerdings aus einer überwiegend soziologischen Perspektive: Der Kolonisierte lerne, «auf seinem Platz zu bleiben, die Grenzen nicht zu überschreiten». Und das wiederum gehe mit einer in den «Muskeln sitzenden Aggressivität» einher, sodass angepasste Aufsteiger zwar den Platz des Kolonialherren einnehmen wollten, nicht aber das Kolonialsystem überwinden: «Der kolonisierte Intellektuelle lässt seine Aggressivität dem kaum verhüllten Willen zugute kommen, sich der kolonialen Welt anzupassen. Er stellt seine Aggressivität in den Dienst seiner eigenen, seiner individuellen Interessen. So entsteht leicht eine Klasse von individuell befreiten Sklaven, von Freigelassenen.»[20] Auch diese Formulierung ist von großer Weitsicht geprägt. Denn die Dominanz der westlichen Lebens- und Konsumweise hat nach der Unabhängigkeit weiter zugenommen, insbesondere in der städtischen Bevölkerung. Umgekehrt verfügen bis heute nur die wenigsten Menschen über die finanziellen Mittel, um daran ernsthaft teilzuhaben. Folge ist, dass der Kampf um knappe Ressourcen immer wieder rabiat und rücksichtslos ausgefochten wird. Eine besondere Rolle spielt der Zugang zu Regierungsämtern und hohen Verwaltungsposten, denn sie eröffnen die Möglichkeit zu Korruption und Unterschlagung. Bei näherer Betrachtung sind auch Migrant:innen in diese Dynamiken verstrickt, vor allem jene, die den Kontinent verlassen wollen. Sie agieren nicht aggressiv, aber ihre Perspektivlosigkeit ist nicht selten ein Echo jener Haltung, die jeden Glauben an ein Vorwärtskommen in Afrika verloren hat. Individuell ist das absolut nachvollziehbar, und das umso mehr, als viele Migrant:innen ihre Familien finanziell unterstützen. Dennoch sollten migrantische Lösungsstrategien nicht den Blick für die Notwendigkeit verstellen, auch Antworten auf jene

Problematiken zu finden, über die der senegalesische Ökonom Felwine Sarr unermüdlich spricht:

> «Die von Fanon vorgelegte Darstellung dieses entfremdeten Bewusstseins bleibt zutreffend und aktuell. Ein gestörtes Verhältnis zum anderen, in erster Linie zum ehemaligen Kolonisator, das sich schwer tut, zu einer von Horizontalität und Wechselseitigkeit geprägten Beziehung überzugehen. [...] Ein pathologischer Verlust der eigenen Mitte, eine Abwesenheit seiner selbst, die sich in der Unfähigkeit zeigt, Dinge eigenständig zu bedenken, zu beurteilen und zu bewerten.»[21]

Gewiss, Sarr wählt harsche Worte, aber sie zeigen, was Gesellschaften widerfahren kann, die von außen unter permanentem wirtschaftlichem Druck stehen, im Inneren jedoch von Eliten dominiert werden, die den afrikanischen Kontinent längst preisgegeben haben. Umso wichtiger ist es, an die im fünften Kapitel vorgestellten jugendlichen Protestbewegungen anzuknüpfen. Ich bin Mitglied mehrerer Whatsapp-Gruppen, an denen überwiegend Menschen aus westafrikanischen Ländern teilnehmen. Sämtliche dieser Gruppen sind thematisch auf Aktivitäten in den Bereichen Migration, Landwirtschaft, Demokratisierung und Frauenrechte bezogen. Und das bedeutet auch, dass ich alle zwei bis drei Tage eine Nachricht erhalte, die einzig um die Feststellung kreist, dass die heutige Jugend Westafrikas nicht mehr bereit sei, die Vormachtstellung europäischer Länder klaglos hinzunehmen. Besonders beliebt sind Videos mit Ausschnitten aus Talkshows oder Reden, in denen westliche Gleichgültigkeit, Dominanz und Doppelzüngigkeit attackiert werden. Hauptzielscheibe ist Frankreich, insbesondere seine militärisch flankierte Einflusspolitik in West- und Zentralafrika. Eine ebenfalls prominente Rolle spielen Zitate der antikolonialen Klassiker, beispielsweise von Aimé Césaire, der in seinem 1955 erschienenen Essay *Über den Kolonialismus* einen Perspektivwechsel vollzogen und sich intensiv mit den Auswirkungen kolonialer Herrschaft auf das Denken und Empfinden europäischer Gesellschaften beschäftigt hat:

> «Man müsste zunächst einmal untersuchen, wie die Kolonisation darauf hinarbeitet, den Kolonisator zu *entzivilisieren*, ihn im wahrsten Sinne des Wortes zu *verrohen* [Hervorhebungen im Original], ihn zu entwürdigen, verschüttete Instinkte – Begehrlichkeit, Gewalttätigkeit, Rassenhass, moralischen Relativismus – in ihm zu wecken, und müsste zeigen, [...] dass am Ende dieses ermutigten Rassendünkels, dieser zur Schau getragenen Großmäuligkeit in die Adern Europas Gift eingesickert ist und die langsame, aber sichere Ausbreitung der *Verwilderung* des Kontinents eingesetzt hat.»[22]

Zur Kontinuität despotischer Macht: Despotismus ist einer der schillerndsten Begriffe in der Analyse kolonialer Herrschaft. Er beschreibt nicht nur Machttechniken, sondern auch den energetischen Gehalt von Macht und ist somit ein wichtiger Baustein, wenn es um das Verständnis der mentalen Verfasstheit der Unabhängigkeitseliten geht. Zur Illustration sei auf die französischen Kolonien verwiesen. Dort waren es die Bezirkskommandanten, auf die die koloniale Herrschaft gänzlich zugeschnitten war. Ihre Machtfülle war enorm, daran lässt auch Amadou Hampâté Bâ keinen Zweifel, bei aller Ironie, die seine Texte durchzieht: «Ein Bezirkskommandant zu Pferde war wie eine strahlende Sonne im Zenit.» Ihm musste unterwürfig begegnet werden, denn er verkörperte «die gesamte französische Obrigkeit im Kleinformat».[23] Im Kern stützte sich die Macht der Bezirkskommandanten auf das Indigénat, eine Sammlung von Dekreten, die das Leben der Kolonisierten extrem reglementierte. Eine demokratische Kontrolle der Bezirkskommandanten erfolgte nicht, bei Gerichtsverhandlungen fungierten sie als Ankläger, Richter und Vollstrecker in einem, Einspruch konnte nur unter sehr spezifischen Voraussetzungen erhoben werden. Umso verhängnisvoller war, dass beim Übergang zur Unabhängigkeit kein echter Bruch mit diesem Herrschaftsmodus vollzogen wurde. Im Gegenteil, auch die Unabhängigkeitsregierungen gestatteten sich weitreichende Machtbefugnisse. Mehr noch, sie agierten häufig im despotischen Geist, den sie nicht nur als Unterworfene, sondern auch als Mitarbeiter:innen und Politiker:innen innerhalb der kolonialen Hierarchie umfassend kennengelernt hatten. Beispielsweise Léopold Sédar Senghor: Der Dichter und langjährige Präsident Senegals gehörte zwar zu den Begründern der Négritude, einer antikolonialen Befreiungsphilosophie, dennoch unterrichtete er nach dem Zweiten Weltkrieg in Frankreich an einer Ausbildungsschule für Kolonialbeamte. 1968 ließ er im Rahmen seines autoritären Einparteienregimes Proteste von Arbeiter:innen, Student:innen und erwerbslosen Jugendlichen brutal niederschlagen, was auch international für Aufsehen sorgte. Als ihm im gleichen Jahr der Friedenspreis des deutschen Buchhandels verliehen wurde, kam es in Frankfurt zu wütenden Protesten der damaligen Außerparlamentarischen Opposition, die Léopold Sédar Senghor als neokolonialen Statthalter Frankreichs anprangerte.

Ich selbst habe vom staatlichen Despotismus mehr verstanden, als ich in Mali Vertreter der bäuerlichen Basisgewerkschaft COPON zu Gesprächen mit der staatlichen Verwaltung begleitete. Denn dort sah ich, wie stolze Bauern ins Stottern gerieten, auch in ihrer eigenen Muttersprache Bambara. Genau das wollten die Funktionäre des Staates: Sie präsentierten sich großzügig, mimten Verständnis, drohten aber auch unverhohlen. 2016 war ich dabei, als in Ségou zwei hohe Funktionäre des Staates 20 Minuten lang den Vorsitzenden der COPON buchstäblich niederbrüllten. Einzige Botschaft ihrer Tirade: «Was bildet ihr euch ein, wer seid ihr überhaupt? Das Sagen haben wir!» Für Außenstehende wirkte die Szenerie surreal, aber es war eine brachiale Machtdemonstration. Seit der Unabhängigkeit hat sich der Despotismus in ganz verschiedenen Lebensbereichen eingenistet, wobei im Alltag der Menschen das Verhalten der Polizei mit am relevantesten sein dürfte. Denn diese tritt in vielen Ländern Westafrikas als Wegelagerer auf. Das hat mit schlechter Bezahlung und Ausstattung zu tun, aber auch mit despotischer Gesinnung. Ich habe es dutzende Male erlebt, wie Polizist:innen willkürlich Strafzahlungen von Verkehrsteilnehmer:innen erpressten. In Mali sollten wir 2018 innerhalb von 20 Minuten an zwei Polizeiposten einen ganzen Monatslohn bezahlen, weil wir unseren defekten Kleinbus abschleppen ließen. Was die Ordnungswidrigkeit war, konnte uns freilich keiner der Polizisten erklären. In der Elfenbeinküste hat die Verwaltung der Millionenmetropole Abidjan Konsequenzen gezogen und eine zivil ermittelnde Sondereinheit eingerichtet, deren einzige Aufgabe darin besteht, das Verhalten von Polizist:innen an Polizeiposten zu überwachen. Am schlimmsten dürfte die Situation in Nigeria sein, dort ist die Polizei für ständige Schikanen, Raubüberfälle und sogar Morde verantwortlich. Ende 2020 kam es im gesamten Land zu Massenprotesten gegen SARS, eine berühmt-berüchtigte Spezialeinheit der Polizei, die mittlerweile aufgelöst wurde. Hintergrund ist, dass 76 Prozent der nigerianischen Bevölkerung kein Vertrauen in die Polizei haben. Gleichzeitig müssen 77 Prozent derer, die die Polizei von sich aus zu Hilfe rufen, Geld bezahlen, bevor diese tätig wird.[24] Beobachter:innen führen die exzessive Polizeigewalt in Nigeria auf das gewalttätige Gebaren der britischen Kolonialmacht zurück. Der nigerianische Historiker Toyin Falola hat hierzu ein faszinierendes Buch geschrieben (*Colonialism and Violence in Nigeria*), es endet mit dem deprimierenden Fazit, dass Gewalt bis heute die Beziehungen zwischen Staat und Bevölkerung maßgeblich bestimmt.[25] Dennoch sollten spezifische Rahmenbedingungen nicht aus dem Blick geraten. So war die Spezialeinheit SARS 1992 gegründet worden, nachdem im Zuge der IWF-Strukturanpassungsprogramme nicht nur die Armuts-, sondern auch die Kriminalitätsraten explodierten. Außerdem haben die ständigen

Militärputsche einer Brutalisierung der Sicherheitskräfte erheblich Vorschub geleistet.

Soziale Spaltungen vor und nach der Unabhängigkeit: 1968 löste der malische Schriftsteller Yambo Ouologuem mit seinem Debütroman *Das Gebot der Gewalt* einen politischen Skandal aus. Denn er hatte etwas getan, was kurz nach der Unabhängigkeit als unbotmäßig galt: Anhand des fiktiven Savannenreiches Nakem erinnert er in ungewöhnlich drastischer Sprache daran, dass die vorkoloniale Geschichte Westafrikas keineswegs ein friedliches Eldorado war, auch was die Kollaboration mit den Europäer:innen seit der Sklaverei betrifft. Der Roman ist längst zum Klassiker geworden, trotz zwischenzeitlicher Plagiatsvorwürfe. Sein Verdienst liegt vor allem darin, für die Dimension politischer Herrschaft und sozialer Ungleichheit in der Geschichte Westafrikas sensibilisiert zu haben. Und das gilt natürlich auch für die Unabhängigkeitsbewegungen, die keineswegs homogen waren, sondern unterschiedliche Interessenlagen und Mentalitäten zum Ausdruck brachten. Konkret lagen zwei Hauptströmungen im Wettstreit: Einerseits Konservative, wozu insbesondere Häuptlinge, Geschäftsleute und Rechtsanwälte zählten. Ihr Ansinnen war es, zusammen mit der jeweiligen Kolonialmacht einen möglichst reibungslosen Übergang zur Unabhängigkeit zu erreichen, in erster Linie um etablierte Besitzstände nicht zu gefährden. Andererseits radikalere Kräfte, die sich vornehmlich aus Lehrer:innen, Journalist:innen und Angestellten zusammensetzen. Sie waren eng mit diversen Streikbewegungen und Aufständen in den 1940er Jahren verbunden, zudem drängten sie auf einen möglichst vollständigen Rückzug der Kolonialmächte. Das ist der Grund, weshalb die Unabhängigkeitsprozesse in den einzelnen Ländern völlig unterschiedlich verliefen. In Westafrika waren es vor allem zwei Persönlichkeiten, die diese Differenzen in Reinform verkörperten: In Guinea Sékou Touré, der – wie schon beschrieben – als radikaler Gewerkschafter eine frühe und komplette Unabhängigkeit von Frankreich durchsetzte, allerdings rasch zum Autokraten mutierte. In der Elfenbeinküste Félix Houphouët-Boigny, Arzt und wohlhabender Pflanzer, der als junger Politiker gegen die algerische Unabhängigkeitsbewegung polemisierte und sich lange gegen eine vollständige Loslösung von Frankreich stemmte.

8.

Fluchtursachen: Zwischenbilanz und Ausblick

Fachkommission Fluchtursachen der Bundesregierung

Die Beschäftigung mit Fluchtursachen ist nicht neu, in der EU findet sie seit den 1990er Jahren statt. Dabei ging es stets um die Dichotomie, die ich bereits im sechsten Kapitel anhand der frühen Entwicklungsdebatten skizziert habe: Während die einen vor allem interne Missstände in den Herkunftsländern betonen und dies mit der These fehlender Modernisierung verbinden, rücken andere äußere bzw. globale Ungleichheiten ins Zentrum der Aufmerksamkeit. Insofern durfte die Öffentlichkeit gespannt sein, wie sich die von der Bundesregierung im Juli 2019 eingesetzte *Fachkommission Fluchtursachen* äußern würde. Denn das Gremium war mit 24 unabhängigen Expert:innen aus Wissenschaft, Nichtregierungsorganisationen, Wirtschaft und internationalen Organisationen ungewöhnlich heterogen zusammengesetzt, unter ihnen Cornelia Füllkrug-Weitzel, ehemalige Präsidentin von Brot für die Welt, und Boniface Mabanza Bambu, kongolesischstämmiger Philosoph und Theologe, der in Deutschland seit vielen Jahren zu den profiliertesten Kritiker:innen europäischer Handels- und Rohstoffpolitik gehört. Umso ernüchternder fielen die im Mai 2021 präsentierten Ergebnisse aus. In der für die öffentliche Wahrnehmung ausschlaggebenden zehnseitigen Kurzfassung des Abschlussberichts ist lediglich zwischen den Zeilen vorsichtige Selbstkritik an westlicher Interessenpolitik zu lesen. Anders die 220-seitige Langversion, hier gibt es Kapitel, die streckenweise wie die Studie einer kritischen Nichtregierungsorganisation wirken. So ist von der fatalen «Rohstoffexportabhängigkeit» in vielen Ländern des globalen Südens die Rede. Kritisiert wird, dass «von den Einnahmen [aus den Rohstoffexporten – O. B.] nur wenige Personen, Gruppen oder ausländische Konzerne profitieren» und dass «mit dem Abbau Landraub und die Zerstörung natürlicher Lebensgrundlagen einhergehen.»[1] Und doch fällt auch die Langversion halbherzig aus, das Ungesagte überwiegt bei weitem, was sicherlich nicht den kritischen Köpfen innerhalb der Kommission anzulasten ist. Entsprechend ungeerdet wirken viele der Handlungsempfehlungen. Denn ein ernsthafter Abgleich mit der Realität erfolgt nicht. Beispielsweise wird der Förderung kleinbäuerlicher und ökologischer Landwirtschaft viel Raum gewidmet, was von großer Bedeutung ist, gerade im Lichte der Klimakrise. Aber nirgendwo wird darauf eingegangen, dass bäuerliche Haushalte mit Exportprodukten wie Baumwolle oder Kakao keine existenzsichernden Einkommen auf den Weltmärkten erzielen können oder dass Europa im Rahmen der *Allianz für eine grüne Revolution in Afrika* (AGRA) die Ausbreitung agrarindustrieller Produktionsmethoden in verschiedenen afrikanischen Ländern massiv fördert. Kurzum: Der Bericht ist allenfalls ein weiterer Schritt auf einem langen und steinigen Weg, was auch daran ablesbar ist, dass er sich mit vielen vergleichbaren Dokumenten deckt, die ebenfalls ohne weitergehende Selbstkritik auskommen, etwa der *Marshallplan mit Afrika* des Ministeriums für wirtschaftliche Zusammenarbeit und Entwicklung (2017), die *Afrikapolitischen Leitlinien* der Bundesregierung (2019) oder das *Cotonou-Folgeabkommen* der EU (2020). In diesem Sinne möchte ich nunmehr die aus meiner Sicht fünf wichtigsten Eckpunkte einer kritischen Beschäftigung mit Fluchtursachen zusammenfassen – einerseits als Zwischenfazit, andererseits als programmatische Grundlage für die danach kommenden Kapitel.

Programmatische Eckpunkte zur Analyse von Fluchtursachen

Unmittelbare und mittelbare Fluchtursachen: Wenn es um Fluchtursachen geht, werden häufig Tableaus mit mehr oder weniger ausführlichen Listen von Fluchtursachen erstellt. Das Spektrum reicht von Menschenrechtsverletzungen über ungerechte Handelspolitik bis hin zu Klimawandel oder Krieg. Das ist nicht falsch, dennoch ist es erforderlich, zwischen unmittelbaren und mittelbaren Fluchtursachen zu unterscheiden. Die Differenzierung erschließt sich nicht auf den ersten Blick, ist aber wichtig. Beispielsweise kann die Gewalteskalation im Sahel für all jene Menschen zur unmittelbaren Fluchtursache werden, die mitten in einer der Konfliktzonen leben – etwa im Nordosten Nigerias oder im Zentrum Malis. Betroffen sind meist ländliche Haushalte, die in ökonomischer Hinsicht derart arm sind, dass sie allenfalls zu Verwandten in die nächstgrößere Stadt oder in ein nahegelegenes Flüchtlingslager gehen können, nicht aber ins Ausland, ganz zu schweigen von Europa. Die Gewalteskalation im Sahel kann aber auch zur mittelbaren Fluchtursache werden. In diesem Fall sind alle Menschen eines Landes betroffen, auch jene, die mehrere hundert Kilometer entfernt in der Hauptstadt leben. Hintergrund ist, dass Bürgerkriege die ökonomischen Kreisläufe eines Landes enorm belasten, und hierzu gehören auch die öffentlichen Haushalte. So sanken 2015 die Steuereinnahmen in den nigerianischen Bundestaaten Benue und Kaduna aufgrund der Zusammenstöße zwischen Viehhirten und Ackerbauern um 47 Prozent. Gleichzeitig wenden Länder wie Nigeria, Burkina Faso oder Mali 15 bis 30 Prozent ihres Staatshaushaltes für den Kampf gegen dschihadistische Terrorgruppen auf. Deutlich wird also, dass Gewaltkonflikte wie Bleigewichte ganze

Gesellschaften nach unten ziehen. Und das wiederum hat Auswirkungen auf Migration. Denn die wirtschaftliche Dauerkrise ist es, die jenes Gefühl von Perspektivlosigkeit stiftet, das vor allem in den Städten junge Menschen aufbrechen lässt.

Fluchtursachen und Fluchtmotive: Die Unterscheidung zwischen unmittelbaren und mittelbaren Fluchtursachen verweist auf eine weitere, ebenfalls viel zu selten berücksichtigte Unterscheidung, nämlich die zwischen Fluchtursachen und Fluchtmotiven. Wie soeben in Erinnerung gerufen, liegt Migration in Westafrika überwiegend die im dritten Kapitel geschilderte Erfahrung von Perspektivlosigkeit zugrunde. Doch jener das gesamte Dasein lähmende Zustand sollte sorgfältig von den vielfältigen ökonomischen und politischen Ursachen unterschieden werden, die überhaupt erst gesellschaftlichen Stillstand und somit Perspektivlosigkeit hervorbringen. Etwas anders verhält sich die Situation bei Geflüchteten, dort sind Fluchtursachen und Fluchtmotive enger verwoben: Ein Beamter in Nigeria, der Korruption in seiner Behörde aufdeckt und mit juristischer Verfolgung rechnen muss, flieht, weil er Angst vor politischer Justiz hat (Fluchtmotiv), gleichzeitig ist die politische Justiz eine Facette jener schlechten Regierungsführung (Fluchtursache), zu der auch Korruption, Unterschlagung, Klientelismus etc. gehören. Oder ein junger Mann in Gambia, der von seiner Stiefmutter und seinen Stiefgeschwistern permanent schikaniert wird. Er bricht auf, um sich dem familiären Terror zu entziehen, eine Konstellation, die ihrerseits auf gerontokokratische und patriarchale Familienstrukturen verweist, die bis heute das soziale Leben in Westafrika stark prägen – bei aller Kritik, die sich seit geraumer Zeit bemerkbar macht. Mir ist durchaus bewusst, dass derartige Differenzierungen übergenau erscheinen können, aber sie sind wichtig, um die öffentliche Debatte in Europa faktengesättigter und präziser zu machen.

Internalistische versus externalistische Perspektiven: Es stimmt zwar, dass die sogenannte internalistische Perspektive zu kurz greift, wonach Fluchtursachen in erster Linie Ausdruck interner Probleme in den Herkunftsländern von Migrant:innen seien. Genauso irreführend ist es jedoch, daraus die Notwendigkeit einer externalistischen Strategie abzuleiten, das heißt einer Vorgehensweise, die sich primär auf äußere Fluchtursachen konzentriert, wie es zahlreiche zivilgesellschaftliche Studien tun.[2] Verkannt wird, dass es meist afrikanische Regierungen sind, die den Interessen westlicher Firmen oder Regierungen überhaupt erst den Weg ebnen. Und daran ändert auch der Umstand nichts, dass sich westliche Länder in den vergangenen Jahrzehnten immer wieder die ökonomische Erpressbarkeit afrikanischer Regierungen zu Nutze gemacht haben, um eigene Ziele durchzusetzen. Ein beeindruckendes Beispiel ist der Umgang mit gentechnisch verändertem Saatgut im Baumwollsektor: Während in Burkina Faso das autokratische, vom Westen gestützte Regime von Blaise Compaoré 2003 mit dem Saatgutkonzern Monsanto einen Vertrag aushandelte und ab 2008 die Baumwollproduzent:innen buchstäblich nötigte, gentechnisch veränderte Baumwolle anzubauen, beugte sich die malische Regierung 2006 dem Votum einer repräsentativ zusammengesetzten Bauernjury und sprach sich gegen die flächendeckende Zulassung von Gen-Baumwolle aus. Und das aus guten Gründen, wie sich zeigen sollte. Denn bereits 2016 kündigte Burkina Faso den Vertrag mit Monsanto wieder. Der Anbau von Gen-Baumwolle auf 70 Prozent der Anbauflächen hatte sich nicht bewährt. Statt Ertragssteigerungen und Einkommenszuwächsen ist es im Vergleich zur konventionellen Baumwolle zu erheblichen Einbrüchen gekommen. Diese Erfahrung unterstreicht, weshalb Internalismus versus Externalismus eine falsche Alternative darstellt. Denn obwohl Agrarkonzerne mit tatkräftiger Unterstützung westlicher Regierungen und Lobby-Organisationen seit den 1990er Jahren nichts unversucht lassen, ihre Produkte auf afrikanischen Märkten zu platzieren, waren es am Ende die innenpolitischen

Verhältnisse in Burkina Faso und Mali, die darüber entschieden haben, ob Monsanto Geschäfte machen kann oder eben nicht.

Historisch fundiertes Verständnis von Fluchtursachen: Ein Schwerpunkt der bisherigen Darlegungen lag darin, Fluchtursachen als historische Gebilde zu rekonstruieren, etwa indem gezeigt wurde, dass Europa die Herausbildung von Industrie und verarbeitendem Gewerbe auf dem afrikanischen Kontinent immer wieder unterminiert hat. Daraus folgt, dass sich die Debatte um Fluchtursachen nicht nur an aktuellen Ereignissen orientieren sollte. Denn Fluchtursachen hören nicht auf, Fluchtursachen zu sein, nur weil sie in der Vergangenheit liegen. Vielmehr lagern sich einschneidende Ereignisse wie Kriege, Epidemien oder ökonomische Krisen als historische Schichten ab, häufig mit dem Effekt, dass bereits bestehende Krisen kumulativ verschärft werden. Ich möchte das an einem weiteren Beispiel verdeutlichen, das gemessen an seiner Bedeutung eigentlich ein eigenes Kapitel verdient hätte: 1968 bis 1974 erlebte der Sahel die schlimmste Dürre im 20. Jahrhundert, in den Jahren 1984 und 1985 spitzte sich die Lage erneut zu. Allein während der ersten Trockenheit wurden eine Million Menschen mit Nahrungsmitteln aus dem Ausland versorgt, Hunderttausende starben, unzählige wurden zu Migrant:innen. Zudem fielen rund zwei Drittel der 64 Millionen Nutztiere im Sahel der Hitze und dem Wassermangel zum Opfer. Die Ursachen der Dürren waren lange umstritten: Heute weiß die Klimaforschung, dass die beiden Dürreperioden die ersten markanten Ausdrucksformen des menschengemachten Klimawandels waren. Aus europäischer Perspektive handelt es sich um ein längst vergangenes Ereignis, lediglich der brasilianische Fotograf Sebastião Salgado hat das damalige Geschehen im Auftrag von Ärzte ohne Grenzen für die Nachwelt festgehalten. Seine Bilder lassen nicht nur die existentielle Katastrophe erahnen, die eine Hungersnot für die unmittelbar Betroffenen bedeutet. Er zeigt auch die stumme Gewalt der Klimakrise, etwa wenn er eingesandete Fischerboote am ausgetrockneten Faguibine-

See dokumentiert, der 80 Kilometer westlich von Timbuktu liegt und eigentlich für mehrere hunderttausend Menschen als Existenzgrundlage dient. Und doch: Die Dürre hat tiefe Spuren hinterlassen, schlimmer gar, sie hat eine bis heute anhaltende «kollektive soziale Traumatisierung» gestiftet. Das sind die Worte meines Kollegen Alassane Dicko, der väterlicherseits von einer Gemeinschaft abstammt, die sich aus Angehörigen der Fulbe und Tuareg zusammensetzt. Vor diesem familiären Hintergrund hat er als Jugendlicher miterlebt, wie die Dürre das soziale Gefüge des Nordens Malis schleichend zerstörte, insbesondere dasjenige der Tuareg. Der Verlust großer Herden war nicht nur ein ökonomischer Schaden. Vielmehr wurden ganze Gemeinschaften destabilisiert, denn die sozialen Beziehungen und Hierarchien hingen vom Umfang des Viehbesitzes ab. Zehntausende Tuareg sahen daher keine andere Möglichkeit mehr, als in die Migration zu gehen. Darunter waren auch 3 000 bis 7 000 Männer, die sich unter dem libyschen Machthaber Muammar al-Gaddafi zu Berufssoldaten ausbilden ließen.[3] Ein Umstand, der damit einherging, dass die «isumar» – so ihre Selbstbezeichnung – schon bald Pläne zur Eroberung des Nordens Malis schmiedeten, unbeeindruckt davon, dass die Tuareg gerade einmal ein Drittel der Bevölkerung innerhalb der von ihnen reklamierten Gebiete ausmachten. Als Muammar al-Gaddafi 2011 mit Hilfe der NATO gestürzt wurde, war es die Generation der in den 1980er Jahren nach Libyen gelangten Söldner, die nach Mali zurückkehrte und Anfang 2012 zusammen mit international agierenden Islamisten jenen Aufstand begann, der sich mittlerweile zu einem Flächenbrand im gesamten Sahel ausgebreitet hat. Sicherlich, es gibt keinen Determinismus zwischen den Dürren und der aktuellen Gewalteskalation. Aber umgekehrt gilt: Wer verstehen möchte, was heute passiert, muss sich unter anderem vor Augen führen, dass die dürregeplagten Menschen in den 1970er und 1980er Jahren zwar Weizenpakete aus der Luft erhielten, aber keine langfristige Anpassungs- und Überlebenshilfe. Eine Konstellation, die der heutigen Lage verblüffend ähnelt, in der die Söhne armer Familien nicht mehr nach Libyen gehen, sondern sich dschihadistischen Terrorgruppen anschließen.

Ganzheitliche Analyse statt additiver Aufzählung: Salopp formuliert läuft das bislang Gesagte auf die Feststellung hinaus, dass alles mit allem zusammenhängt. Eigentlich ist das eine Binsenweisheit, aber sie wird bei der Beschäftigung mit Fluchtursachen viel zu selten berücksichtigt. Europa muss endlich die im kolonialen Denken verankerte Unart überwinden, gesellschaftliche Prozesse in Afrika mit groben Pinselstrichen zu erklären – beispielsweise wenn komplexe Konfliktdynamiken auf Waffenlieferungen reduziert werden, unter Ausblendung der Frage, welche gesellschaftlichen Spannungsverhältnisse den Konflikten überhaupt zugrunde liegen oder wie es dazu gekommen ist, dass friedliche Konfliktlösungsmechanismen nicht mehr greifen. Ich möchte deshalb dafür plädieren, mit bloß additiven Aufzählungen von Fluchtursachen sparsam umzugehen. Nötig ist vielmehr eine intensive Beschäftigung nicht nur mit einzelnen Ländern und Regionen, sondern auch mit übergeordneten Fragestellungen wie Landwirtschaft, Klimawandel oder wirtschaftliche Entwicklung. Denn erst auf diese Weise werden die Querverbindungen und kumulativen Effekte in ihrem ganzen Facettenreichtum sichtbar. Entsprechend werde ich zwar in den folgenden Kapiteln tableauartig auf die verschiedenen Dimensionen der aktuellen Vielfachkrise in Westafrika eingehen, dabei allerdings stets den gesamtgesellschaftlichen Rahmen seit dem Epochenjahr 1960 im Blick behalten.

9.

Wie die Unabhängigkeitseuphorie verblasste

Entkolonialisierung als Welterschließung

Es ist das Verdienst von Achille Mbembe, in seinem Werk *Ausgang aus der langen Nacht. Versuch über ein entkolonisiertes Afrika* daran zu erinnern, dass Entkolonialisierung deutlich mehr war als die bloße Übergabe der Macht durch die Kolonisatoren an die Kolonisierten. Denn eigentlich war Entkolonialisierung eine «Erhebungserfahrung», der Übergang vom «Ding-Sein zum Subjekt-Sein», also das, was Mbembe im Anschluss an Frantz Fanon als «Welterschließung» bezeichnet: «Der Gedanke von Erschließung enthält die Vorstellung eines Aufschließens, eines Auftauchens […], einer Ankunft von etwas Neuem, einer Entfaltung. Etwas erschließen heißt also, eine Geschlossenheit zu beheben, sodass das, was eingeschlossen war, hervortreten und sich entfalten kann.»[1] Gewiss, das sind komplexe Überlegungen, dennoch wäre es falsch, Mbembes Analysen als Glasperlenspiel zu denunzieren, wie es regelmäßig geschieht. Denn Mbembe verfolgt das Ziel, die überschäumende Begeisterung in Worte zu fassen, die die Unabhängigkeit insbesondere im städtischen Raum auslöste. In Gänze verständlich wird das erst, wenn man alte Fotos und Filme betrachtet, etwa das Werk von Malick Sidibé, dem wohl bekanntesten afrikanischen Fotografen des 20. Jahrhunderts. Berühmtheit haben nicht zuletzt seine in den ersten Jahren nach der Unabhängigkeit entstandenen Bilder des Nachtlebens in Bamako erlangt, die an verschiedenen Orten im Internet zu finden sind. Sie zeigen junge Menschen, die genauso wie Millionen Altersgenoss:innen rund um den Globus Twist tanzen. Momentaufnahmen zwischen Ekstase und Versonnenheit, in einem Kleidungsstil, der einen hybriden Mix afrikanischer und westlicher Mode verkörperte, auch wenn ungleich weniger Frauen eine Kopfbedeckung trugen als heute. Sidibé ist 2016 gestorben, aber er dachte gerne an jene Anfangsjahre zurück, als noch Optimismus und Aufbruchstimmung in der Luft lagen: «Oh, ja. [...] Das waren wunderbare Zeiten. [...] In den Sechzigern hatten die jungen Leute weniger Sorgen, das Leben war einfach leichter und alle konnten sich amüsieren. Es war das Goldene Zeitalter. Die Kleidung, die Musik. Und eins ist für mich ganz wichtig: Das Ganze hat schon vor der Unabhängigkeit angefangen!»[2]

Sidibé hat auch das Leben auf dem Land dokumentiert, vor allem in seinem Herkunftsdorf Soloba in unmittelbarer Nähe der malisch-guineischen Grenze. Er dürfte also ganz genau gewusst haben, dass die Unabhängigkeit für große Teile der bäuerlichen Bevölkerung keineswegs ein Durchbruch war. Und das wiederum hatte mit vielen jener Problematiken zu tun, die ich im sechsten und siebten Kapitel ausführlich erörtert habe und die hier lediglich kurz rekapituliert seien: *Ökonomisch* standen die unabhängig gewordenen Länder auf tönernen Füßen: kaum Industrie, Fokussierung auf wenige Exportprodukte, rudimentäre Mechanisierung der Landwirtschaft, schwache Infrastruktur, keine zusammenhängenden ökonomischen Räume und niedriges Bildungsniveau. *Politisch* dominierten zentralistische und despotische Strukturen, eine Kultur demokratischer Teilhabe existierte lediglich auf lokaler Ebene, doch diese wurde seitens der Hauptstädte systematisch ignoriert. Erschwerend kam hinzu, dass es vielerorts kein Zusammengehörigkeitsgefühl gab, was den Neustart nach der Unabhängigkeit ebenfalls erschwerte. Ursache war, dass die Unabhängigkeitsbewegungen in erster Linie in den Städten Wurzeln geschlagen hatten, während sich auf dem Land die von den Kolonialmächten forcierte Parzellierung in Ethnien bemerkbar machte. *Personell* bestimmten Politiker:innen das Geschehen, die zwar gut ausgebildet waren, die aber wenig Regierungserfahrung mitbrachten und die obendrein dazu neigten, das despotische und korrupte Gebaren der Kolonialeliten fortzusetzen.

Angesichts einer derart schwierigen Ausgangslage konnte es nicht überraschen, dass die unabhängig gewordenen Länder schon früh in schwere politische Turbulenzen gerieten – die Leichtigkeit des Anfangs verblasste in atemberaubender Geschwindigkeit. Allein in den 1960er Jahren fanden in sieben westafrikanischen Ländern Militärputsche statt. Korruption, Unterschlagung, Klientelismus, Vetternwirtschaft und Verfolgung politischer Gegner:innen waren an der Tagesordnung. In den 1990er Jahren erschütterten Bürgerkriege Sierra Leone und Liberia: 320 000 Menschen starben, 3,6 Millionen Menschen wurden vertrieben, hinzu kamen systematische Vergewaltigungen, Verstümmelungen und Zwangsrekrutierungen von Kindersoldaten. So dramatisch diese Abläufe waren, sie sollten rückblickend nicht zu einer Homogenisierung Westafrikas führen. Denn die Geschichte verlief keineswegs gleichförmig, wie ich am Beispiel von Ghana, Burkina Faso und Senegal schlaglichtartig zeigen möchte:

Ghana ist 1957 unabhängig geworden, unter der Ägide von Kwame Nkrumah, der zu den charismatischsten Politiker:innen seiner Generation gehörte. In wenigen Jahren gelang es ihm, die Infrastruktur grundlegend zu verbessern und einen ersten Industriestock aufzubauen. Gleichzeitig ging er rigoros gegen politische Gegner:innen vor, ließ sich zum Präsidenten auf Lebenszeit ernennen und unternahm wenig gegen Korruption und Amtsmissbrauch. 1966 wurde Kwame Nkrumah aus dem Amt geputscht, mutmaßlich mit Unterstützung der CIA, was vor allem darauf verweist, dass er zu jenen seltenen Politiker:innen im unabhängigen Afrika gehörte, die westliche Interessenpolitik ungeschminkt kritisierten. Zwischen 1966 und 1981 rutschte Ghana immer tiefer in die politische Krise, Zivil- und Militärregierungen wechselten sich laufend ab. Erst dem linken Offizier und Ökonomen Jerry Rawlings gelang es, Ghana zwischen 1981 und 1992 zu vergleichsweise stabilen Verhältnissen zurückzuführen.

Ähnlich und dennoch anders stellten sich die Geschehnisse in *Burkina Faso* dar: Unter dem ersten Präsidenten Maurice Yaméogo begann die Plünderung öffentlicher Kassen unmittelbar nach der Unabhängigkeit, fortschrittliche Ansätze wie in Ghana existierten kaum. 1966 übernahm das Militär das Ruder und prägte die Politik bis Anfang der 1980er Jahre. 1983 war es der junge Offizier Thomas Sankara, der aus Machtkämpfen innerhalb der Armee als Sieger hervorging und eine Tonart anschlug, die in dieser Form in Westafrika völlig unbekannt war. Er ging gegen Korruption, gegen Wüstenbildung, gegen Benachteiligung von Frauen, gegen Lebensmittelknappheit, gegen die Schuldenpolitik des IWF und vieles andere vor. Bemerkenswert dabei: Er konnte in vielen Bereichen innerhalb kürzester Zeit beachtliche Erfolge erzielen. Es war daher eine für Westafrika beispiellose Tragödie, dass Thomas Sankara unter Führung seines Freundes Blaise Compaoré am 15. Oktober 1987 zusammen mit zwölf Mitarbeiter:innen ermordet wurde. Blaise Compaoré regierte das Land 27 Jahre autokratisch, dies beinhaltete auch, dass er die Bürgerkriege in Liberia, Sierra Leone und der Elfenbeinküste durch Waffenlieferungen und Strippenzieherei mit am Laufen hielt. 2014 wurde er in einem friedlichen Volksaufstand gestürzt, wobei sich viele der Beteiligten ausdrücklich in der Tradition von Thomas Sankara sahen. Gleichwohl schreckte der französische Präsident François Hollande nicht davor zurück, Blaise Compaoré bei seiner Flucht in die Elfenbeinküste zu unterstützen, angeblich um ein Blutbad zu vermeiden.

Ich möchte zu *Senegal* als drittem Beispiel kommen, dessen Geschichte ungleich konfliktärmer verlief als die der beiden anderen Länder: Der langjährige Präsident Léopold Senghor regierte innenpolitisch mit harter Hand, erst 1976 wurden neben der Einheitspartei Union Progressiste Sénégalaise drei weitere Parteien zugelassen. Gleichwohl suchte er stets den Ausgleich, nicht zuletzt mit der islamischen Bruderschaft der Mouriden, die seit Mitte des 19. Jahrhunderts den Erdnussanbau in Senegal dominiert und bis heute eine herausragende Rolle in der senegalesischen Politik spielt. Außenpolitisch lehnte sich Léopold Senghor eng an Frankreich an. Er begründete dies programmatisch mit seinem seit den 1940er Jahren entwickelten Projekt einer «Eurafrique», in dem «Afrika und Europa zwei komplementäre Welten» bilden (sollen), um zum «Eckstein» einer zukünftigen Zivilisation zu werden.[3] Doch die Wirklichkeit war profaner: Während französische Unternehmen in den 1960er Jahren zu extrem günstigen Konditionen in Senegal investierten, suchte Léopold Senghor während der bereits erwähnten Massenproteste 1968 vorübergehend Schutz auf einer französischen Militärbasis. 1980 trat er mit 74 Jahren zurück, seitdem hat sich in Senegal in kleinen Schritten eine relativ stabile Demokratie entwickelt.

Von der Françafrique zur Fassadendemokratie

Ausgangspunkt der vorstehenden Länderskizzen war die These, dass die jüngere Geschichte Westafrikas ohne länderspezifische Ausdifferenzierung nicht erzählt werden könne. Genauso wenig sollten freilich die Gemeinsamkeiten aus dem Blick geraten, auch was die strukturellen Ursachen vieler Entwicklungen betrifft – vor allem drei Aspekte sind zentral:

Türsteher-Staat: Seit Jahrzehnten werden die Verwaltungs- und Regierungsapparate der unabhängigen Länder abwechselnd als klientelistisch, kleptokratisch oder neopatrimonial bezeichnet. Keiner dieser Begriffe beschreibt die Lage erschöpfend, dennoch ist es wichtig, ihre Essenz zu verstehen. Ich möchte daher einen weiteren Begriff in die Debatte einführen – nämlich den des Türsteher-Staates, abgeleitet vom englischen Original des *gatekeeper state*. Er besagt, dass der Staat in (West-)Afrika seit der Unabhängigkeit stets ein umkämpfter Ort gewesen ist. Wer einen Posten im Verwaltungs- oder Regierungsapparat ergatterte und somit über die Verwendung von Einnahmen aus Zöllen, Steuern und Rohstoffverkäufen mitentschied, war auch in der Lage, Geld zu veruntreuen, Schmiergeldzahlungen in Empfang zu nehmen oder die eigene Herkunftsregion klientelistisch zu begünstigen. Zu den spektakulärsten Vorgängen dürfte das in den 1970er Jahren für 8 Milliarden Dollar errichtete Stahlwerk Ajaokuta in Nigeria gehören. Von dessen Bau haben unzählige Staatsangestellte profitiert. Umso haarsträubender ist, dass bis 2019 nicht eine einzige Tonne Stahl produziert wurde. Unterdessen sind ähnliche Auswüchse auch anderswo anzutreffen, selbst in stabilen Ländern wie Ghana. Dort hat der Wählerwille seit der Rückkehr zur Demokratie 1992 dafür gesorgt, dass sich die beiden großen Parteien National Democratic Congress und New Patriotic Party alle acht Jahre in der Regierungsverantwortung abwechseln – dies allerdings auf eigentümliche Weise: Beide schauen großzügig über Korruption und Unterschlagung seitens hoher Entscheidungsträger:innen hinweg, beide gewähren staatliche Unterstützungsleistungen entlang von Parteiloyalitäten, beide besetzen die Leitungsgremien öffentlicher und halböffentlicher Institutionen nach jedem Regierungswechsel mit eigenen Leuten neu, und beide können darauf zählen, dass zumindest die besser situierten Teile der Bevölkerung derartige Selbstbedienungspraktiken akzeptieren, vorausgesetzt, die Türen des Staates werden abwechselnd kontrolliert.

Schwache Institutionen: Eng mit dem Türsteher-Staat sind schwache staatliche Institutionen verbunden. Mit am problematischsten ist sicherlich das korrupte Justizwesen. Ich habe bereits von dem Fall eines NGO-Mitarbeiters in Mali berichtet, der mit hoher krimineller Energie Geld eines Dorfes unterschlagen hat, ohne dass es je zu einem Prozess gekommen wäre. Und das ist keineswegs ungewöhnlich: 2016 saß ich dabei, als der Rechtsanwalt zweier Dörfer mit dem zuständigen Richter eines seit Jahren verschleppten Landkonfliktes telefonierte, ebenfalls in Mali. In dem Gespräch wurden die erforderlichen Schritte zur Fortsetzung des Prozesses vereinbart. Kurz darauf kam jedoch die Meldung, dass die Akte nun endgültig geschlossen sei, bevor sie 2020 wieder geöffnet wurde, beide Male ohne nähere Begründung. Kern des Problems ist Straflosigkeit bei Straftaten und Vergehen, die unmittelbar mit der Käuflichkeit von Richter:innen zusammenhängt – eine Erfahrung, die bei den betroffenen Menschen einen äußerst widersprüchlichen, mitunter explosiven Mix aus Ohnmacht, Resignation und Wut stiftet. Die Fragilität staatlicher Institutionen verweist zum einen auf die im siebten Kapitel beschriebene Mentalität postkolonialer Eliten, sie hat zum anderen strukturelle Ursachen. Neben der schwierigen Ausgangslage nach der Unabhängigkeit haben vor allem die IWF-Strukturanpassungsprogramme in der Verschuldungskrise der 1980er und 1990er Jahre tiefe Spuren hinterlassen, wie ich noch ausführlich zeigen werde. Denn die staatliche Handlungsfähigkeit wurde nicht nur durch erzwungene Haushaltskürzungen geschwächt, auch die Einnahmen gingen zurück, etwa indem die verschuldeten Länder die Auflage erhielten, Zölle abzubauen oder die Steuern für ausländische Investoren zu senken. Nur vor diesem Hintergrund wird verständlich, weshalb der gesamte öffentliche Sektor in Westafrika chronisch unterfinanziert ist – weshalb also, um nur drei Beispiele zu nennen, Lehrer:innen und Angestellte des Gesundheitswesens auf ihre Gehälter oft monatelang warten müssen, weshalb bäuerliche Haushalte nach Überschwemmungen für den Wiederaufbau ihrer zerstörten Häuser keinerlei staatliche Unterstützung erhalten oder weshalb über ein Drittel der Bevölkerung keinen Zugang zu sauberem und innerhalb von 30 Minuten verfügbarem Trinkwasser hat.

Unterstützung durch westliche Länder: Viele dieser Verwerfungen hätte es ohne Zutun westlicher Länder nicht gegeben. Wirtschaftlich haben Europa und die USA ihre Interessen ohnehin seit jeher rücksichtslos durchgesetzt. Beispielsweise in Nigeria: Während die

Bevölkerung zwischen 1966 und 1998 von immer neuen Militärregierungen drangsaliert wurde, waren westliche Unternehmen durchgehend vor Ort. Sie förderten Öl, sie bauten auf der grünen Wiese die neue Hauptstadt Abuja, sie errichteten Industriekomplexe und sie belieferten die nigerianische Elite mit hochpreisigen Konsumgütern. Hierzu passt, dass noch 2012 die damalige Tochterfirma des Mannheimer Baukonzerns Bilfinger mit 19 000 Beschäftigten der größte private Arbeitgeber in Nigeria war. Nicht weniger problematisch ist die seit Jahrzehnten reibungslos laufende Unterstützung für Regierungen jeden Typs. Europa hat nicht nur weggeschaut, wenn es zu schwersten Menschenrechtsverletzungen gekommen ist. Europa hat auch demokratisch nicht legitimierten Regimen den Rücken gestärkt, die unter massivem Druck seitens ihrer Bevölkerungen standen. Und das gilt bis heute, wie ich stellvertretend am Beispiel Togos zeigen möchte. In dem Land herrscht seit 1967 die gleiche Familie. 38 Jahre der Vater, seitdem der Sohn – Letzterer, indem er die Verfassung manipuliert und sich die Möglichkeit zu fünf statt zu regulär zwei Amtszeiten verschafft hat. Dennoch bescheinigte die Bundesregierung Togo 2021, viele Reformen «erfolgreich» umgesetzt zu haben, der damalige Bundesentwicklungsminister Gerd Müller pries das Verhältnis zwischen den beiden Ländern in den höchsten Tönen: «Deutschland und Togo – das ist mehr als eine Partnerschaft, es ist eine Freundschaft.»[4] Hintergrund dürfte sein, dass das Küstenland streng prowestlich ausgerichtet ist und als Sperrriegel gegen die Ausbreitung von Islamisten aus dem Sahel gilt. Zudem verfügt es dank Frankreich über einen seit Jahrzehnten gut ausgestatteten Sicherheitsapparat, der in Mali im Rahmen der UN-Friedensmission MINUSMA mit immerhin 1300 Soldat:innen und Polizist:innen vertreten ist, gemessen an der Bevölkerungsgröße von gerade einmal 8 Millionen Menschen der mit Abstand größte Einzelbeitrag eines Landes. All das ändert aber nichts an dem Umstand, dass es sich um eine Autokratie in demokratischem Gewande handelt: Ich war im Februar 2020 mit einer Delegation kurz vor den Präsidentschaftswahlen in Togo unterwegs.[5] Sichtbaren Wahlkampf hat einzig die Partei des Präsidenten gemacht – nicht nur, weil die Oppositionsparteien ihre staatlich garantierte Wahlkampfhilfe zu spät ausgezahlt bekommen haben. Vielmehr hat Präsident Faure Gnassingbé das gesamte Land zu seinen eigenen Gunsten antreten lassen. Überall, wo er hinkam, wurden Schuldirektor:innen angewiesen, die Schulen zu schließen, damit die Schüler:innen dem Präsidenten einen ehrenhaften Empfang bereiten könnten. In Sokodé, einer Hochburg der Opposition, wo es noch im Oktober 2017 bei Massenprotesten gegen Faure Gnassingbé zu drei Todesopfern gekommen war, versammelten sich Tausende zu einer Wahlkampfkundgebung. Das Ganze wirkte wie ein burlesker Jahrmarkt: Reiterparaden, Tanz- und Musikgruppen, Essensstände, überall Menschen, die gegen eine kleine Entlohnung die T-Shirts und Schirmmützen mit dem Konterfei des Präsidenten trugen. Noch absurder waren die Wahlen selbst: Für 9000 Wahllokale waren gerade einmal 280 Wahlbeobachter:innen zugelassen, wobei Vertreter:innen der katholischen Kirche und der EU keine Registrierung erhalten hatten. Die Benutzung eigens angeschaffter Wahlmaschinen zur fälschungssicheren Auswertung der Wahlergebnisse wurde zwei Tage vor dem Urnengang verboten. Nach Schließung der Wahllokale verkündete die Wahlkommission in Rekordtempo, dass Amtsinhaber Faure Gnassingbé die Wahlen mit 72,4 Prozent der Stimmen gewonnen habe. Befragungen vor den Wahlen lassen dieses Ergebnis hochgradig unglaubwürdig erscheinen, zumal am Wahltag selbst zahlreiche Unregelmäßigkeiten wie Wählerlisten mit falschen Namen oder bereits früh gefüllte Wahlurnen festgestellt wurden. Doch eine Überprüfung war unmöglich, da die Ergebnisse nicht aufgeschlüsselt nach Wahllokalen bekannt gegeben wurden. Afrique-Europe-Interact hat sich dreimal mit ausführlichen Stellungnahmen an die Bundesregierung gewandt. Doch diese ließ die Kritik an sich abperlen, ungeachtet dessen, dass sie vor den Präsidentschaftswahlen im Februar 2020 eine «detaillierte Veröffentlichung der Wahlergebnisse» noch explizit für notwendig erklärt hatte.[6]

Die Wahlen in Togo sind nur eines von unzähligen Beispielen für den willkürlichen Umgang Europas mit Menschenrechten in (West-)Afrika. Am verhängnisvollsten dürfte das Wirken Frankreichs gewesen sein. Denn ungleich offensiver als Großbritannien hat Frankreich alles getan, um seine ehemaligen Kolonien in West- und Zentralafrika nach der Unabhängigkeit ökonomisch, politisch und kulturell möglichst eng an sich zu binden. Konkret wurden Verteidigungsabkommen geschlossen. Diese garantierten Frankreich nicht nur einen privilegierten Zugang zu Rohstoffen, sondern auch ein Vetorecht gegen Investitionen anderer westlicher Länder. Umgekehrt verpflichtete sich die frühere Kolonialmacht, die unabhängig gewordenen Länder entwicklungspolitisch und militärisch zu unterstützen, einschließlich der Zusicherung, im Falle von Putschen oder Volksaufständen den betroffenen Regierungen beizustehen. Für das so entstandene Geflecht wechselseitiger Abhängigkeiten kristallisierte sich rasch der Begriff der Françafrique heraus, der eigentlich mit positiver Tönung von dem langjährigen Präsidenten der Elfenbeinküste Félix Houphouët-Boigny geprägt wurde – jenem Parteigänger Frankreichs, der einst eine vollständige Unabhängigkeit der Elfenbeinküste abgelehnt hat. Doch schon bald wandelte sich die Bedeutung des Begriffes: Françafrique stand nun für Dominanz, Korruption und Geheimdiplomatie. Und hierzu zählten auch die mehr als 50 Militärinterventionen, mit denen Frankreich seit 1960 immer wieder in afrikanischen Ländern eingegriffen hat, in aller Regel zugunsten autoritärer Regime.

Wäre dieses Buch in Frankreich geschrieben worden, dürfte der Begriff der Françafrique mit großer Wahrscheinlichkeit Dreh- und Angelpunkt der Analyse sein. Doch ein solcher Zugang hätte zu meinem Herangehen nicht gepasst. *Erstens*, weil über die Hälfte der westafrikanischen Bevölkerung in ehemals britisch kolonisierten Ländern lebt, wo es ein vergleichbares Phänomen nie gab. *Zweitens*, weil eine zu starke Fokussierung auf Frankreich davon ablenken würde, dass auch Länder wie Deutschland erheblich davon profitiert haben, dass Frankreich seinen westafrikanischen «Hinterhof» jahrzehntelang fest im Griff hielt. *Drittens*, weil es sich mittlerweile – und dieser Punkt ist am wichtigsten – um ein tendenziell historisches Phänomen handelt. Frankreich hat seine dominierende Stellung bereits im Laufe der 1990er Jahre weitgehend eingebüßt. Das zeigen nicht nur die aktuellen Proteste gegen den Franc CFA oder die französische Antiterror-Politik im Sahel. Auch ökonomisch sprechen die Fakten eine klare Sprache. Noch 1990 betrug Frankreichs Anteil an den In- und Exporten der beiden Franc CFA-Zonen 50 bis 60 Prozent, 2015 hingegen ist dieser Wert auf 11,4 Prozent gesunken. Stattdessen sind Länder wie Saudi-Arabien, die Türkei oder China auf den Plan getreten. Als Lieferant eines Viertels aller Einfuhren Afrikas ist China mittlerweile größter Handelspartner des Kontinents. Allein diese Zahl zeigt, dass es China keineswegs nur um Rohstoffe geht, wie in Europa gerne kolportiert wird. Vielmehr verfolgt China eine ganzheitliche Strategie. So wurde 2015 in der Elfenbeinküste ein Konfuzius-Institut eröffnet, vergleichbar dem Goethe-Institut, 2017 folgte eine Niederlassung der chinesischen Handelskammer. Zudem ist im Rahmen der Neuen Seidenstraße geplant, Mali und Burkina Faso zukünftig mit Waren über den 2020 erweiterten Hafen in Abidjan zu versorgen. Indem China die Verkehrsnetze innerhalb (West-)Afrikas ausbaut, schließt es eine Lücke, die die Kolonialmächte absichtsvoll geschaffen haben – eine symbolisch nicht zu unterschätzende Volte der Geschichte. Persönlich ist mir noch niemand in Westafrika begegnet, der sich wirklich begeistert über China geäußert hätte. Aber China wird geschätzt: Die Verträge seien fairer als die mit den Europäer:innen, zudem sei China vertragstreuer und schneller. Und vor allem trete China nicht besserwisserisch, arrogant oder rassistisch auf. Bei einer Erhebung 2020 in Mali meinten 80 Prozent der Befragten, dass China ökonomisch und politisch einen positiven Einfluss im Land ausübe, während die USA auf 60 Prozent und Frankreich auf gerade einmal 34 Prozent kamen. Diese Werte sind extrem, aber auch bei einer afrikaweiten Umfrage in 18 Ländern äußerten sich 62 Prozent der Befragten positiv zu Chinas Einfluss in Afrika – unbeeindruckt davon, dass die chinesische Seite ganz offenkundig eigene wirtschaftliche Interessen verfolgt.[7]

Desillusionierung und religiöser Fundamentalismus

Die hohe Zustimmung zu Chinas Rolle in Westafrika dürfte in erster Linie mit den positiven Effekten chinesischer Infrastrukturprojekte und chinesischer Massenkonsumgüter wie Mopeds, Handys oder Werkzeugen zu tun haben. Sie ist aber auch Ausdruck der permanenten Enttäuschungen und Frustrationen, die die Menschen mit ihren an Europa orientierten Eliten seit Jahrzehnten durchleben. Es begann mit den vielfältigen Verwerfungen nach der Unabhängigkeit und setzte sich in den 1990er Jahren fort, als in allen Ländern Westafrikas endgültig Mehrparteiensysteme eingeführt wurden. Denn materiell hat dies den meisten Menschen nichts gebracht. Im Gegenteil: Es war die Zeit der Verschuldungskrise, als sich das Leben grundlegend veränderte. Quer durch Westafrika verloren Staatsangestellte ihre Arbeit, Schulgebühren wurden eingeführt und bäuerliche Produzent:innen erhielten keine staatlichen Garantiepreise mehr, sondern mussten ihre Produkte zu schlechteren Konditionen an global operierende Agrarkonzerne verkaufen. Und das wiederum hat dazu geführt, dass Demokratie immer mehr in Verruf geriet, wie eine malische Bäuerin in einem Dokumentarfilm von 1996 konsterniert formuliert: «Wir sind wirklich ärmer geworden. Seit man von der Demokratie spricht, achtet kein Mensch mehr seinen Nächsten, deshalb verstehen wir nicht, was diese Demokratie eigentlich sein soll. Damit schaffen wir es noch nicht einmal, unsere Kleinen zu ernähren.»[8] Sicherlich, Mehrparteiendemokratie und entfesselte Märkte sind nicht dasselbe, aber in Afrika gingen sie in den 1990er Jahren Hand in Hand, sodass die Menschen die im Westen hochgehaltene Demokratie aus einem ganz spezifischen Blickwinkel kennengelernt haben. Demnach bedeutete Demokratie, dass jeder nur noch seine eigenen Ziele verfolgte, so wie es die Bäuerin im Film beschreibt. Die Korruption eskalierte, Parteien waren bloße Seilschaften, um an die berühmt-berüchtigten Fleischtöpfe zu gelangen, Politiker:innen durften offen in der Presse beschimpft werden und jeder konnte vor seinem Laden tagelang ohrenbetäubende Musik abspielen. All das galt nun als Demokratie, als Ausdruck freier Persönlichkeitsentfaltung, wie ältere Menschen in Westafrika noch heute kopfschüttelnd berichten.

Insofern ist es keineswegs überraschend, dass sich die Bevölkerung immer stärker der Religion zuwandte, als Ersatz für die schon früh pulverisierten Werte der Unabhängigkeit, aber auch als Alternative zum Demokratieimport aus dem Westen in den 1990er Jahren. In Nigeria haben evangelikale Freikirchen seit den 1970er Jahren einen sagenhaften Aufstieg erlebt, der deutsche Missionar Reinhard Bonnke – auch bekannt als «Mähdrescher Gottes» – hat regelmäßig Gottesdienste mit 500 000 Gläubigen abgehalten. Bestürzend dabei: Die Evangelikalen heißen genau jenes individuelle Gewinnstreben gut, das gesamtgesellschaftlich den sozialen Zusammenhalt zunehmend unterminiert. Gleichzeitig wird jedes politische Engagement als überflüssig erachtet, wie der berühmte Musiker Femi Kuti beklagt, Sohn des legendären Fela Kuti: «Die Leute sehen die Probleme von Lagos und nehmen sie hin. Wir haben seit 30 Jahren keinen Strom hier, und die Leute sagen: Ooh, Gott wird für Strom sorgen. Keiner tut was, das ärgert mich […]. Immer nur heißt es: Gott, Gott, Jesus, Jesus».[9] In ähnlicher Form hat auch der Islam einen rasanten Aufstieg erfahren, vor allem der Salafismus, der eine puritanische Auslegung des Korans propagiert und sich gegen den Mystizismus des in Westafrika vorherrschenden Sufi-Islam richtet. Und das zeigt sich nicht nur in Gestalt bewaffneter dschihadistischer Gruppen, auch im alltäglichen Leben spielt der Salafismus eine immer stärkere Rolle. Etwa an der Universität in Niamey, der Hauptstadt des Niger. Bis in die 1990er Jahre dominierten säkulare Intellektuelle und Linke das studentische Leben. Jetzt geben religiöse Vereinigungen den Ton an, die von Golfstaaten wie Saudi-Arabien, Kuweit oder Katar finanziert werden. Sie unterstützen junge Studierende bei ihren ersten Schritten ins universitäre Leben und machen Front gegen lockere Sitten, Alkohol oder Müßiggang. Ihr Ziel ist die Islamisierung der zukünftigen Elite. Damit soll nicht nur ein Zeichen gegen das Gefühl von Perspektiv- bzw. Hoffnungslosigkeit unter jungen Hochschulabgänger:innen gesetzt werden, sondern auch gegen verkrustete Strukturen wie die Vorherrschaft der älteren Generationen, die im Sufi-Islam als unantastbar gilt. Salafistische Strömungen begreifen sich daher als Modernisierer des Islam, ihr Selbstverständnis ist es, gute Bildung und strengen Glauben zu verknüpfen.

Gleichwohl wäre es falsch, einen generellen Rückgang demokratischer Gesinnung zu behaupten. Das zeigen auch Umfragen: 2019 sprachen sich bei einer in 34 afrikanischen Ländern durchgeführten Erhebung 68 Prozent für eine Mehrparteiendemokratie als bevorzugter Staatsform aus, in Westafrika schwankten die Werte zwischen 84 Prozent in Sierra Leone und 63 Prozent in Burkina Faso.[10] Daran wird deutlich, dass die Menschen beteiligt sein wollen, auch wenn das bislang allenfalls punktuell eingelöst wird. Nirgendwo wird das spürbarer als in der Sprachenfrage. In Europa ist es üblich, vom frankophonen, anglophonen oder lusophonen (West-)Afrika zu reden. Gemeint ist, dass in den jeweiligen Ländern Englisch, Französisch oder Portugiesisch die gängigen Verkehrssprachen seien. Doch das hat wenig mit dem Alltag der Menschen zu tun. In Afrika sind rund 2000 Sprachen gebräuchlich, in

Westafrika weit über 500. Vielsprachigkeit im Alltag ist normal, wobei die ehemaligen Kolonialsprachen nur in gebildeten Haushalten eine Rolle spielen. Umso problematischer ist, dass sie als offizielle Amts- und Unterrichtssprachen fungieren. Denn das vermindert den Lernerfolg von Schüler:innen und Student:innen enorm. Überall in Westafrika beklagen Universitätsdozent:innen, dass etliche Studierende nicht das erforderliche Sprachniveau mitbringen, um sich angemessen auf Englisch oder Französisch im wissenschaftlichen Raum verständigen zu können. Zudem verschärft das koloniale sprachliche Erbe die demokratische Krise, einfach deshalb, weil vielerorts 30 bis 80 Prozent der Menschen die Amtssprachen nicht oder allenfalls bruchstückhaft beherrschen – je nachdem, ob und wie lange sie eine Schule besucht haben. Folge ist, dass die Bevölkerung auf Radio- und Fernsehsendungen in einheimischen (Verkehrs-)Sprachen angewiesen ist, um überhaupt zu erfahren, was ihre Regierungen mitzuteilen haben. Selbst ich wurde schon mehrfach von Bauern in Mali gefragt, ob ich über das eine oder andere Gesetz Auskunft geben könnte. Man stelle sich vor, Bundestagsdebatten in Deutschland fänden in englischer oder französischer Sprache statt. Ein absurdes Gedankenexperiment! Aber in Westafrika ist genau dies gang und gäbe. Denn die politischen Eliten spekulieren auf einen simplen Mechanismus: Wer nicht versteht, wendet sich ab, und wer sich abwendet, stellt keine kritischen Fragen, meist als Ausdruck davon, dass schlicht die Kraft fehlt, auch noch an der sprachlichen Front die eigenen Rechte einzufordern.

10

Ökonomische Blockaden

Importsubstituierende Entwicklung als Gegenmodell

Das sechste Kapitel endete mit der Frage, weshalb es nach der Unabhängigkeit nicht gelang, die im Kolonialismus entstandene Arbeitsteilung zu überwinden, also den Umstand, dass Afrika primär für Rohstoffe zuständig ist, während industriell gefertigte Produkte überwiegend aus der restlichen Welt stammen. Meine Antwort lautete in einer ersten Annäherung, dass dies mit der politischen Geschichte vor und nach der Unabhängigkeit zu tun gehabt habe. Denn überall dort, wo zentralistische und despotische Regierungsapparate am Werk sind, wo die politischen Eliten die Interessen der bäuerlichen Bevölkerung missachten, wo ethnisch und religiös aufgeladene Konflikte Keile zwischen die Menschen treiben, wo Diktaturen das gesellschaftliche Leben ersticken oder wo Kriege, Pandemien und Naturkatastrophen schweres Leid hervorbringen, kann eine ohnehin fragile Wirtschaft nur schwer auf die Beine kommen. Diese Überlegungen möchte ich nunmehr vertiefen, jetzt allerdings mit Fokus auf die internen und externen wirtschaftlichen Dynamiken. Begonnen hat es mit jener Aufbruchstimmung, von der bereits die Rede war. Denn das Vorhaben, den von den Kolonialmächten aufgezwungenen Objekt-Status abzustreifen, galt auch für die wirtschaftliche Sphäre. Im Kern ging es darum, ein ähnliches Wohlstandsniveau zu erlangen wie in Europa. Das einschlägige Zauberwort lautete *importsubstituierende Entwicklung*. Damit war gemeint, sich von teuren Importen unabhängig zu machen und stattdessen die Güter des täglichen Bedarfs und die dafür erforderlichen Maschinen selber zu produzieren.

Wie ernst dieses Credo genommen wurde, zeigt der Bericht einer Konferenz zur Industrialisierung in Westafrika, die im Oktober 1964 in Bamako stattgefunden hat – unter dem organisatorischen Dach der bis heute in Addis Abeba ansässigen UN-Wirtschaftskommission für Afrika. Bei der Konferenz wurde unter anderem über den Aufbau einer Stahlindustrie gesprochen. Eine Expert:innen-Kommission empfahl zwei Standorte: einen an der Küste in Liberia, einen im Binnenland in Mali, doch auch Guinea, Mauretanien und Nigeria kündigten eigene Ambitionen an. In ähnlicher Form wurde über die Gründung einer Maschinenbau-, Chemie-, Düngemittel-, Zement-, Textil-, Elektro- und Metallindustrie diskutiert, immer unter der Maßgabe, die günstigsten Standorte zu bestimmen, was Bedarfe, Transportwege und Verfügbarkeit von Rohstoffen betrifft. Bemerkenswert ist, dass dieser kollektive Geist auch in den Begrüßungsreden mit Händen greifbar war. Womöglich auch als Reaktion darauf, dass es im Zuge der Unabhängigkeit trotz gemeinsamer panafrikanischer Überzeugungen nicht geglückt war, stabile zwischenstaatliche Föderationen aufzubauen. So schwärmte der nigrische Vertreter von einer sich abzeichnenden «Charta» für Industrialisierung:

> «Wir sehen, wie eine wirklich integrierte Struktur der westafrikanischen Industrie Gestalt annimmt. Wir sehen die Abkehr von dem alten kolonialen Muster der mehr oder weniger wohlhabenden wirtschaftlichen Gebiete an der Küste, die mit einem Hinterland koexistierten, das in einer Subsistenzwirtschaft stagnierte. Die Industrie geht uns alle an. Wir alle haben Reichtum, den wir in einen gemeinsamen Pool einbringen können.»[1]

Viele der hochfliegenden Pläne konnten nicht realisiert werden. Dennoch kam es zu wichtigen Fortschritten. Historiker:innen sprechen von einer langfristigen Aufschwungphase, die bereits vor der Unabhängigkeit im Jahr 1945 begonnen und bis zum Beginn der ersten Ölkrise im Jahr 1973 angedauert habe. In dieser Zeit wurde ein industrieller Grundstock geschaffen, von dem die (west-)afrikanischen Länder bis heute zehren. In den 1960er und 1970er Jahren ist die Industrie um durchschnittlich 7 Prozent jährlich gewachsen, insbesondere im Textil- und Lebensmittelbereich. Und das hat sich auch auf anderen Ebenen bemerkbar gemacht – quasi als Nebeneffekt davon, dass die wirtschaftliche Entwicklung insgesamt anzog. Zum einen bei der Lebenserwartung: Diese ist in Subsahara-Afrika zwischen 1960 und 1990 von 40 auf 50 Jahre angestiegen, was nicht nur mit dem Rückgang der Kindersterblichkeit zu tun hatte, sondern auch mit dem Umstand, dass sich der Anteil der Bevölkerung mit Zugang zu sauberem Trinkwasser zwischen 1975 und 1990 von 27 auf 40 Prozent erhöht hat. Zum anderen bei der Schulbesuchsquote: 1960 schnitten die afrikanischen Länder bei grundlegenden Bildungsparametern wie Lesen, Schreiben oder Rechnen schlechter ab als alle anderen Länder des globalen Südens. Erst im Jahr 2000 hatte Subsahara-Afrika das Bildungsniveau erreicht, über das ostasiatische oder lateinamerikanische Länder bereits in den 1950er Jahren verfügten. Und das war ein beispielloser Kraftakt. Denn durch den hohen Anteil junger Menschen an der Gesamtbevölkerung muss Subsahara-Afrika – relativ betrachtet – zweieinhalb Mal mehr Kinder beschulen als die Industrieländer. Zwischen 1970 und 1990 hat sich die Schüler:innenzahl von 27 Millionen auf 80 Millionen erhöht. Dennoch ist die Gesamtsituation bis heute unbefriedigend: 2015 besuchten gerade mal 43 Prozent aller Schüler:innen nach der Grundschule eine weiterführende Schule. Entsprechend betrug die westafrikanische Alphabetisierungsquote im Zeitraum 2010 bis 2017 bei den über 15-jährigen Frauen 36,3 Prozent, bei den über 15-jährigen Männern 54,7 Prozent.

Von der Schuldenpolitik des IWF zur Deindustrialisierung

Im Laufe der 1970er Jahre schlitterten die (west-)afrikanischen Länder zunehmend in die Verschuldung, wobei die Ursachen vielfältig waren: Es begann mit dem Anstieg der Ölpreise, später explodierten die Zinssätze für bereits aufgenommene Kredite, auch der Dollarkurs zog an, sodass es schwieriger wurde, die in Dollar aufgenommenen Schulden zurückzuzahlen. Umgekehrt – und diese Gleichzeitigkeit war der eigentliche Auslöser der Krise – gingen die Staatseinnahmen drastisch zurück: 17 der 20 wichtigsten Exportprodukte der subsaharischen Länder verloren zwischen 1981 und 2001 10 bis 18 Prozent an Wert. Zudem trugen die unrentablen Staatsbetriebe zu wenig zum Steueraufkommen bei, ganz zu schweigen von Korruption und Verschwendung. Als die Länder zunehmend zahlungsunfähig wurden, bestanden die westlichen Gläubiger auf volle Rückzahlung der Schulden. Verhandlungen über Schuldenerlasse wurden erst 15 Jahre nach Beginn der Krise eröffnet. Folge war, dass der Schuldenberg ständig wuchs, schlicht deshalb, weil nicht die Schulden getilgt, sondern lediglich Zinszahlungen geleistet wurden – auch Zinszahlungen für solche Kredite, die einzig aufgenommen wurden, um die alten Kredite weiterhin bedienen zu können. Die Länder Subsahara-Afrikas leisteten zwischen 1980 und 2002 250 Milliarden Dollar Schuldendienst, ungefähr das Vierfache dessen, was 1980 ursprünglich an Schulden bestanden hatte. Für die einst prosperierende Elfenbeinküste bedeutete die Doppelbelastung aus steigenden Zinsen und sinkenden Rohstofferlösen, dass sie 1980 25 Prozent ihrer Exporteinnahmen für den Schuldendienst aufbringen musste, 1990 hingegen 60 Prozent. Doch damit nicht genug. IWF und Weltbank verordneten den betroffenen Ländern die bereits mehrfach erwähnten Strukturanpassungsprogramme, sonst hätten sie gar keine neuen Kredite erhalten. Zu den wichtigsten Maßnahmen zählten: Reduzierung der Staatsausgaben (um das Staatsdefizit abzubauen),

Schließung oder Privatisierung von Staatsbetrieben (um keine neuen Schulden anzuhäufen), Abbau von Zöllen und Marktöffnungen (um die globale Wettbewerbsfähigkeit afrikanischer Produzent:innen zu steigern), Fokussierung auf Rohstoffexporte (um Geld für die Schuldenrückzahlung zu erwirtschaften) und Abwertung der Währung (um Importe zu reduzieren und Exporte anzukurbeln). Unstrittig ist, dass diese Maßnahmen zu einer Verringerung der Schuldenquote geführt haben, auch die Inflation ging zurück. Doch die Konsequenzen waren katastrophal, auch hier können nur die wichtigsten Aspekte genannt werden, wobei hinzugefügt sei, dass manche der negativen Konsequenzen ausdrücklich gewollt waren, insbesondere jene, die westliche Firmen begünstigten:

Erstens haben Hunderttausende ihre Arbeit verloren, die meisten im ohnehin winzigen Segment formeller Beschäftigung. Entsprechend hat sich in Subsahara-Afrika zwischen 1981 und 2001 die Zahl derer, die von weniger als 1 Dollar pro Tag lebten (damals die offizielle Schwelle zu «extremer» Armut), nahezu verdoppelt. *Zweitens* mussten die Staatsausgaben unter anderem für Bildung und Gesundheit erheblich reduziert werden. Allein im Bildungsbereich verringerte sich das Budget um 20 Prozent, Folge waren unter anderem Klassengrößen von 75 bis 100 Schüler:innen. *Drittens* mussten unzählige Fabriken schließen, ganz Westafrika wurde von einer Welle der Deindustrialisierung erfasst. In Ghana fiel die Zahl der Fabrikarbeiter:innen von 78 700 auf 28 000, in Senegal verlor ein Drittel der industriell Beschäftigten ihre Arbeit. Die Deindustrialisierung hatte auch langfristige Konsequenzen. Denn nun gelangten massenhaft Importe aus dem Ausland auf die (west-)afrikanischen Märkte, was wiederum eine Wiederaufnahme der industriellen Fertigung massiv erschwerte. *Viertens* richteten die Strukturanpassungsprogramme auch im landwirtschaftlichen Bereich schwere Schäden an – nicht nur durch Marktöffnungen, die insbesondere in Westafrika den Boden für europäische Dumping-Exporte von Hühnchenfleisch, Weizen oder Milchpulver bereiteten. Vielmehr wurde auch die seit der Unabhängigkeit praktizierte Vernachlässigung der ländlichen Regionen verschärft, indem Subventionen für bäuerliche Haushalte gestrichen, Landwirtschaftsberater:innen abgezogen und Investitionen in ländliche Infrastruktur abgebaut wurden. In der Summe haben diese Vorgänge die Ernährungskrise in Westafrika abermals vertieft, vor allem in Kombination mit der Dürrekrise der 1980er Jahre im Sahel. *Fünftens* ist es zu diversen Gesetzesänderungen gekommen, ebenfalls mit langfristigen Konsequenzen. So wurden auf Druck von IWF und Weltbank in verschiedenen Ländern die Bodengesetze überarbeitet, sodass es nunmehr auch ausländischen Unternehmen gestattet war, Land in (West-)Afrika zu pachten – eine wesentliche Voraussetzung für jene Investitionen, die seit den späten 2000er Jahren als «Landgrabbing» bekannt wurden. Gleiches gilt für Steuererleichterungen. Sie haben insbesondere internationalen Bergbaukonzernen seit den 1990er Jahren märchenhafte Gewinne beschert, während die lokale Bevölkerung von Bergbauaktivitäten häufig kaum profitierte. Beispielsweise mussten Bergbaukonzerne in Mali 1991 45 Prozent (Körperschafts-)Steuern zahlen, 1999 lag der Wert bei 35 Prozent und 2012 bei nur noch 30 Prozent. Allein 2015 entgingen Mali durch Steuervergünstigungen für überwiegend ausländische Investoren 310 Millionen Euro, das entsprach dem Dreieinhalbfachen des jährlichen Bildungsbudgets. *Sechstens* haben sämtliche dieser Entwicklungen nicht nur die Leistungs- und Steuerungsfähigkeit, sondern auch die Akzeptanz staatlicher Institutionen extrem erschüttert, vor allem dort, wo es auch zu Korruption und anderen Formen schlechter Regierungsführung gekommen ist. Wer mit Menschen in Westafrika spricht, begreift schnell, weshalb die 1980er und 1990er Jahre als verlorene Dekaden gelten. Denn die Strukturanpassungsprogramme waren ein tiefer gesellschaftlicher Schock, der senegalesische Ökonom Ndongo Samba Sylla spricht von einem «Abstieg in die Hölle». Sie haben das ökonomische, politische und soziale Gefüge Westafrikas grundlegend verändert, viele der aktuellen Krisen hängen eng damit zusammen. Umso tragischer ist, dass es von Anfang an warnende Stimmen gab. Die bekannteste dürfte die von Thomas Sankara gewesen sein, der bereits 1987 bei einer spontanen Rede vor der Organisation für Afrikanische Einheit unmissverständlich auf das destruktive Potential der neoliberalen Schuldenpolitik hingewiesen hat: «Die Schulden können nicht zurückgezahlt werden, denn zunächst einmal werden unsere Geldgeber nicht zu Grunde gehen, falls wir nicht zahlen. Das sollte uns klar sein. Falls wir jedoch zahlen, dann werden wir zu Grunde gehen. Das sollte uns ebenfalls klar sein.»[2]

Anfang des 21. Jahrhunderts wendete sich das Blatt erneut, überall in Subsahara-Afrika zog die Wirtschaft an, der Anteil der in absoluter Armut lebenden Menschen sank von 58 auf 42,7 Prozent der Bevölkerung. Es war die Zeit, als immer mehr Publikationen unter reißerischen Titeln wie *Der schwarze Tiger* (Hans Stoisser) oder *Der Afrika-Boom* (Andreas und Frank Sieren) erschienen. Viele glaubten, dass auch die westafrikanischen Länder den Durchbruch endgültig geschafft hätten, zumal in Megacities wie Lagos oder Abidjan zunehmend kleine und mittlere Unternehmen gegründet wurden. Selbst von einer wachsenden Mittelschicht war immer öfter die Rede, auch wenn diese allenfalls 13 Prozent der Bevölkerung ausmacht. Umso ernüchternder war, dass die Wachstumskurve 2015 wieder abflachte, 2016 musste die westafrikanische Leitökonomie Nigeria sogar ein Minuswachstum von 1,6 Prozent hinnehmen. 2017 erholten sich die Werte wieder, 2018 befanden sich sechs der zehn am schnellsten wachsenden afrikanischen Volkswirtschaften in Westafrika. Doch 2020 kam es durch die Corona-Pandemie erneut zum Einbruch.

Zwei grundlegende Faktoren spielen bei diesem ständigen Auf und Ab eine entscheidende Rolle: Zum einen wird die wirtschaftliche Entwicklung in Subsahara-Afrika überproportional stark von

Rohstoffpreisen beeinflusst. In der Forschung ist von periodischen «Wachstumsspurts» die Rede, die nicht zuletzt Boomphasen im Ausland widerspiegeln, etwa die exorbitante Wachstumsdynamik in China nach der Jahrtausendwende.[3] Zum anderen geht rohstoffbasiertes Wirtschaftswachstum kaum mit positiven Beschäftigungseffekten einher. Die Masse der Menschen arbeitet weiterhin informell, häufig unter Bedingungen, die in Europa nur schwer vorstellbar sind. Über einige Tätigkeiten wie Hausarbeit, Kleinhandel oder Viehwirtschaft habe ich schon berichtet, andere sind nicht weniger strapaziös. Beispielsweise der Betrieb von Schnellimbissen an stark frequentierten Durchgangsstraßen in Bamako, wo Frauen an einfachen Holzständen bei Lärm, Hitze und Staub stundenlang Essen zubereiten, häufig mit kleinen Kindern im Schlepptau. Oder Wertstoffsuche auf Müllhalden in Accra, wo Kinder und Jugendliche hochgiftige Dämpfe einatmen, während sie Elektroschrott aus Europa verbrennen, um an Kupferdrähte zu gelangen. Dabei sickern auch Quecksilber und Arsen in nahegelegene Flüsse, die wiederum zur Bewässerung von Gemüsefeldern genutzt werden. Oder Motorradtaxifahren in Lomé, wo viele Fahrer kein eigenes Zuhause haben, sondern auf den Satteln ihrer Motorräder schlafen – nicht selten unter dem Einfluss harter Drogen. Oder Sandtauchen in Lagos, wo junge Männer minutenlang auf den Grund der drei bis vier Meter tiefen Lagune tauchen, um in Eimern und Plastiktüten Sand für die unzähligen Baustellen der Megacity zu schöpfen. Viele kommen aus dem Nachbarland Benin, ihre Entlohnung ist skandalös niedrig. In Subsahara-Afrika wird die allermeiste Arbeit im informellen Sektor verrichtet – wie überall im globalen Süden. 2016 schätzte die Weltbank, dass jährlich 10 Billionen Dollar weltweit im informellen Sektor erwirtschaftet werden, das entsprach dem damaligen Bruttoinlandsprodukt von China. Deutlich wird also, dass die bereits an mehreren Stellen dieses Buches zitierte Kennziffer des Bruttoinlandsproduktes mit einer gewissen Vorsicht zu genießen ist. Einerseits, weil eine positive Entwicklung des Bruttoinlandsprodukts – und somit wirtschaftliches Wachstums – keineswegs automatisch mit sinkender Armut einhergeht. Andererseits, weil die tatsächliche Wirtschaftsleistung eines Landes höher ausfällt, wenn die informellen Tätigkeiten miteingerechnet werden. Auch deshalb erscheint es mir so wichtig, immer wieder statistische Werte heranzuziehen, die über das Haushaltseinkommen der Menschen sprechen oder über Zugänge zu Trinkwasser, Elektrizität, Bildung etc. Denn erst diese Zahlen geben eine realistische Auskunft über die soziale Lage der Bevölkerung.

Über Rohstoffpreise, Handelspolitik und Kapitalflucht

Es bleibt die Frage, weshalb es die (west-)afrikanischen Länder nicht geschafft haben, die vielversprechenden Ansätze aus den 1960er Jahren zu verstetigen. Über Verschuldung und Strukturanpassungsprogramme habe ich bereits gesprochen, doch die Liste der zugrunde liegenden Probleme ist länger und vielfältiger, auch sie kann nur überblicksartig vorgestellt werden: *Erstens* war es ein kapitaler Fehler, die bäuerliche Bevölkerung über Jahrzehnte systematisch zu benachteiligen. Dies hat in den ländlichen Regionen wirtschaftliche Dynamiken weitgehend blockiert, mit der Konsequenz, dass die landwirtschaftliche Produktivität niedrig blieb und die rapide wachsende Bevölkerung nicht mehr ernährt werden konnte. Stattdessen mussten Lebensmittel importiert werden, was wiederum eine fatale Abhängigkeit von den Preisschwankungen auf den Weltmärkten stiftete. *Zweitens* war es ein verhängnisvolles Erbe kolonialer Herrschaft, dass zum Zeitpunkt der Unabhängigkeit nur wenige Menschen mit industriellen Fertigungsprozessen näher vertraut waren. Seitens der politischen und ökonomischen Eliten hat das früh zu einer Spezialisierung auf internationalen Handel geführt – allen Industrialisierungsbemühungen zum Trotz. Hintergrund war, dass sich mit Import- und Exportgeschäften schneller und zuverlässiger Geld verdienen ließ, auch deshalb, weil grenzüberschreitender Handel mit Zolleinnahmen einhergeht, die bis heute eine der wichtigsten Quellen für Extragewinne durch Korruption und Veruntreuung darstellen. *Drittens* haben sinkende Rohstoffpreise die subsaharischen Ökonomien bereits seit den 1920er Jahren erheblich unter Druck gesetzt. Denn importierte Industrieprodukte sind in diesem Zeitraum nicht gleichermaßen billiger geworden, sodass sich das Verhältnis zwischen Export- und Importpreisen kontinuierlich verschlechtert hat. Allein zwischen 1980 und 1990 ging die Kaufkraft afrikanischer Exporte um 37 Prozent zurück. Das ist gemeint, wenn in der öffentlichen Debatte von *terms of trade* die Rede ist, die sich zuungunsten der afrikanischen Länder verschoben hätten. *Viertens* haben Großinvestitionen so gut wie nie die in sie gesetzten Erwartungen erfüllt, vor allem im Bergbaubereich nicht. Stattdessen ist es zu Landvertreibungen oder zur Zerstörung natürlicher Ressourcen gekommen. Zudem haben Bergbauunternehmungen nur selten lokale Wirtschaftskreisläufe stimuliert. Solche Trickle-down-Effekte können nur gelingen, wenn gleichzeitig die Ansiedelung kleiner und mittlerer Unternehmen seitens des Staates gezielt unterstützt wird, was jedoch kaum stattgefunden hat. *Fünftens* hat die 1995 gegründete Welthandelsorganisation WTO weitere Marktöffnungen in die Wege geleitet, aufbauend auf den Marktöffnungen anlässlich der Strukturanpassungsprogramme. Als dramatisch hat sich vor allem die Entscheidung des WTO-Schiedsgerichts entpuppt, wonach der quoten- und zollfreie Zugang für zahlreiche afrikanische Agrarprodukte zum EU-Binnenmarkt als Wettbewerbsverzerrung gegenüber lateinamerikanischen und anderen Ländern zu bewerten sei. Denn dies war der Grund, weshalb die EU mit vier afrikanischen Ländergruppen die viel kritisierten Wirtschaftspartnerschaftsabkommen ausgehandelt hat – besser bekannt unter ihrem englischen Kürzel EPA (Economic Partnership Agreements). Diese sehen im Kern vor, dass die afrikanischen Länder bis zum Jahr 2035 schrittweise ihre Zölle auf 80 Prozent der europäischen Importe abbauen müssen. Folge dürfte sein, dass viele afrikanische Industriebetriebe unter dem Wettbewerbsdruck europäischer Firmen vollends kollabieren oder gar nicht erst auf die Beine kommen werden. Zudem gehen wertvolle Zolleinnahmen verloren, in Westafrika wird mit Verlusten von 1,9 Milliarden Euro jährlich gerechnet. *Sechstens* büßen die afrikanischen Staaten jährlich gigantische Summen durch entgangene Steuererlöse ein, die Schätzungen schwanken zwischen 43 Milliarden Dollar (Afrikanische Union) und 175 Milliarden Dollar (IWF). Die diesbezügliche Debatte ist unübersichtlich, da fehlende Besteuerung, legale Steuervermeidung und illegale Kapitalflucht fließend ineinander übergehen. Eine häufig zitierte Studie hat errechnet, dass in Nigeria zwischen 1970 und 2008 217 Milliarden Dollar illegal das Land verlassen haben, in Mali betrug der Wert 7,6 Milliarden Dollar und in Togo 2,2 Milliarden Dollar.[4] Wäre dieses Geld korrekt versteuert und kontinuierlich in den einzelnen Ländern reinvestiert worden, hätte das auf verschiedenen Ebenen beträchtliche Entwicklungsschübe anstoßen können. *Siebtens* sind auch die Aspekte im Blick zu behalten, um die es bereits ausführlich gegangen ist, beispielsweise die von Frankreich dominierte Währung Franc CFA, die mangelhafte Verzahnung der ökonomischen Räume oder die miserable Infrastruktur, insbesondere was Elektrizität, Wasser und Straßen betrifft.

Die Auflistung zeigt, und das ist mein eigentliches Anliegen, dass jede Analyse zu kurz greift, die sich damit zufriedengibt, die wirtschaftliche Entwicklung in Westafrika seit 1960 unter Rückgriff auf zwei oder drei Hauptfaktoren zu erklären. Ungeachtet dessen möchte ich einen alles überwölbenden Aspekt ausdrücklich hervorheben: Die Regierungen der Industrie- und Schwellenländer haben in den letzten Jahrzehnten mit äußerster Rücksichtslosigkeit ihre eigenen Interessen verfolgt. Niemand hat sie gezwungen, in Afrika Marktöffnungen, Schuldenrückzahlungen, billige Rohstoffpreise, Steuererleichterungen für ausländische Unternehmen und Investoren oder Privatisierungen durchzusetzen, häufig unter Androhung wirtschaftlicher Sanktionen. Diese und viele weitere Maßnahmen waren einzig dem Kalkül verpflichtet, die bereits in der Sklaverei und im Kolonialismus entstandene Arbeitsteilung zu zementieren: Afrika sollte billige Rohstoffe liefern, die Industrie- und Schwellenländer ihre Zuständigkeit für industrielle Produkte behalten. Andere Erwägungen hatten keine Priorität, vor allem wurden zu keinem Zeitpunkt ernsthafte Anstrengungen unternommen, die afrikanischen Länder proaktiv darin zu unterstützen, eine eigenständige und konkurrenzfähige Wirtschaft aufzubauen. Das mag zugespitzt klingen, aber genau hier liegen wichtige ethische und politische Herausforderungen, über die sich Europa verständigen sollte, wenn es um Fluchtursachen in (West-)Afrika geht.

11.

Zwischen Agrarindustrie und Klimakrise

Landwirtschaft im Spiegel gesellschaftlicher Debatten

Zum Zeitpunkt der Unabhängigkeit waren in Westafrika rund 85 Prozent der Menschen in der Landwirtschaft, Viehhaltung oder Fischerei tätig, heute sind es je nach Land 50 bis 80 Prozent. Angesichts dieser Bedeutung des primären Sektors kann es nicht überraschen, dass in den vergangenen Jahrzehnten in der europäischen Öffentlichkeit landwirtschaftliche Probleme in (West-)Afrika immer wieder für Aufsehen gesorgt haben: In den *1960er und 1970er Jahren* ging es vor allem um Hunger, zunächst während des Biafra-Krieges, sodann während der Sahel-Dürre. In den *1980er Jahren* rückte der Welthandel auf die Tagesordnung, ausgelöst durch die Preiseinbrüche bei agrarischen Rohstoffen. Der Faire Handel mit agrarischen Produkten steckte noch in den Kinderschuhen, doch es war die Zeit, als wichtige Studien zu Wertschöpfungsketten im Kakao- und Kaffeebereich entstanden, häufig am Beispiel von Ghana und der Elfenbeinküste. In den *1990er Jahren* gerieten staatliche Exportsubventionen in die Schlagzeilen, die es europäischen und US-amerikanischen Agrar- und Lebensmittelkonzernen erlaubten, ihre überschüssigen Produkte zu Billigstpreisen auf Märkte im globalen Süden zu werfen und dortige Produzent:innen zu verdrängen. So sank in Senegal seit den 1970er Jahren der jährliche Pro-Kopf-Verbrauch von Hirse von 84 auf 25 Kilo, während der jährliche Pro-Kopf-Verbrauch von importiertem Weizen von 10 auf 40 Kilo zunahm. In den *2000er Jahren* setzte sich die Exportproblematik fort, wobei agrarische Großbetriebe in der EU und den USA nicht mehr mit Subventionen, sondern mit Einkommensbeihilfen und Flächenprämien fit für die globale Konkurrenz gemacht wurden. Prominente Beispiele waren die Dumping-Exporte von Hühnchenfleisch nach Senegal, Ghana und Kamerun sowie die massiven Einkommenseinbußen, die kleinbäuerliche Baumwoll-Produzent:innen in Westafrika erleiden mussten, weil US-Farmer ihre Baumwolle dank staatlicher Unterstützung 10 bis 20 Prozent unter dem Weltmarktpreis feilbieten konnten. Des Weiteren haben Milchpulver-Exporte stark angezogen, nachdem 2015 die produktionsbeschränkende EU-Milchquote ausgelaufen ist. Westafrika ist eine der am stärksten betroffenen Weltregionen, in Burkina Faso kostet ein Liter pasteurisierte Milch aus einheimischer Produktion dreimal so viel wie ein Liter Milch aus importiertem Milchpulver. Hinzu kommt, dass europäische Milchkonzerne wie Danone oder Arla in großem Stil Molkereien in westafrikanischen Ländern aufgekauft haben, um selber von der Weiterverarbeitung des aus Europa stammenden Milchpulvers zu Joghurt, Trinkmilch oder Kondensmilch zu profitieren. In den *2010er Jahren* machten

Landvertreibungen von sich reden. Allein in neun westafrikanischen Ländern wurden zwischen 2000 und 2012 rund 3 Millionen Hektar Ackerland verpachtet oder verkauft. Hintergrund war, dass global operierende Finanzunternehmen Landinvestitionen als Kapitalanlage entdeckt hatten, vorrangig zum Anbau von Energiepflanzen für Agrosprit. Über jede der genannten Problematiken lassen sich auf den Webseiten einschlägiger Nichtregierungsorganisationen umfassende Informationen finden.[1] Ich möchte mich daher in diesem Kapitel auf zwei Aspekte beschränken: Einerseits auf die seit Mitte der 1990er Jahre forcierte Ausbreitung agrarindustrieller Landwirtschaft, auch bekannt als «Grüne Revolution», andererseits auf die Klimakrise, die sich in Westafrika erstmalig durch die beiden Jahrhundertdürren 1968 bis 1974 und 1984 bis 1985 manifestiert hat.

Grüne Revolution in Afrika versus Agrarökologie

Hunger und Unterernährung gehören bis heute zu den gravierendsten Problemen in Westafrika. Mit Ausnahme von Senegal und Ghana stuft der Welternährungsindex die Ernährungslage in Westafrika als «ernst» ein.[2] Das bedeutet, um nur zwei Beispiele zu nennen, dass in der Elfenbeinküste rund 20 Prozent der Bevölkerung an Unterernährung leiden und dass in Nigeria 37 Prozent aller Kinder unter fünf Jahren von Wachstumsverzögerungen betroffen sind. Letzteres klingt harmlos, beeinträchtigt jedoch die langfristige kognitive und motorische Entwicklung. Unterdessen sind die Ursachen von Hunger und Unterernährung äußerst komplex. Ausgangspunkt ist eine grundlegende Verwundbarkeit, die Ausdruck jener Marginalisierung der ländlichen Bevölkerung ist, von der ich in den vergangenen Kapiteln immer wieder gesprochen habe. Kommt es auf dieser Grundlage zu akuten Krisen wie Dürreperioden, Gewaltkonflikten oder explodierenden Lebensmittelpreisen, kann es leicht passieren, dass die erprobten Anpassungs- und Überlebensstrategien kollabieren und Hungersnöte ausbrechen.

Unbeeindruckt davon macht sich seit Mitte der 1990er Jahre eine Koalition aus Agrar- und Lebensmittelindustrie, afrikanischen Regierungen, Stiftungen, Forschungseinrichtungen, internationalen Organisationen und Zusammenschlüssen wie den G8-Industrieländern für die gezielte Förderung agrarindustrieller Anbausysteme mit Hochertragssaatgut, Chemiedünger und Pestiziden stark. Dem liegt die Maxime zugrunde, dass nur so die Produktivität der Landwirtschaft in Subsahara-Afrika gesteigert und die bäuerlichen Haushalte aus ihrer permanenten Misere herausgeholt werden könnten. Konkret geht es um verschiedene Initiativen, die unter Namen wie German Food Partnership, Neue Allianz für Ernährungssicherung oder AfricaRice firmieren. Am bekanntesten ist sicherlich die Allianz für eine grüne Revolution in Afrika (AGRA), die 2006 von der Bill & Melinda-Gates-Stiftung und der Rockefeller-Stiftung gegründet wurde. AGRA ist derzeit in 13 afrikanischen Ländern aktiv. In Westafrika sind Nigeria, Ghana, Mali und Burkina Faso beteiligt – Niger war ebenfalls dabei, ist aber ausgeschieden. AGRAs Versprechen lautet, bis zum Jahr 2020 das Einkommen von 30 Millionen bäuerlichen Haushalten zu verdoppeln sowie die allgemeine Ernährungsunsicherheit zu halbieren. Entsprechend erhielten die beteiligten Länder zwischen 2007 und 2018 524 Millionen US-Dollar. Denn AGRA agiert nur als Lobbyist und Finanzier, die tatsächliche Arbeit müssen die afrikanischen Regierungen selbst erledigen. Sie sind dafür verantwortlich, die organisatorischen, rechtlichen und infrastrukturellen Voraussetzungen zu schaffen, damit die bäuerlichen Haushalte nicht nur die landwirtschaftlichen Inputs kaufen, sondern auch die hergestellten Produkte wie Mais oder Soja verkaufen können. Beides klingt banal, ist jedoch in vielen Regionen Westafrikas keineswegs selbstverständlich, allein wegen fehlender Anbindungen an Märkte.

Zentraler Anknüpfungspunkt für AGRA ist die Saatgutfrage.

Denn in Subsahara-Afrika nutzen bäuerliche Haushalte überwiegend eigenes, gemeinhin aus Vorjahresernten aufbewahrtes Saatgut. Das kostet nichts, zudem ist lokales, aus langjährigen Trial- und Errorprozessen hervorgegangenes Saatgut robuster und besser an die jeweiligen Boden- und Witterungsverhältnisse angepasst als industriell erzeugtes Standard-Saatgut. Doch genau diese landwirtschaftliche Praxis möchte AGRA aufbrechen. Denn im Falle von AGRA bedeutet grüne Revolution, Landwirtschaft nur noch mit Hochertragssaatgut zu betreiben, das seinerseits auf Chemiedünger und Pestizide zwingend angewiesen ist. Um das zu erreichen, hat AGRA zwischen 2008 und 2020 zwei Wege beschritten: Einerseits wurden Saatgut-Input-Pakete für Einsteiger:innen intensiv beworben und kostengünstig abgegeben – ergänzend zu staatlichen Dünger-Subventionen, die ohnehin in mehreren westafrikanischen Ländern seit vielen Jahren gewährt werden. Andererseits wurden die beteiligten Regierungen gedrängt, neue Saatgutgesetze zu beschließen. Im kommerziellen Bereich sollte nur noch registriertes Saatgut Verwendung finden, also solches, das die strengen Reinheitskriterien des 1991 verabschiedeten internationalen Übereinkommens zum Schutze von Pflanzenzüchtungen erfüllt – bekannt unter dem Kürzel UPOV 1991. Hierzu passt, dass die Westafrikanische Wirtschaftsgemeinschaft 2017 eine Absichtserklärung unterzeichnete, dass ihre Mitgliedsländer zukünftig Saatgutgesetze nur noch UPOV 1991-konform gestalten sollten. Bislang sind das lediglich Pläne, doch zu Ende gedacht würden die neuen Saatgutgesetze für Millionen bäuerliche Haushalte eine handfeste Enteignung bedeuten. Denn zum Wesen bäuerlichen Saatguts gehört, die Reinheitskriterien von UPOV 1991 üblicherweise nicht zu erfüllen.

Umso stärker ließ 2020 die Nachricht aufhorchen, dass AGRA sämtliche seiner hochfliegenden Ziele verfehlt hat. Schlimmer noch: In Niger und Nigeria hat sich die Ernährungslage sogar verschlechtert, was nicht primär AGRA anzulasten ist, was aber zeigt, dass agrarindustrielle Landwirtschaft keineswegs das Patentrezept zur Lösung der Ernährungsfrage darstellt. Das weitgehende Scheitern von AGRA lässt sich nicht nur einer im Auftrag der Rosa-Luxemburg-Stiftung durchgeführten Studie der renommierten Tufts University in den USA entnehmen,[3] sondern auch internen Unterlagen, die AGRA auf Grundlage des US-amerikanischen Informationsfreiheitsgesetzes veröffentlichen musste.[4] Statt Ertragssteigerungen hat die Programmatik von AGRA neue Probleme geschaffen: *Erstens* gerieten bäuerliche Haushalte in die Schuldenfalle, weil die hohen Input-Kosten für Saatgut, Chemiedünger, Pestizide etc. die Gewinne aus steigenden Erträgen tendenziell übertrafen. *Zweitens* gingen die Ernteerträge trotz anfänglicher Erfolge zurück, weil Chemiedünger die Bodenfruchtbarkeit unterminiert, sodass im Laufe der Zeit immer mehr Chemiedünger erforderlich gewesen wäre, was sich jedoch die meisten Haushalte nicht leisten konnten. Hinzu kommt, dass der gleichzeitige Anbau unterschiedlicher Pflanzen gerade in Subsahara-Afrika 20 bis 60 Prozent höhere Erträge abwirft als die von AGRA vorgeschriebenen Monokulturen. *Drittens* hat die einseitige finanzielle Förderung von Hochertragssorten wie Mais zu einem Rückgang beim Anbau ernährungsphysiologisch wichtiger Grundnahrungsmittel geführt, etwa von Hirse um 24 Prozent, von Erdnüssen um 23 Prozent und von Maniok um 7 Prozent.

Diese Ergebnisse sind wenig überraschend. Sie bestätigen einmal mehr, dass agrarindustrielle Anbausysteme zwar den global operierenden Agrarkonzernen erhebliche Profite bescheren, nicht aber zu kleinbäuerlich geprägter Landwirtschaft passen. Studien gehen davon aus, dass in (West-)Afrika gerade einmal 10 bis 20 Prozent aller bäuerlichen Haushalte finanziell, logistisch und personell in der Lage sind, sich als Käufer und Verkäufer in komplexe Wertschöpfungsketten einzufügen – inklusive Schuldenaufnahme und -tilgung. Mir selbst sticht dieses extreme Gefälle immer wieder ins Auge, wenn ich in Mali mit der bäuerlichen Basisgewerkschaft

COPON im Bewässerungsgebiet des Office du Niger unterwegs bin. Viele ihrer Mitglieder leben sprichwörtlich von der Hand in den Mund. Manche haben gar kein Land, andere bewirtschaften Parzellen von lediglich 0,25 bis 1 Hektar, auf denen sie winzige Mengen Reis anbauen, für die sie ebenfalls Saatgut und Chemiedünger kaufen müssen. Erkrankt ein Kind an Malaria, stehen die Eltern nicht selten vor der Wahl zwischen einem Kredit für Medikamente oder der Hoffnung, dass es das Kind auch ohne Behandlung schaffen möge.

Angesichts dieser Umstände ist es fatal, dass durch AGRA weitere Jahre verloren gegangen sind, auch hinsichtlich der dringend erforderlichen Anpassungsmaßnahmen an die Klimakrise. Denn systematische Studien haben bereits in den 2000er Jahren ergeben, dass in den Ländern des globalen Südens agrarökologische Anbausysteme durchschnittlich 70 bis 80 Prozent höhere Erträge als konventionelle Anbausysteme erzielen. Dabei ist zu berücksichtigen, dass Agrarökologie kein in sich geschlossenes Lehrgebäude darstellt. Es geht vielmehr um grundsätzliche Prinzipien wie den Erhalt der Bodenfruchtbarkeit, die Förderung der Biodiversität oder die Kombination von Acker-, Baum- und Tierhaltungskulturen. Eine von Olivier de Schutter – dem ehemaligen UN-Sonderberichterstatter für das Recht auf Nahrung – initiierte Forschungsgruppe mit 24 Expert:innen aus fünf Kontinenten hat 2016 das agrarökologische Selbstverständnis im Titel einer äußerst lesenswerten Studie treffend auf den Punkt gebracht: *From Uniformity to Diversity. A paradigm shift from industrial agriculture to diversified agroecological systems* (Von der Gleichförmigkeit zur Vielfalt: Ein Paradigmenwechsel von der industriellen Landwirtschaft zu vielseitigen agroökologischen Strukturen). Bereits 2008 war dies eine der zentralen Botschaften des von der Weltbank koordinierten Weltagrarberichts, nicht zuletzt mit Blick auf die subsaharischen Länder. Mittlerweile stößt selbst José Graziano da Silva in dieses Horn, er war bis 2019 Chef der UN-Welternährungsorganisation

(FAO), die in den letzten Jahrzehnten zu den entschiedensten Verfechtern agrarindustrieller Methoden gehörte.

Mit Aufforstung gegen die Klimakrise

Die bäuerliche Bevölkerung in Westafrika steht schon lange unter existentiellem Druck – aufgerieben zwischen Vernachlässigung und Verdrängung. Auch deshalb ist es eine beispiellose Tragödie, dass in Gestalt des Klimawandels eine weitere Gefahr auf den Plan getreten ist. Bereits die elementaren Eckdaten lassen das Schlimmste befürchten: Zwischen 1970 und 2010 hat sich in Westafrika die Temperatur schneller als im weltweiten Durchschnitt erhöht, erwartet wird derzeit ein Anstieg von 3 bis 4 Grad bis zum Ende des Jahrhunderts. Zudem ist es im westlichen Sahel zwischen 1960 und 1990 zu einem Rückgang der Niederschläge um 30 Prozent gekommen, während die Zahl von Starkregenereignissen und Gewitterkomplexen mit einer Ausdehnung von mindestens 25 000 Quadratkilometern seit Anfang der 2000er Jahre kontinuierlich anstieg. Auch die Niederschlagsmuster haben sich verändert, was vor allem das Pflanzenwachstum erheblich beeinträchtigt: Anfang und Ende der Regenzeiten variieren immer stärker, zudem regnet es öfter, aber in kleineren Mengen. Und selbst die Küsten sind betroffen: In Senegals Hauptstadt Dakar ist der Meeresspiegel zwischen 1942 und 2012 um 8,4 Zentimeter gestiegen, in Sekondi-Takoradi, der drittgrößten Stadt Ghanas, um 25 Zentimeter.

Die Mehrheit der Menschen kann mit solchen Zahlen kaum etwas anfangen, das zeigt eine 2016 bis 2018 durchgeführte Umfrage in 33 afrikanischen Ländern, der zufolge gerade einmal 29 Prozent der Bevölkerung wussten, dass es einen menschengemachten Klimawandel gibt.[5] Dennoch bestreitet unter den Älteren kaum jemand, dass sich seit den 1960er Jahren dramatische Veränderungen vollzogen haben, auch solche, von denen bereits an verschiedenen Stellen die Rede war: schwere Hungersnöte, Vorrücken der

Ackerbaugrenze nach Süden, Destabilisierung von Gemeinschaften durch den Verlust von Tieren, Überschwemmungen, Rückgang des Fischaufkommens in Flüssen und Binnengewässern, Zwangsumsiedlungen an der Küste etc. Gleichzeitig deutet vieles darauf hin, dass diese Entwicklungen lediglich den Auftakt bilden. Wissenschaftliche Klimaprognosen sind zwar mit gewissen Unsicherheiten behaftet. Zudem fallen Wetterereignisse in Westafrika schon seit jeher kleinräumig aus, insbesondere im Sahel kann es leicht passieren, dass 20 Kilometer weit auseinanderliegende Dörfer völlig unterschiedliche Regenzeiten erleben. Dennoch geht die Forschung davon aus, dass sich die aktuellen Trends fortsetzen werden, das haben auch die Begleitmaterialien des 2021 veröffentlichten 6. Sachstandsberichts des Weltklimarats bestätigt. Konkret muss mit diversen negativen Entwicklungen gerechnet werden – unter anderem damit, dass in absehbarer Zukunft das Fischaufkommen an der westafrikanischen Atlantikküste um 26 Prozent zurückgeht, dass in der Elfenbeinbeinküste 50 Prozent der Kakaoflächen durch den Temperaturanstieg wegbrechen, dass Erträge aus Hirse und Sorghum um 15 bis 25 Prozent sinken, dass Pflanzenkrankheiten häufiger auftreten, dass Tiere aufgrund schwindender Weideflächen 14 bis 16 Prozent weniger Gewicht aufweisen und dass Straßen nach Starkregen länger überschwemmt bleiben und Ernten folglich vergammeln.

In diesem Kontext sollte auch nicht das für dieses Buch grundlegende Credo aus dem Blick geraten, Fluchtursachen stets in der Gesamtschau zu betrachten. Es ist nicht der Klimawandel allein, der die Ernährungslage in Westafrika zuspitzt, das haben bereits die Ausführungen zu AGRA deutlich gemacht. Auch Acker- und Weideflächen sind in den letzten Jahrzehnten immer knapper geworden – teils wegen Abholzung und Übergrasung, teils wegen Landgrabbing und Bevölkerungswachstum. Entsprechend sind die Brachezeiten überall in Westafrika drastisch gesunken, also jene Phasen, in denen die Böden unbearbeitet bleiben und sich erholen können: Von 20 Jahren in den 1970er Jahren über 10 Jahre in den 1990er Jahren bis zu 2 Jahren in der Gegenwart, wenn überhaupt noch. Es wäre insofern irreführend, die klimatischen Veränderungen als bloßes Schicksal zu begreifen. Gerade im landwirtschaftlichen Bereich gibt es diverse Methoden aus dem agrarökologischen Spektrum, um die Bodenfruchtbarkeit wieder zu erhöhen oder Regenwasser zu speichern. Insbesondere Aufforstungsprogramme spielen eine wichtige Rolle, um die immer stärker um sich greifende Wüstenbildung einzudämmen. Denn Bäume sind Alleskönner. Sie geben nicht nur Nahrung, Futter, Holz und Medizin, sie spenden auch Schatten und kühlen die Oberflächen. Sie führen dem Boden mittels Wurzeln und Blättern Nährstoffe zu, zudem festigen sie den Untergrund und speichern Wasser. Aus guten Gründen ist Aufforstung mittlerweile in aller Munde, vor allem das maßgeblich von der Afrikanischen Union getragene Projekt der grünen Mauer, die als 15 Kilometer breiter Baum- und Buschstreifen quer über den Kontinent verlaufen und eine Art Sperrriegel gegen das Vorrücken der Wüste bilden soll. Derartige Initiativen sind indessen nicht neu, wie westliche Medien immer wieder suggerieren. Die Bevölkerung in (West-)Afrika kennt die Kraft der Bäume schon lange – auch in spiritueller Hinsicht. Am bekanntesten dürfte die kenianische Friedensnobelpreisträgerin Wangari Muta Maathai sein, die 1977 eine panafrikanische Bewegung zur Aufforstung gründete. Im Sahel hat sich insbesondere Thomas Sankara hervorgetan, der kurz nach seinem Amtsantritt 1983 verkündete, dass jedes Dorf ein eigenes Wäldchen haben sollte. In gerade einmal 15 Monaten wurden in Burkina Faso 10 Millionen Bäume gepflanzt. Zugleich ließ Sankaras Regierung Brandrodung sowie das Sammeln und den Vertrieb von Brennholz gesetzlich neu regeln. Hiermit reagierte sie auf den Umstand, dass große Teile der ländlichen und städtischen Bevölkerung mangels Gas und Elektrizität auf lokale Holzreserven als Energiequelle zum Kochen und Waschen angewiesen waren – nicht anders als heute.

12.

Gewalteskalation im Sahel

Von der Vielfachkrise zum Flächenbrand

Seit der Unabhängigkeit haben kriegerische Auseinandersetzungen immer wieder den westafrikanischen Raum erschüttert. Am folgenschwersten dürften der Biafra-Krieg sowie die Bürgerkriege in Liberia, Sierra Leone und der Elfenbeinküste gewesen sein. Heute ist es die Gewalteskalation im Sahel, die große Teile Westafrikas in Atem hält, auch deshalb, weil ein Übergreifen des von islamistischen Gruppen entfachten Flächenbrandes auf die Küstenländer keineswegs ausgeschlossen ist. Die Anfänge liegen in den 1980er Jahren. Damals ist es in der zum Sahel gehörenden Nordhälfte Nigerias zu ersten Konfrontationen unter Beteiligung radikaler Islamisten gekommen, 2003 hat dies zur Gründung der Terrorgruppe Boko Haram geführt – wörtlich: «Westliche Bildung ist Sünde». Einiges davon habe ich bereits in meinen Ausführungen zu politischer Ethnizität in Nigeria geschildert, entsprechend werde ich mich hier auf die Entwicklungen in Mali, Burkina Faso und Niger beschränken. Dort hat die Krise 2012 mit einem Aufstand der nicht-religiösen Tuareg-Miliz MNLA im Norden Malis begonnen. Auch deshalb habe ich im achten Kapitel darauf hingewiesen, dass zahlreiche Mitglieder der MNLA aus jener Generation stammten, die in den 1980er Jahren im Zuge der klimawandelbedingten Dürrekatastrophe Mali verlassen hatte, unter anderem um als Söldner in der libyschen Armee anzuheuern. Doch die Wurzeln des Konflikts reichen tiefer, die wohl wichtigste Zäsur waren die ersten Jahre nach der Unabhängigkeit: Die Tuareg kritisierten, dass der junge malische Staat zahlreiche Gesetze erlassen hatte, die nicht nur die nomadische Viehwirtschaft, sondern auch die feudalen Strukturen der Tuareg-Gesellschaft offensiv in Frage stellten. Umgekehrt skandalisierte die erste Unabhängigkeitsregierung, dass noch 1960 schwarze Sklav:innen bei den Tuareg gang und gäbe waren, samt der Tatsache, dass ehemalige Sklav:innen und ihre Nachkommen – die sogenannten Bellah – die unterste Kaste innerhalb der Tuareg-Gesellschaft bildeten. Entsprechend rigoros reagierte die malische Armee auf die erste Tuareg-Rebellion 1961 bis 1964. Im Jahr 2012 ging die MNLA aufs Ganze und forderte die Loslösung des von ihr als Azawad bezeichneten Nordens Malis vom Rest des Landes, unbeeindruckt davon, dass noch nicht einmal ein Drittel der traditionell multiethnischen Bevölkerung in den nördlichen Landesteilen eine solche Loslösung befürwortete.[1] Um ihr Ziel dennoch zu erreichen, hat sich die MNLA mit Islamisten zusammengetan, die sich vor allem in der Anfangszeit aus internationalen dschihadistischen Netzwerken rekrutierten. Zunächst war der Aufstand erfolgreich, die MNLA wurde indes rasch von ihren islamistischen Bündnispartnern verdrängt. Das führte 2013 zur Militärintervention Frankreichs, die später als Antiterror-Operation Barkhane weiterlief, im gleichen Jahr folgten die UN-Friedensmission MINUSMA sowie die von der EU getragene Ausbildungsmission EUTM für die malische Armee. An beiden Einsätzen ist auch die deutsche Bundeswehr beteiligt.

Die Präsenz ausländischer Truppen beendete die Herrschaft der Islamisten im dünn besiedelten Norden Malis. Doch diese verschwanden nicht. Stattdessen spalteten sie sich in zahlreiche Gruppierungen auf, erweiterten ihren Aktionsradius auf das Zentrum des Landes und eröffneten einen Guerillakampf mit zwei Stoßrichtungen: Zum einen griffen sie Repräsentant:innen der bestehenden Ordnung an – von staatlichen Sicherheitskräften und Richter:innen über Bürgermeister:innen und Lehrer:innen bis hin zu Imamen und Persönlichkeiten des öffentlichen Lebens, dies mit dem Ziel, den Staat aus den ländlichen Regionen zu vertreiben.

Zum anderen füllten sie das so geschaffene Machtvakuum, indem sie selber als Ordnungsmacht auftraten: Sie trafen Entscheidungen bei Landkonflikten, machten Jagd auf Viehdiebe und intervenierten bei alltäglichen Interessensdifferenzen. Beispielsweise hob die zu Al-Qaida gehörende Katiba Macina (Massina-Befreiungsfront) Strafen für unerlaubten Holzeinschlag auf, untersagte die Erhebung von Weidegebühren im Niger-Binnendelta und organisierte die gerechte Verteilung von Kuhdung zur Düngung der Felder. Ende 2016 weiteten sich die Konflikte auf Burkina Faso aus, auch hier standen soziale Fragen im Zentrum. So stellte Ibrahim Malam Dicko, Gründer der im Norden des Landes verankerten Terrorgruppe Ansar ul-Islam (Helfer des Islam), nicht nur die Vormachtstellung reicher Honoratiorenfamilien in Frage. Er wandte sich auch gegen lokale Traditionen wie aufwändige Hochzeiten und Taufen, die vor allem für die armen Bevölkerungsgruppen eine erhebliche finanzielle Belastung darstellen. Ein weiteres Beispiel ist der schwer zugängliche Nationalpark W,[2] der für mehrere bewaffnete Gruppen als wichtiger Rückzugsraum dient, unter anderem, weil er auf den Territorien von Burkina Faso, Niger und Benin liegt und somit irreguläre Grenzübertritte problemlos erlaubt. Um die Unterstützung der lokalen Bevölkerung zu erlangen, haben Islamisten bestimmte Teile des Parks unter ihre Kontrolle gebracht und wichtige Naturschutzgesetze außer Kraft gesetzt, vor allem das weitgehende Jagdverbot. Ähnlich in einigen Goldabbaugebieten im Osten Burkina Fasos: Auch dort haben dschihadistische Gruppierungen das Kommando übernommen und handwerklichen Goldschürfer:innen bessere Konditionen eingeräumt als zuvor die staatliche Verwaltung.

Die bisherigen Ausführungen sind auf die Anfangsjahre der dschihadistischen Erhebung gemünzt. Doch der grundlegende Mechanismus ist stets der gleiche geblieben – auch als 2018 die westlichen Teile des Niger schrittweise ins Konfliktgeschehen reingezogen wurden: Radikale Islamisten brauchen Geld, logistische

Unterstützung und Rückzugsräume. Ihre politisch-religiösen Projekte sind daher eng mit kriminellen Geschäften verzahnt, ganz gleich, ob es um den Schmuggel von Waffen und Drogen, Viehdiebstahl, Wilderei oder den irregulären Betrieb von Goldminen geht. Und noch etwas wird deutlich: Der Flächenbrand im Sahel ist Ausdruck all jener Krisen, die ich im Laufe des Buches thematisiert habe, also der Krise des Territorialstaates und seiner Institutionen, der Krise des gesellschaftlichen Zusammenhalts, der Krise der Ökonomie, der Krise der Landwirtschaft und des Pastoralismus, der Krise des Klimas, der Krise der Migration, der Krise der Jugend und dergleichen mehr. Keine dieser Krisen ist neu, jahrzehntelang galt der Sahel als Armenhaus der Welt, jetzt rebellieren allerdings Teile dieses Armenhauses. Die gesellschaftlichen Bindekräfte erodieren, vor allem in ländlichen Regionen sind dschihadistische und kriminelle Gruppierungen zu einem relevanten Machtfaktor avanciert, während der Staat vielerorts abwesend ist. Dabei kommt ihnen nicht nur die tief verankerte, bis in die Kolonialzeit zurückreichende Ablehnung des Staates bei weiten Teilen der Bevölkerung zugute, sondern auch der Umstand, dass zahlreiche traditionelle Autoritäten wegen Korruption und Parteilichkeit schon lange nicht mehr die Glaubwürdigkeit genießen, die erforderlich ist, um lokale Konflikte auf friedliche Weise zu lösen.

Wie Dschihadisten lokale Konflikte instrumentalisieren

Es ist kaum bestreitbar, dass sich Dschihadisten im Sahel für die Interessen bestimmter Teile der Bevölkerung einsetzen, insbesondere die der pastoralistischen Fulbe. Gleichwohl sollten sie nicht als Sozialrebellen missverstanden werden. Die Realität ist komplexer und widersprüchlicher, denn dschihadistische Gruppen nehmen die ländliche Bevölkerung in Geiselhaft, indem sie bestehende Konfliktdynamiken zwischen verschiedenen Dörfern oder Ethnien instrumentalisieren, mitunter eskalieren. Je nach Situation agieren sie als Schutz- oder Bestrafungsinstanz: Bevölkerungsgruppen, die sich auf ihre Seite schlagen, werden unterstützt, andere bestraft, Neutralität ist nahezu unmöglich. Eine besondere Rolle spielen Viehhirt:innen der Fulbe. Gerade weil diese von multiplen Problemen wie schwindenden Weideflächen, blockierten Durchzugswegen oder ständigem Viehdiebstahl betroffen sind, besteht unter jungen Fulbe-Männern eine große Bereitschaft, sich dschihadistischen Gruppen anzuschließen – einfach weil sie sich Unterstützung erhoffen. Umgekehrt hat das den gesellschaftlichen Druck auf die Fulbe enorm erhöht. Häufig sind es staatliche Sicherheitskräfte, die Fulbe pauschal als Terrorist:innen verdächtigen, auch wenn es nur einzelne Familien, Gruppen oder Dörfer sind, die tatsächlich mit radikalen Islamisten kooperieren. Resultat sind schwerste Menschenrechtsverletzungen wie willkürliche Inhaftierungen, Folter oder Hinrichtungen, was wiederum den dschihadistischen Gruppierungen weiteren Zulauf durch Fulbe beschert. Parallel wachsen in der Bevölkerung die Vorbehalte gegenüber Fulbe. Entsprechend wurden an verschiedenen Orten Selbstverteidigungseinheiten gegründet. Einige haben sich zu handfesten Milizen weiterentwickelt, etwa die von den Dogon und Bambara getragene Miliz Dan Na Ambassagou in Mali (Jäger, die auf Gott vertrauen). Die so entstandene Gemengelage ist schwer zu überschauen, sie hat allerdings eine fatale Gewaltspirale hervorgebracht, die seit 2015 dafür sorgt, dass ganz normale Konflikte und Interessensdifferenzen immer häufiger mit Waffengewalt ausgefochten werden, sogar innerhalb einzelner Bevölkerungsgruppen oder Ethnien. Beispielsweise ist die Frage der Weidegebühren im Niger-Binnendelta ein interner Konflikt unter den Fulbe: Während die Verwalter der Weiden – die jowros – zur Fulbe-Elite gehören, sind die einfachen Viehhirt:innen Rimaibé, das heißt Nachfahren ehemaliger Fulbe-Sklav:innen.

Wer die Abläufe im Sahel verstehen möchte, muss also die Bereitschaft mitbringen, sich auf lokale Konflikte einzulassen. Stellvertretend möchte ich auf die Séno-Region im Zentrum Malis verweisen, einer kargen Tiefebene mit sandigen Böden am Fuße der weltbekannten Felsen von Bandiagara. 2019 waren dort 60 Prozent aller in Mali bei Gewaltkonflikten getöteten Menschen zu beklagen. Die vergleichsweise kleine Region wird seit langem von Dogon und Fulbe bewohnt. Im 18. und 19. Jahrhundert wurden die Dogon von den Fulbe auf das Bandiagara-Hochplateau vertrieben. Wer nicht rechtzeitig ging, wurde versklavt. Anfang des 20. Jahrhunderts begannen die Dogon, wieder verstärkt Ackerbau in der Séno-Ebene zu betreiben. Jahrzehntelang herrschte friedliche Koexistenz, bis 1975 durch ein von der Weltbank finanziertes Brunnenbauprogramm sowohl Dogon als auch Fulbe in großer Zahl in die Séno-Ebene strömten. Erstmalig entstanden handfeste Konkurrenzen um Land und Wasser. 2002 klagte ein Fulbe-Führer aus der Gemeinde Tolodié gegen die zunehmende Verwandlung von Weide- in Ackerland und gewann den Prozess. Doch korrupte Verwaltungsangestellte setzten die Vorgaben des Gerichtes nicht um. Bittere Konsequenz war, dass es in den Jahren 2002 und 2017 in Tolodié zu mehreren wechselseitigen Angriffen von Dogon und Fulbe mit insgesamt 55 Toten kam. Der malische Wissenschaftler Boubacar Ba stammt aus der Region und ist Leiter eines in Bamako ansässigen Forschungsinstituts. Zusammen mit anderen Wissenschaftler:innen geht er davon aus, dass es der Spannungsbogen zwischen 1975 und 2017 war, der zur tragischen Eskalation in der Séno-Region geführt hat.[3] Höhepunkt war das Massaker von Ogossagou am 23. März 2019, als die oben erwähnte Miliz Dan Na Ambassagou 172 Fulbe ermordete. Das Massaker hat die malische Gesellschaft bis ins Mark erschüttert. Ich habe unmittelbar danach mit vielen Menschen gesprochen, die immer wieder hervorhoben, dass ethnische Vielfalt seit Jahrhunderten das eigentliche Rückgrat ihres Landes sei. Nach Massenprotesten musste der malische Premierminister zurücktreten, seine Regierung hatte die Miliz massiv gefördert.

Der detaillierte Blick auf die Séno-Region veranschaulicht nicht nur das Konfliktgeschehen im Zentrum Malis. Er zeigt auch, wie irreführend die in den letzten Jahren immer öfter propagierte These ist, wonach der Klimawandel und das Bevölkerungswachstum gewalttätige Konflikte um Land und Wasser verursachen würden. Denn die Zusammenstöße haben in erster Linie mit einem verantwortungslosen und korrupten Management der knappen Land- und Wasserressourcen durch Gerichte, Behörden und lokale Honoratioren zu tun, und nur sekundär damit, dass die Land- und Wasserressourcen tatsächlich immer knapper werden. Darüber hinaus lässt sich anhand der Séno-Region die Rolle der Religion in dschihadistischen Gruppierungen einmal mehr präzisieren: Im Zentrum stehen politische und sozioökonomische Forderungen, die aber ein religiöses Gewand erhalten. Es kann daher nicht überraschen, dass die heutigen Islamisten genau dort stark sind, wo bereits im 19. Jahrhundert die im zweiten Kapitel beschriebenen Dschihad-Reiche beheimatet waren. Denn bereits damals war die Verbindung aus sozialer Revolte und Religion grundlegend – ebenfalls mit den Fulbe als maßgeblichen Protagonist:innen. Und Gleiches bestätigen auch aktuelle Untersuchungen, etwa die 2017 veröffentlichte UN-Studie *Journey to extremism in Africa* (Reise in den Extremismus in Afrika), in der unter anderem 718 ehemalige Mitglieder dschihadistischer Gruppen interviewt wurden: Viele betonen einen grundlegenden Mangel an Perspektiven, das ist eine bemerkenswerte Parallele zur Ausgangslage vieler Migrant:innen. Gleichzeitig ist ihr sozialer Status im Durchschnitt deutlich geringer als der von Migrant:innen, zumal sie überwiegend aus marginalisierten Regionen stammen. Für 51 Prozent hat Religion eine hervorgehobene Rolle beim Eintritt in die dschihadistische Gruppe gespielt, was angesichts der religiösen Dauerpropaganda ein bemerkenswert niedriger Wert ist. Hierzu passt, dass die Bereitschaft, einer dschihadistischen Gruppen beizutreten, umso kleiner ausfällt, je ausgeprägter die Fähigkeit ist, den Koran selber zu lesen –

das wiederum haben parallel durchgeführte Befragungen von Nicht-Dschihadist:innen ergeben.

Zur Widersprüchlichkeit militärischer Maßnahmen

Die hier skizzierten Zusammenhänge sind kein Insiderwissen, sie geben lediglich den Tenor der politischen und wissenschaftlichen Debatte in den Sahelländern wieder. Umso irritierender ist es, dass davon in Europa wenig zu merken ist. Hier dominieren zwei Erklärungsmuster: In der breiten Öffentlichkeit ist viel von der Gefahr des internationalen Terrorismus die Rede, der zusammen mit irregulärer Migration und Drogenhandel bekämpft werden müsse, auch wenn mittlerweile ungleich öfter die Notwendigkeit ökonomisch-politischer Veränderungen betont wird. Demgegenüber heben friedenspolitische Kreise hervor, dass die Fokussierung auf den Antiterrorkampf an den eigentlichen Problemen vorbeigehe, mehr noch, dass jedweder Einsatz von Militär einer Eskalation der Konflikte Vorschub leiste. So gegenläufig diese Erklärungen sind, beide zeichnen sich durch eine eurozentristisch anmutende Unfähigkeit aus, die tatsächlichen Probleme im Sahel konkret in den Blick zu nehmen. Beispielsweise fällt auf, dass es allenfalls in entwicklungspolitischen Fachkreisen um die Lage von Viehhirt:innen geht, obwohl diese buchstäblich im Auge des Sturmes stehen. Oder dass nur selten die Frage aufgeworfen wird, weshalb die Menschen im Sahel den Zentralstaat derart ablehnen, dass sogar Putsche wie in Mali (2012, 2020 und 2021) auf breite Zustimmung seitens der Bevölkerung stoßen. Anders formuliert: Selbst bei Debatten über den Sahel wirkt die Region seltsam entrückt. Entsprechend geht es häufig einzig darum, ob internationale Truppen abziehen oder bleiben sollen – unter Ausblendung dessen, wie Expert:innen aus den Sahelländern die Situation einschätzen.

Das zuletzt Gesagte kommt auch in einer symbolträchtigen Zahl zum Ausdruck, die im Laufe des Jahres 2021 von Medien und zivilgesellschaftlichen Organisationen immer wieder zitiert wurde. Demnach sind 2020 in Burkina Faso, Mali und Niger mehr Zivilist:innen durch staatliche Sicherheitskräfte getötet worden als durch dschihadistische Gruppierungen. Das ist verstörend, dennoch ist die Zahl keineswegs geeignet, die Sinnhaftigkeit internationaler Ausbildungsmissionen für die Armeen der Sahelländer prinzipiell in Frage zu stellen. Und das aus drei Gründen: *Erstens* greifen dschihadistische Gruppen primär staatliche Sicherheitskräfte an, nicht Zivilist:innen. Ein Vergleich der Opferzahlen ist insofern irreführend. *Zweitens* wird unterschlagen, dass Übergriffe auf Zivilist:innen nicht nur Ausdruck von Rache, Brutalität und fehlender Professionalität sind. Auch der Effekt asymmetrischer Kriegsführung ist zu beachten: Wo dschihadistische Kämpfer in Zivil agieren und wo es immer wieder Überraschungsangriffe auf abgelegene Armee-, Polizei- und Grenzposten mit dutzenden Toten gibt, finden sich Angehörige des Sicherheitsapparates rasch in duellartigen Situationen wieder: Sie wissen nicht, wer ihr Gegenüber ist, und handeln überhastet, oft aus Panik, selber getötet zu werden. *Drittens* ist nicht erkennbar, was an einem toten Soldaten weniger problematisch sein soll als an einem toten Zivilisten. Denn die eigentliche Tragik der Gewalteskalation im Sahel besteht darin, dass nahezu alle Opfer aus der gleichen Gruppe stammen. Es ist lebensgeschichtlicher Zufall, ob ein junger Mann in der Armee, bei den Dschihadisten oder auf dem Acker sein Auskommen findet. Die Bereitschaft zum Dialog mit allen Konfliktparteien – inklusive radikalen Islamisten – ist daher in der Bevölkerung ausgesprochen hoch. Die Menschen leiden unter der absoluten Sinnlosigkeit dieses Krieges. Mehr noch: Wo immer ich mit Leuten im Sahel spreche, in einer Sache herrscht Einigkeit: Sie wollen nationale Streitkräfte, die in der Lage sind, die Bevölkerung effektiv vor terroristischen Angriffen zu schützen. Und dem schließen sich sogar die von allen Seiten attackierten Fulbe an. Das von Pastoralist:innen in Burkina Faso, Mali und Niger gegründete Netzwerk

Billital Maroobé hat 2021 eine wegweisende Studie veröffentlicht: *Die Stimmen der Hirten in der Sahelzone und Westafrika hören. Welche Zukunft hat der Pastoralismus angesichts der Unsicherheit und ihrer Auswirkungen?*[24] Dort heißt es, dass die größte Unsicherheit von Selbstverteidigungseinheiten wie der Dan Na Ambassagou in Mali oder den Koglewego in Burkina Faso ausgehe. Aber auch Dschihadisten seien eine große Gefahr, selbst wenn sich Fulbe immer wieder aus Gründen des Selbstschutzes in dschihadistisch kontrollierte Gebiete zurückzögen. Nur so dürfte verständlich werden, weshalb Billital Maroobé im Mai 2021 dem ebenfalls aus einer Pastoralistenfamilie stammenden nigrischen Präsidenten Mohamed Bazoum – und somit dem Chef der nigrischen Streitkräfte – die Schirmherrschaft für den Appell von Niamey angetragen hat, einer Initiative, die auf besagter Billital Maroobé-Studie basiert.

In diesem Sinne sollte Ausgangspunkt jeder kritischen Beschäftigung mit dem Sahel die Anerkennung davon sein, dass es in der Region derzeit keine einfachen Lösungen gibt. Unumstritten dürfte lediglich sein, dass ausländische Antiterror-Operationen vor allem kontraproduktive Effekte zeitigen. Viele Menschen empfinden sie als Provokation, allein wegen der von Sklaverei und Kolonialismus geprägten Geschichte. Und das wiederum heißt, dass neue Kämpfer umso leichter rekrutiert werden können, je mehr Zivilist:innen bei Kampfhandlungen zu Schaden kommen. In der bereits zitierten Studie *Journey to extremism in Africa* sagen 71 Prozent der Befragten, dass Übergriffe staatlicher Sicherheitskräfte den letztinstanzlichen Ausschlag für ihren Beitritt zu einer dschihadistischen Gruppe gegeben hätten. Gerade Frankreich hat kapitale Fehler begangen, das räumen mittlerweile auch viele Beobachter:innen in Deutschland ein, unter anderem aus der regierungsnahen Stiftung Wissenschaft und Politik. Beispielsweise hat sich die französische Armee in der nigrischen Region Tillabéri auf die beiden Tuareg-Milizen GATIA und MSA gestützt, um Jagd auf Dschihadisten zu machen. Doch die beteiligten Tuareg haben die

Kooperation genutzt, um Vorteile bei Landkonflikten zu erzielen, die bereits seit den 1990er Jahren mit lokalen Fulbe-Gemeinschaften schwelten. Dies ist nur eines von unzähligen Beispielen, aber es illustriert, weshalb Frankreich im Sahel bei großen Teilen der Bevölkerung so gut wie jedes Vertrauen eingebüßt hat.

Jenseits solcher grundsätzlichen Erwägungen wird es allerdings schwieriger, ja widersprüchlicher. Denn sobald der militärische Druck durch ausländische oder nationale Streitkräfte nachlässt, nutzen die Dschihadisten jede Chance, um möglichst große Gebiete unter ihre Kontrolle zu bringen. Das haben die Erfahrungen mit al-Shabaab in Somalia, mit Boko Haram in Nigeria, mit den Taliban in Afghanistan oder mit dem «Islamischen Staat» in Syrien und Irak hinlänglich gezeigt. Dabei schrecken dschihadistische Gruppen nicht davor zurück, mit rücksichtsloser Gewalt gegen die Menschen in ihrer Einflusssphäre vorzugehen: Sie unternehmen Strafexpeditionen, machen Einschüchterungsbesuche oder führen monatelange Belagerungen von Dörfern durch. Was das konkret heißt, erfahre ich regelmäßig von der malischen Bauerngewerkschaft COPON via Whatsapp – etwa im August 2021:

> «Ich, Mamadou F. aus Agaly Were [Office du Niger – O. B.], wollte Euch darüber informieren, dass wir seit drei Tagen gänzlich von den Dschihadisten besetzt sind. Wir leiden sehr unter diesen Leuten. Maschinen, Motorräder, alles wurde von ihnen konfisziert. Die Feldarbeit musste beendet werden. Wir sind verängstigt, viele haben ihre Habseligkeiten zusammengepackt, um in andere Orte zu flüchten. Wir bitten Euch, für uns zu beten und Segenswünsche zu geben, und uns mit Ideen zu unterstützen.»

Konsequenz dieser Erpressungsstrategien ist, dass die Menschen wahlweise zu den Dschihadisten überlaufen oder Selbstverteidigungseinheiten gründen. Beides ist fatal, denn beides verschärft die Lage. Kurzum, in der Summe spricht vieles dafür, dass im Sahel unter den gegebenen Umständen auf militärische Maßnahmen nicht gänzlich verzichtet werden kann. Umso wichtiger ist es, die Rahmenbedingungen des militärischen Vorgehens genau festzulegen, insbesondere mit Blick darauf, dass die nationalen Armeen der Sahelländer für die Auseinandersetzung mit dschihadistischen Gruppen weiterhin auf westliche Ausbildungs- und Materialhilfe angewiesen sind.

Konkreter: Dort, wo Antiterror-Operationen stattfinden, sollten diese von den betroffenen Ländern selbst umgesetzt werden – zumindest die Federführung sollte bei ihnen liegen. Ziel darf es nicht sein, Angehörige dschihadistischer Gruppen einfach zu töten, wie es die französische Armee bis heute tut. Das ist moralisch illegitim, zudem kommt es einem Rekrutierungsprogramm für Dschihadisten gleich. Handlungsmaxime sollte stattdessen die Abwehr drohender Angriffe sein. Zusätzlich müssen die Sahel-Regierungen Sorge dafür tragen, dass Misshandlungen, Folter oder Hinrichtungen umfassend aufgeklärt und rechtlich verfolgt werden, vor allem wenn Angehörige staatlicher Sicherheitskräfte beteiligt gewesen sein sollen. Genauso wichtig ist es, Zivilist:innen zu entschädigen, die durch Antiterror-Operationen Schaden erlitten haben. Gewiss, das sind nur einige Vorschläge, aber sie verdeutlichen, dass eine internationale Unterstützung von Streitkräften in Burkina Faso, Mali und Niger einzig unter der Bedingung Sinn macht, dass die dortigen Regierungen eine umfassende Sicherheitssektorreform – so der Fachterminus – durchführen. Nicht weniger bedeutsam dürfte sein, UN-Friedensmissionen ausdrücklicher von Kampfeinsätzen zu unterscheiden. Genau dies war in Mali bei der UN-Friedensmission MINUSMA bislang nicht der Fall. Obwohl MINUSMA in erster Linie für die Absicherung des fragilen Friedensprozesses und den Schutz der Zivilbevölkerung zuständig ist, haben UN-Truppen immer wieder logistische Hilfestellungen für die von Frankreich durchgeführte Antiterror-Operation Barkhane geleistet – mit dem verhängnisvollen Effekt, dass die berechtigte

Kritik an der französischen Antiterror-Politik zunehmend auf MINUSMA abgefärbt hat. Umgekehrt ist das der Grund, weshalb ich die immer wieder geäußerte Kritik nicht bestätigen kann, wonach der Einsatz von Soldat:innen die Lage im Sahel gleichsam automatisch eskalieren würde. Im Gegenteil: Bewohner:innen der betroffenen Regionen berichten unisono, dass die Präsenz von nationalen Sicherheitskräften und UN-Friedenstruppen abschreckend auf Islamisten wirkt und somit für eine gewisse Normalisierung des Alltagslebens sorgt: Sie lässt die Menschen ruhiger schlafen, wie ich am eigenen Leib erlebt habe, sie sichert Wege zu Märkten, sie ermöglicht die gefahrlose Arbeit auf Feldern und sie gestattet die Erledigung von Behördengängen und Arztbesuchen, bisweilen auch die Öffnung von Schulen.

Lokale Dialog- und Versöhnungsinitiativen

So unentbehrlich defensiv aufgestellte Sicherheitskräfte sein mögen, sie ändern nichts daran, dass die Gewaltdynamiken im Sahel nicht militärisch gelöst werden können. Erforderlich ist vielmehr ein lösungsorientierter Umgang mit den diversen Erscheinungsformen der Vielfachkrise. Denn diese ist es, die in den letzten Jahrzehnten den Nährboden für dschihadistische und kriminelle Gewalt geschaffen hat. Zu den Lösungsansätzen gehört auch die Unterstützung lokaler Dialog- und Versöhnungsinitiativen. Es gibt im Sahel eine lange Tradition der friedlichen Konfliktklärung, eine Kultur des Konsenses und des Vergebens, auch des Vergessen-Könnens. Ich erlebe es immer wieder, dass Einzelpersonen oder Gruppen zwar im Streit liegen, hinter den Kulissen indes den Ausgleich und die persönliche Nähe suchen. Europäer:innen neigen schnell dazu, solche Dynamiken als unehrlich zu empfinden. Anders im Sahel, dort handelt es sich um anerkannte kulturelle Praktiken, um den sozialen Zusammenhalt aufrechtzuerhalten, auf den die Menschen so dringend angewiesen sind. Einer, der hieran anknüpft, ist

Boubacar Ba, den ich bereits in seiner Rolle als Wissenschaftler zitiert habe. Boubacar Ba hat zwischen 1998 und 2010 in der Region Mopti im Zentrum Malis mit der lokalen Nichtregierungsorganisation Eveil («Erwachen») 140 Männer und 60 Frauen zu Laienjurist:innen ausgebildet, unter ihnen Bürgermeister:innen, Imame und Mandatsträger:innen. Ihre Aufgabe ist es, auf Basis lokaler Traditionen Friedensverhandlungen zwischen den verschiedenen Bevölkerungsgruppen zu initiieren. Denn dort, wo die Bevölkerung zum friedensstiftenden Palaver unterm Dorfbaum zusammenkommt, finden Dschihadisten ungleich weniger Anknüpfungspunkte, um die Bevölkerung gegeneinander in Stellung zu bringen. Das mag sich auf den ersten Blick romantisierend anhören, aber die Ergebnisse sind eindeutig: Ob in Burkina Faso, Mali oder Niger, immer wieder ist es in den letzten Jahren geglückt, durch lokale Dialog- und Versöhnungsprozesse Gewalteskalationen einzudämmen oder zu beenden.[5]

13

Was Europa Westafrika schuldet

Westafrikas Wandel zum Brennpunkt

Bis zum 18. Jahrhundert gehörte Westafrika zu den prosperierenden Regionen auf dem afrikanischen Kontinent, das Epizentrum bildete der Sahel mit weltberühmten Handelsstädten wie Gao, Timbuktu oder Djenné. Umso tragischer ist, dass mittlerweile große Teile Westafrikas als politische und ökonomische Brennpunkte gelten. Grundsätzlich gehe ich davon aus, dass Europa einen beträchtlichen Anteil an dieser von diversen Auf- und Abschwüngen begleiteten Entwicklung trägt. Ich möchte daher abschließend einige Antworten auf die Frage geben, was Europa zukünftig tun oder unterlassen sollte, damit die Länder Westafrikas Entwicklungswege einschlagen können, die tatsächlich den Interessen der breiten Bevölkerung entsprechen. Der Übersichtlichkeit halber werde ich zwischen grundsätzlichen Empfehlungen und konkreten Maßnahmen unterscheiden. Nicht spekulieren möchte ich allerdings darüber, ob die von mir zur Debatte gestellten Lösungsansätze unter den Bedingungen eines kapitalistischen Weltmarktes vollumfänglich realisiert werden können. Denn dieser Weltmarkt ist eine Realität, die nicht ignoriert werden kann. Alles andere ist indessen eine Frage der politischen und wirtschaftlichen Kräfteverhältnisse, über die nicht am Schreibtisch, sondern im ganz realen Leben entschieden wird.

Welche prinzipiellen Schlüsse Europa ziehen sollte

Eigenes Unrecht anerkennen: Damit Europa einen glaubwürdigen Politikwechsel gegenüber Westafrika vollziehen kann, muss es endlich die Bereitschaft entwickeln, sich selbstkritisch mit den verheerenden Konsequenzen seiner eigenen Interessenpolitik auseinanderzusetzen. Die verschiedenen Sachverhalte sind seit langem bestens bekannt. Dennoch spielen sie in der europäischen Öffentlichkeit nur eine untergeordnete Rolle, was sich auch daran zeigt, dass sie allenfalls bruchstückhaft Eingang in offizielle Richtlinien oder zwischenstaatliche Abkommen gefunden haben. Konkret möchte ich sieben Aspekte hervorheben, alle haben im Laufe des Buches eine wichtige Rolle gespielt: *Erstens* hat Europa maßgeblich zur Herausbildung ökonomischer Tiefenstrukturen beigetragen, die Westafrika in die Position des bloßen Rohstofflieferanten gedrängt haben, bei gleichzeitiger Nicht-Entwicklung von Industrie und Landwirtschaft. *Zweitens* hat Europa die vorkolonialen politischen Systeme in Westafrika buchstäblich zerschlagen – samt der im vorkolonialen Westafrika weit verbreiteten Mechanismen von checks and balances. Damit wurde eine bis heute klaffende Wunde geschaffen. Denn zum Zeitpunkt der Unabhängigkeit standen nur noch die Strukturen des despotischen und überwiegend zentralistischen Kolonialstaates zur Verfügung, die nichts mit den vorkolonialen Verwaltungs- und Regierungsstrukturen zu tun hatten. Vor allem die Frage der Dezentralisierung politischer Verwaltungs- und Entscheidungsprozesse ist bis heute ungelöst. *Drittens* hat Europa seit kolonialen Zeiten die Herausbildung solcher Eliten in Westafrika gefördert, die sich primär an Europa orientieren und die die Interessen der allgemeinen Bevölkerung systematisch verletzen. Für ein angemessenes Verständnis der Lage sollte nicht zuletzt auf (pan-)afrikanische Autor:innen wie Frantz Fanon, Amadou Hampâté Bâ oder Felwine Sarr zurückgegriffen werden, zumal sich diese mit dem ebenfalls stark beschädigten kulturellen Erbe auseinandersetzen. *Viertens* hat Europa während des Kolonialismus ethnische Konflikte gestiftet, die das politische Geschehen mancherorts bis heute beeinflussen. Als Rechtfertigung fungierte das rassistische Stereotyp des Stammeskonfliktes. *Fünftens* hat Europa eine wesentliche Rolle bei der Entstehung des Klimawandels gespielt. Auch die westafrikanische Landwirtschaft – inklusive Fischerei – ist massiv betroffen, im Sahel bereits seit den späten 1960er Jahren. *Sechstens* hat Europa die in Westafrika seit Jahrhunderten tief verankerte Praxis zirkulärer Mobilität erheblich beschädigt, unter anderem zwischen Westafrika und Europa. Die humanitären und ökonomischen Auswirkungen des EU-Abschottungsregimes sind gravierend. *Siebtens* hat Europa im Zuge von Sklaverei und Kolonialismus die Herausbildung rassistischer Strukturen und Mentalitäten forciert. Sie belasten nicht nur die afrikanisch-europäischen Beziehungen bis in die Gegenwart, sie führen auch zu Diskriminierung und Rassismus in europäischen Ländern.

Verständnis vertiefen: Um die verschiedenen Konsequenzen europäischer Interessenpolitik umfassender zu begreifen, sollte Europa seine Beschäftigung mit (West-)Afrika völlig neu ausrichten: Anstatt den Kontinent immer nur als Ganzes zu betrachten, sollten in erster Linie einzelne Länder und Regionen in den Blick genommen werden. Auch monokausale Erklärungsmuster für vielschichtige gesellschaftliche Prozesse sind zu vermeiden. Gleiches gilt für die leidige Fokussierung auf Hauptstädte: Über die Hälfte der Bevölkerung lebt in ländlichen Regionen, die Agrarfrage ist bis heute einer der zentralen Schlüssel für das Verständnis Westafrikas. Am wichtigsten ist es freilich, das Gespräch mit westafrikanischen Expert:innen zu suchen – mit Regierungsangehörigen und Abgeordneten genauso wie mit Journalist:innen, Wissenschaftler:innen und Angehörigen zivilgesellschaftlicher Organisationen und Basisinitiativen. Das ist auch deshalb wichtig, um grundsätzliche Trugschlüsse zu vermeiden, unter anderem, was die Wahrnehmung Europas in (West-)Afrika betrifft: Als in Afghanistan 2021 die Taliban nach Abzug der westlichen Truppen die Regierungsmacht an sich rissen, hieß es allenthalben, dass dem Westen zukünftig kein Vertrauen mehr entgegengebracht würde, auch in Ländern wie Mali nicht. Solche Kommentierungen verkennen, dass die westlichen Länder ohnehin schon seit den 1980er Jahren kontinuierlich an Glaubwürdigkeit in (West-)Afrika einbüßen, ausgehend von jenen Prozessen, die heute als neoliberale Globalisierung und Demokratieexport bezeichnet werden.

Westafrikanische Lösungsansätze ins Zentrum rücken: Europa verfügt zwar über finanzielle Ressourcen und technisches Wissen, um Veränderungen wie die Versorgung von Dörfern mit Solarstrom oder den Ausbau des Bildungssystems zu ermöglichen. Noch wichtiger ist allerdings die Frage, ob Gesellschaften gemeinsame «Zukunftsmetaphern» (Felwine Sarr) teilen. Die Orientierung afrikanischer Eliten an Europa hat auch die Dominanz westlicher Entwicklungspfade enorm befördert. Europa sollte daher die westafrikanischen Länder logistisch und finanziell dabei unterstützen, in Form verfassungsgebender Versammlungen und ähnlicher

Dialogformate eine Verständigung über ihre jeweilige Zukunft zu erzielen. Dabei sollte berücksichtigt werden, dass solche Prozesse mehrere Jahre in Anspruch nehmen, um nachhaltige Ergebnisse hervorzubringen. Erst auf einer solchen Basis können auch jene kollektiven Ressourcen einen angemessenen Platz finden, um die es im Laufe des Buches immer wieder ging – von panafrikanischen Idealen über kulturell tief verankerte Verständnisse von Gemeineigentum (Stichwort: Commons) bis hin zu regional variierenden Strategien des Interessensausgleichs in ländlichen Regionen.

Wirtschaftliche Konkurrenzen reduzieren: Europa sollte endlich aufhören, westafrikanische Länder primär durch die Brille wirtschaftlicher Konkurrenz zu betrachten. Das ist im Lichte der realen Kräfteverhältnisse unangemessen und moralisch illegitim. Beispielsweise, wenn Europa unter Berufung auf faire Wettbewerbsbedingungen (west-)afrikanischen Regierungen allen Ernstes untersagen möchte, eigene Unternehmen bei der Vergabe von Staatsaufträgen zu bevorzugen – eine erstmalig bei den WTO-Verhandlungen Anfang der 2000er Jahre erhobene Forderung, die 2017 im Rahmen des *Compact with Africa* wieder aufgenommen wurde. Damit ist keineswegs beabsichtigt, (West-)Afrika dauerhaft in Watte zu packen, aber Industrie und Landwirtschaft können sich in (west-)afrikanischen Ländern nur entwickeln, wenn ihnen der gleiche Schutz zugestanden wird, wie ihn auch Industrie und Landwirtschaft in Europa bis weit in die 1980er Jahre erhalten haben.

Handlungsdruck ernst nehmen: In vielen westafrikanischen Ländern ist die gesamtgesellschaftliche Lage äußerst angespannt, darüber können punktuelle Aufschwungsbewegungen in großen Küstenstädten wie Lagos, Abidjan oder Dakar nicht hinwegtäuschen. Umso wichtiger ist es, schnellstmöglich konkrete Maßnahmen zu ergreifen. Beispielsweise hat der Sahel-Ausschuss der Vereinigung für Afrikawissenschaften in Deutschland im engen Austausch mit Wissenschaftler:innen im Sahel 2021 eine an die Deutsche Bundesregierung adressierte *Was-immer-es-koste*-Initiative erarbeitet, die es den Ländern im Sahel finanziell erlauben soll, sämtliche Sektoren der Gesellschaft gemäß ihren eigenen Vorstellungen umzugestalten.[1] Passiere das nicht, so die Wissenschaftler:innen auf beiden Kontinenten, drohe die Gewalteskalation im Sahel früher oder später auf die gesamten westafrikanischen Küstenländer überzugreifen. Das sind keine Übertreibungen, sondern präzise Beschreibungen des Status quo.

Verpflichtung zu Reparationen anerkennen: Der Sahel-Ausschuss der Vereinigung für Afrikawissenschaften in Deutschland begründet seine *Was-immer-es-koste*-Initiative mit der zugespitzten Lage im Sahel. Pragmatisch ist das sicherlich sinnvoll, aber Europa sollte sich im Lichte seines gegenüber Westafrika begangenen Unrechts auch aus prinzipiellen Erwägungen bereit erklären, Reparationen für Sklaverei, Kolonialismus und Klimawandel zu zahlen. Dies ist nicht als juristische Entschädigung zu begreifen. Vielmehr geht es um einen politischen Akt der Umverteilung, der auch den Umstand berücksichtigt, dass zur Täter:innen-Seite unter anderem afrikanische Herrscher:innen zählten, wie der schon mehrfach zitierte nigerianische Schriftsteller Wole Soyinka betont, der seit vielen Jahren zu den prominentesten Befürworter:innen von Reparationen gehört.[2] Höhe und Auszahlungsmodalitäten wären zu verhandeln, aber sie müssten weit über den aktuell im Rahmen der Entwicklungszusammenarbeit durch die EU-Länder gewährten Summen liegen. Als grobe Richtschnur bieten sich die 2015 von den Vereinten Nationen verabschiedeten 17 Nachhaltigkeitsziele an, deren Umsetzung bis zum Jahr 2030 laut UN allein für den afrikanischen Kontinent 600 Milliarden US-Dollar jährlich kosten würde.

Symbolische Entschädigungen realisieren: Eine Verständigung über materielle Reparationen sollte auch mit der Bitte Europas um Verzeihung einhergehen. Vor allem zwei Akte sind unverzichtbar: Zum einen die Ausrufung eines offiziellen Gedenktages, beispielsweise des 23. Augusts. Dieses Datum hat die UNESCO bereits 1998 zum *Internationalen Tag der Erinnerung an Sklavenhandel und dessen Abschaffung* erklärt, es gemahnt an den Sklavenaufstand von 1791 im heutigen Haiti. Zum anderen sollte die bedingungslose Rückgabe aller geraubten Kunst- und Kulturgegenstände vorangetrieben werden, so wie das in Deutschland mit den berühmten Benin-Bronzen ab 2022 geplant ist. Denn Zukunft setzt voraus, dass mit Hilfe der zurückgegebenen Kunst- und Kulturgegenstände ein Gewahrwerden der «kollektiven immateriellen Wunden» erfolgen kann. Paradigmatisch ist dies von Felwine Sarr und Bénédicte Savoy in einem Gutachten für den französischen Präsidenten Emmanuel Macron beschrieben worden:

> «Indem sie die Rückkehr emblematischer Objekte begleitet, kann die Erinnerungsarbeit zu einem Hebel für die Identitätsrekonstruktion der Subjekte und Gemeinschaften werden. Wenn die Vergangenheit – insbesondere durch Traumata (der Gewalt, Kriege, Genozide …) – auf der Gemeinschaft lastet und nach einer Lösung gesucht wird, ist eine Arbeit der Wiederaneignung und der Verhandlung hinsichtlich dieser Vergangenheit notwendig, damit ein Heilungsprozess und die Ausbildung von Widerstandsfähigkeit in Gang kommen kann.»[3]

Entwicklungszusammenarbeit neu denken: Sollte Europa den hier formulierten Empfehlungen nachkommen, würde dies auch eine Neuausrichtung insbesondere der staatlichen Entwicklungszusammenarbeit nach sich ziehen. Ihre Instrumentalisierung zur Durchsetzung ökonomischer und politischer Interessen würde der Vergangenheit angehören, gleiches gilt auch für ihre fatale – weil Entmündigung stiftende – Rolle als faktische Nebenregierung, wie sie insbesondere in den Sahelländern seit Ende der 1960er Jahre schrittweise durchgesetzt wurde. Im Mittelpunkt stünden stattdessen die von den einzelnen (west-)afrikanischen Gesellschaften ersonnenen Zukunftsmetaphern – im Wechselspiel mit kritisch-solidarischer Begleitung von Außen. Gleichwohl sollte nicht aus dem Blick geraten, dass die Entwicklungszusammenarbeit in den vergangenen 30 Jahren bereits zahlreiche Reflektions- und Häutungsprozesse durchlaufen und zumindest einige ihrer gröbsten Irrtümer selber korrigiert hat.

Konkrete Schritte – ein erstes 10-Punkte-Programm

Zu den in meinen Augen wichtigsten Botschaften der Kapitel fünf bis zwölf gehört die Einsicht, dass sich die gesamtgesellschaftliche Situation in westafrikanischen Ländern nicht mit einigen wenigen Stellschrauben ändern lässt. Das im Folgenden zur Debatte gestellte 10-Punkte-Programm stellt insofern lediglich eine Essenz der wichtigsten zehn Maßnahmen dar, und zwar *ausschließlich* solcher Maßnahmen, die den europäischen Verantwortungsbereich betreffen. *Erstens* sollte Europa im Kontakt mit afrikanischen Regierungen nicht eigene Interessen, sondern Menschenrechte zur Richtschnur seines Vorgehens machen. Beziehungen zu autoritären oder diktatorischen Regimen sind demnach auf das Nötigste zu beschränken, vor allem auf Maßnahmen, die der Bevölkerung zugutekommen. Umgekehrt darf auf politisch unbequeme Regierungen kein finanzieller oder politischer Druck ausgeübt werden, wie das durch die Verknüpfung zwischen migrationspolitischen Maßnahmen und Entwicklungszusammenarbeit mittlerweile zum Standard geworden ist. *Zweitens* ist die Zusammenarbeit mit zivilgesellschaftlichen Akteuren zu intensivieren, insbesondere in Kleinstädten und ländlichen Regionen. Ihnen kommt bei der Erneuerung und somit auch Dezentralisierung staatlicher Strukturen eine entscheidende Bedeutung zu. In diesem Kontext sind insbesondere die Impulse von jungen Menschen, Frauengruppen und bäuerlichen Interessenvertreter:innen zu berücksichtigen. *Drittens* sollte Europa bei gewalttätigen Konflikten primär lokale Dialog- und Versöhnungsinitiativen stärken, wobei dies nicht der Beteiligung an UN-Friedenstruppen widerspricht. Demgegenüber ist auf militärische Kampfeinsätze in aller Regel zu verzichten. *Viertens* gilt es, den Aufbau von kleinen und mittleren Unternehmen gezielt zu unterstützen, was nur gelingen kann, wenn mindestens zwei weitere Maßnahmen umgesetzt werden: Einerseits der Verzicht darauf, westafrikanische Märkte aggressiv mit solchen Billigwaren zu beschicken, die auch westafrikanische Firmen in hinreichender Menge produzieren könnten. Andererseits die Förderung von Exporten nach Europa, selbst dann, wenn die entsprechenden Produkte in Preis und Qualität (noch) nicht konkurrenzfähig sind. *Fünftens* sollte Europa – ebenfalls im Rahmen einer proaktiven Haltung – faire Preise für agrarische und mineralische Rohstoffe zahlen, auch über dem Weltmarktniveau. *Sechstens* muss die schädliche Praxis von Steuernachlässen – sogenannten tax holidays – für internationale Investoren beendet werden, sinnvollerweise durch eine internationale Verständigung auf einheitliche und möglichst hohe Mindeststeuersätze. In diesem Zusammenhang wären auch wirksame Kapitalverkehrskontrollen zu beschließen, um Kapitalflucht zu unterbinden. *Siebtens* müsste Europa die Schaffung solcher Währungen ermöglichen, die zwar stabil sind, die es den westafrikanischen Ländern aber auch erlauben, mit aktiver Währungs- und Geldmengenpolitik ihre Ökonomien positiv zu stimulieren. *Achtens* ist es erforderlich, afrikanische Länder beim Aufbau einer umfassenden Infrastruktur zu unterstützen, unter anderem in den Bereichen Gesundheitsversorgung, Bildung, Energie, Wasser, Wohnen, sanitäre Einrichtungen, Verkehr und Sicherheitskräfte. Und das wiederum impliziert auch, dass Europa seine CO_2-Emissionen schnellstmöglich drosseln muss, damit derartige Entwicklungen das globale Klima nicht zusätzlich belasten. *Neuntens* ist eine systematische Unterstützung von Landwirtschaft, Viehwirtschaft und Fischerei unverzichtbar, genauso wie umfassende Maßnahmen zur Anpassung an die Folgen des Klimawandels. Dabei ist zu beachten, dass sich agrarökologische Maßnahmen und eine behutsame, aber entschiedene Mechanisierung der Landwirtschaft keineswegs ausschließen. *Zehntens* sollten Menschen wieder frei zwischen Afrika und Europa zirkulieren können, dabei sind Fluchtwege für Geflüchtete stets offen zu halten. Denn das vierte Kapitel hat unmissverständlich gezeigt, dass die Abschottungspolitik wenig nutzt, aber mit extremen humanitären und sozialen Kosten einhergeht. Gleichzeitig belegen zahlreiche Studien zu (west-)afrikanischen Migrationsprozessen zwischen den 1960er und 1990er Jahren, dass bei freier Bewegung ein beträchtlicher Teil der Migrant:innen nach einiger Zeit wieder zurückgehen und versuchen würde, zu Hause etwas aufzubauen. Und zwar umso eher, je weitgehender die ersten neun der hier genannten Punkte realisiert würden. Dafür müsste jedoch die Rückkehr aus freien Stücken erfolgen, einschließlich des Rechts, abermals nach Europa einzureisen, zum Beispiel, weil es mit der ersten Existenzgründung nicht geklappt hat oder weil der Bedarf besteht, weiteres Geld zu verdienen oder eine Zusatzausbildung zu machen. In diesem Sinne möchte ich abschließend meinen Kollegen und Freund Alassane Dicko aus Bamako zitieren, der diese Perspektive 2014 als Sachverständiger in einem Ausschuss des Deutschen Bundestags vorgestellt und dabei vor allem betont hat, dass Entwicklung und Bewegungsfreiheit in Westafrika seit jeher die beiden Seiten derselben Medaille darstellen:

> «Die zirkuläre Migration ist kein Konzept aus einer, sagen wir, westlichen Sprache. Sie ist auch mehr als ein Konzept, sie ist ein Paradigma, unser Paradigma – unser Beitrag zur Weiterentwicklung der Menschheit. Es ist ein menschliches Prinzip, die Energien zirkulieren zu lassen. Es geht um Migration, um Bewegung, um Geben und Nehmen. Das sollte Europa fördern, nicht blockieren. Denn sobald man diese Bewegung behindert, gibt es Desorientierung. Und das führt unvermeidlich zu Dramen [insbesondere in der Wüste und auf dem Mittelmeer – O. B.]. Und wenn immer härtere Maßnahmen

ergriffen werden, vergrößert und verstärkt das nur diese Dramen. Wir sind schon lange von einer zyklischen Bewegung zu einem Zyklus der tödlichen Bewegung übergegangen. Entmenschlichen wir also nicht die Menschheit – um nicht weniger als dies geht es!»[4]

Danksagung

Dieses Buch ist aus politischen und zivilgesellschaftlichen Aktivitäten hervorgegangen, deren Anfänge in den späten 1990er Jahren liegen. Ausgangspunkt waren Proteste der Initiative «kein mensch ist illegal» im Dreiländereck Deutschland, Polen und Tschechien, der damaligen östlichen Außengrenze der EU. In diesem Sinne müsste ich eigentlich mehreren hundert Menschen sowie dutzenden Organisationen danken, eine kaum zu bewältigende Aufgabe. Stattdessen möchte ich nur einige von ihnen namentlich erwähnen, allerdings mit dem ausdrücklichen Zusatz, dass mich nahezu alle Begegnungen und Kooperationen auf die eine oder andere Weise bereichert haben.

Zuallererst möchte ich sämtlichen Mitgliedern des transnationalen Netzwerks Afrique-Europe-Interact danken, das in sieben afrikanischen und vier europäischen Ländern aktiv ist. Seine seit 2010 währende Arbeit ist das Rückgrat dieses Buches. Auf afrikanischer Seite geht ein besonderer Dank an die Vereinigung der Abgeschobenen Malis, an das Alarmphone Sahara (Niger, Mali, Togo und Marokko), an die Migrant:innenorganisation ARCOM (Marokko), an die bäuerliche Basisgewerkschaft COPON (Mali), an das ökologische Künstler:innendorf Faso Kele (Guinea) und an die Bewohner:innen der Dörfer Sanamadougou, Sahou und Soukoutadala (Mali). Auf europäischer Seite danke ich dem Europäischen BürgerInnenforum, der Initiative transact, dem Steuerkreis von Fokus Sahel und The Voice Refugee Forum. Zudem bin ich meiner Kommune in Bremen in Dankbarkeit verbunden, sie hat viele Dinge erst möglich gemacht.

Es ist keineswegs zufällig, dass das Buch mit einem Zitat von Alassane Dicko aus Bamako endet. Denn ohne ihn gäbe es dieses Buch nicht. Er ist seit 2009 einer meiner engsten Gesprächspartner:innen, von ihm stecken Gedanken in nahezu jedem Kapitel. Zwischen 2011 und 2021 habe ich in sieben westafrikanischen Ländern rund 25 000 Kilometer in (Klein-)Bussen zurückgelegt, aber keinen Kilometer allein, immer in afrikanisch-europäischen Teams. Dafür möchte ich verschiedenen Menschen danken, auch jenen drei, mit denen sich die Wege konflikthaft getrennt haben: Idrissa Cissé (†), Anna Cissé, Seydou Coulibaly, Daniel Bendix, Ali Diallo, Bourema Diallo, Luk Dembélé, Seydou Diarra, Alassane Dicko, Hans-Georg Eberl, Richard Djimeli Fouofié, Dorette Führer, Joost Hinnen, Djeneba Kanté, Kadidia Maiga, Anke Nehrig, Mariam Sawadogo, Aissata Soumaoro, Inna Touré, Diory Traoré, Fassery Traoré und Pierre Deukeu Yossa. Zwei der wichtigsten Themen dieses Buches sind Migration und Landwirtschaft. Diesbezüglich habe ich nicht nur von den bereits Genannten, sondern auch von zahlreichen weiteren Menschen unglaublich viel gelernt: Razak Aboubakar, Anusonwu Chukwudi Akubuo, Ade Alabi, Minko Mi Alame, Riadh Ben Ammar, Hassane Ammari, Appoloinaire Appetor-Kofi, Adjovi Boconvi, Aziz Chehou, Chéibane Coulibaly (†), Jean-Claude Chouna, Mamadou Coulibaly, Abbas Diallo, Manzo Diallo, Ousmane Diarra, Osaren Igbinoba, Oumar Konaté, Ousman Oumarou Hamani, Emmanuel Mbolela, Bernhard Ngassa, Victor Nzuzi, Becky Omokha, Sunny Omwenyeke, Rex Osa, Geraud Potago, Rodrigue Péguy Takou Ndie, Ali Safianou Touré, Bruno Watara, Moctar Dan Yayé und Mbolo Yufanyi. Jedes Buch braucht Erstleser:innen. Neun haben sich bereit erklärt, zusammen haben sie hunderte Verbesserungsvorschläge gemacht, auch dafür bin ich sehr dankbar: Andreas Bernau, David Brown, Franzis Binder, Dorette Führer, Regina Führer, Michael Hackert, Britta Loschke, Volker Mörchen und Manfred Weule. Ebenfalls Dank gebührt meiner Agentin Nina Sillem, die die frühen Versionen der Einleitung mehrfach ausführlich kommentiert hat.

Dieses Buch ist Idrissa Cissé gewidmet, der in Mali zu den

Gründer:innen von Afrique-Europe-Interact zählt. Er hat viele Eigenschaften in sich vereint und stand stellvertretend für jenes von Vielfalt, Offenheit und Toleranz geprägte Westafrika, das ich seit 2010 zumindest ausschnittweise kennengelernt habe: Als Muslim ist er in eine christliche Schule gegangen, als Malinke hat er unter Bambara gelebt und als Afrikaner war ihm der Kontakt mit Europäer:innen stets sehr wichtig. 2002 bis 2008 war er in einem von Papierlosen besetzten Haus in Paris aktiv. Dort hat er gekocht, einen Laden betrieben und im Auftrag anderer Migrant:innen Briefe verfasst. Das Haus wurde geräumt und seine Bewohner:innen nach Mali abgeschoben. Doch Idrissa Cissé ließ sich nicht entmutigen, 2016 hat er Afrique-Europe-Interact mit Soukoutadala bekannt gemacht, seinem Wahldorf nahe der malisch-guineischen Grenze. Im Januar 2020 ist er mit nur 59 Jahren gestorben, wahrscheinlich als Spätfolge vieler aus Kostengründen nicht behandelter Krankheiten. Idrissa Cissé sprühte vor Ideen, er war integer, neugierig und liebenswürdig, kurz: Er war ein außergewöhnlicher Mensch.

Anmerkungen

Einleitung: Afrikanisch-Europäische Beziehungen neu denken

1 Geschlechtersensible Schreibweisen sind wichtig, ich orientiere mich daher an zwei grundlegenden Maximen, die nicht in jeder Hinsicht widerspruchsfrei sind, die aber einen Kompromiss zwischen den verschiedenen Erfordernissen darstellen: Wenn ich mich auf konkrete Personengruppen beziehe, verwende ich in aller Regel den Doppelpunkt, vergleichbar dem Gender-Sternchen: Migrant:innen, Sklav:innen, Händler:innen etc. Wenn es hingegen um einzelne Gruppen geht, die sich überwiegend aus Männern oder Frauen zusammensetzen, jedenfalls in der Wahrnehmung der Mehrheitsgesellschaft, nutze ich wahlweise die männliche oder die weibliche Form: Sklavenjäger, Dschihadisten, Markthändlerinnen etc.

2 Afrika-Umfrage: Vgl. digitales Literaturverzeichnis.

3 Anke Fiedler: Migration von Subsahara-Afrika nach Europa: Motive, Informationsquellen und Wahrnehmung deutschen Engagements. Stuttgart, ifa (Institut für Auslandsbeziehungen) 2018, S. 37 f.

4 Achille Mbembe: Kritik der Schwarzen Vernunft, Berlin 2014, S. 96 f.

5 Mauretanien ist zwar Teil des Sahel, begreift sich aber als Mitglied der arabischen Welt. Folgerichtig hat Mauretanien 2001 die ECOWAS verlassen, unter anderem um sich stärker in arabischen Regionalorganisationen wie der Arabischen Liga zu engagieren. Demgegenüber ist Cap Verde mit 564 000 Einwohner:innen bis heute Mitglied der ECOWAS. Der 570 Kilometer vor der westafrikanischen Küste gelegene Inselstaat wurde ursprünglich von Portugies:innen besiedelt und hat eine völlig eigenständige Geschichte durchlaufen. Das ist auch daran erkennbar, dass Cap Verde im Index der menschlichen Entwicklung auf dem 126. Platz liegt und somit deutlich vor den meisten anderen Ländern Westafrikas.

6 Vgl. UN-Habitat: State of African Cities. Re-imagining sustainable urban transitions, 2014, S. 103.

7 UNDP (United Nations Development Programme): Scaling Fences: Voices of irregular african migrants to Europe, 2019, S. 49.

8 Sonderbeilage von Afrique-Europe-Interact in der tageszeitung taz, Dezember 2015, S. 4.

9 Fiedler 2018, S. 36

10 Aimé Césaire: Über den Kolonialismus, Berlin 2017 (Original: 1950), S. 38.
11 Achille Mbembe: Ausgang aus der langen Nacht. Versuch über ein entkolonialisiertes Afrika, Berlin 2016, S. 216.
12 Zit. n. Fanny Pigeaud: Wut auf Paris in Françafrique, in: Le monde diplomatique, 12.03.2020.
13 Felwine Sarr: Afrotopia, Berlin 2019, S. 14, S. 19, S. 78, S. 89, S. 125.
14 Sarr 2019, S. 9.

1. Europäische Afrika-Mythen

1 Studie zu Journalismus: Vgl. digitales Literaturverzeichnis.
2 Nicolas Sarkozy: Rede des französischen Staatspräsidenten in Dakar, in: Peter Cichon u. a. (Hrsg): Der undankbare Kontinent? Afrikanische Antworten auf europäische Bevormundung, Berlin 2010, S. 44 f.
3 Zit. n. Gerhard Grohs: Stufen afrikanischer Emanzipation. Studien zum Selbstverständnis afrikanischer Eliten, Stuttgart 1967, S. 200.
4 Volker Seitz: Afrika wird armregiert oder wie man Afrika wirklich helfen kann, München 2009, S. 21, S. 42, S. 119.
5 Bartholomäus Grill: Ach, Afrika. Berichte aus dem Inneren eines Kontinents, München 2005, S. 270.
6 Freiheit – Gleichheit – Mütterlichkeit. Eine Frauengeschichte aus Afrika. Ein Film von Sylvie Banuls und Peter Heller, 1996, 60 Minuten.
7 Molara Ogundipe-Leslie: Stiwanismus, Feminismus im afrikanischen Kontext, in: Franziska Dübgen und Stefan Skupien (Hrsg.): Afrikanische politische Philosophie. Postkoloniale Positionen, Berlin 2015, S. 263.

2. Westafrika: Mehr als ein geographischer Raum

1 Sarr 2019, S. 44.
2 Lagos – Das tägliche Wunder. Ein Film von Walter Heinz, 2010, 43 Minuten.
3 Zit. n. Volker Stamm: Die Ökonomie der Ackerbauer, Viehhalter und Fischer. Grundzüge einer Agrargeschichte der westafrikanischen Savannenregion (ca. 1000–ca. 1900), Oldenbourg 2018, S. 80 (eigene Übersetzung).
4 Wolfang Drechsler: Kontinent der Extreme, in: Der Tagesspiegel, 03.01.2016.
5 Zit. n. Roman Loimeier: Religiöse Gelehrte an der Macht, in: Andreas Eckert u. a. (Hrsg): Afrika 1500–1900. Geschichte und Gesellschaft, Wien 2010, S. 138.
6 Ngugi wa Thiong'o: Lehren der Sklaverei. Das Vermächtnis des Versklavungshandels in der modernen Gesellschaft, in: Susan Arndt und Nadja Ofuatey-

Alazard (Hrsg.): (K)Erben des Kolonialismus im Wissensarchiv deutsche Sprache, Münster 2011, S. 100 f.

7 Philippe Constantini: Der Klimaschock und seine Folgen. Niger – eine Lebensader vertrocknet, 2005, 42 Minuten.

8 Vgl. Christian Hallum; Kwesi W. Obeng: The West Africa inequality crisis. How West African governments are failing to reduce inequality, and what should be done about it, Oxfam-Studie, 2019.

3. Von der zirkulären Mobilität zur Fernmigration

1 Tidianne Kassé: Afrika und die Dramen der Migration. Die Migrationsbewegung nach Europa wird niemals aufhören, in: Südlink, März 2016, Nr. 176.

2 Rheinisches JournalistInnenbüro: «Unsere Opfer zählen nicht». Die Dritte Welt im Zweiten Weltkrieg, Berlin 2005.

3 Wenn Migranten aus Afrika ihre Familien zurücklassen. Ein Film von vprodok, 2016, 41 Minuten.

4 Achille Mbembe: Afrika – die Verfugung des Hier mit dem Anderswo, in: Le monde diplomatique, 12.05.2006.

5 Amadou Hampâté Bâ: Oui, mon Commandant! Wuppertal 1997 (Original: 1994), S. 269 f.

6 Zur Region Dosso vgl. Sabine Dorlöchter-Sulser: Wandel von Livelihood-Systemen im Spannungsfeld von Struktur und Handeln. Eine historisch angelegte Livelihood-Analyse von 1960 bis 2010 am Beispiel der Region Dosso, Niger, Berlin 2014.

7 Zu Dionguebougou vgl. Camilla Toulmin: Land, Investment and Migration. Thirty-five years of village life in Mali, Oxford 2020.

8 Ebenda, S. 185 (eigene Übersetzung).

9 African Development Bank Group: West Africa Economic Outlook 2019, S. 54.

10 UN-Studie zu Urban Gardening: Vgl. digitales Literaturverzeichnis.

11 Toulmin 2020, S. 199.

12 Cheik Hamidou Kane: Der Zwiespalt des Samba Diallo, Frankfurt am Main 1980 (Original: 1961), S. 107.

13 Stephen Smith: Nach Europa! Das junge Afrika auf dem Weg zum alten Kontinent, Berlin 2018, S. 171.

14 Ebenda, S. 21.

15 UNDP 2019, S. 38.

16 Fiedler 2018, S. 28.

17 Emmanuel Mbolela: Mein Weg vom Kongo nach Europa. Zwischen Widerstand, Flucht und Exil, Wien 2015, S. 162.
18 UNDP 2019, S. 43.

4. Weshalb die EU-Migrationspolitik scheitern muss

1 Schwäbisches Tagblatt, 05.05.1982.
2 Rodrigue Péguy Takou Ndie: Die Suchenden, Münster 2018, S. 91.
3 taz-Beilage von Afrique-Europe-Interact, Dezember 2020, S. 3.
4 Europäische Kommission: Pressemitteilung, 07.06.2016, Straßburg.
5 Fiedler 2020, S. 29.
6 Fiedler 2020, S. 39.
7 Zit. n. Mbolela 2014, S. 131 f.

5. Kontinuitäten und Diskontinuitäten

1 Amadou Hampâtée Bâ: Wangrins seltsames Schicksal oder die listigen Ränke eines afrikanischen Dolmetschers, Frankfurt am Main 1986 (Original: 1973), S. 225.
2 Ayi Kwei Armah: Die Schönen sind noch nicht geboren, Wuppertal 1999 (Original: 1968), S. 96 f.
3 Link zum Mitschnitt der Rede: Vgl. digitales Literaturverzeichnis.
4 ttt extra (ARD) zur 72. Frankfurter Buchmesse, 18.10.2020.
5 Persönliche Mitteilung per Whatsapp, 15.03.2021.

6. Ökonomische Zeitreisen

1 Walter Rodney: Die Geschichte einer Unterentwicklung, Berlin 1975 (Original: 1972), S. 191.
2 Ebenda, S. 25.
3 Zit. n. Immanuel R. Harisch: Facets of Walter Rodney's Pan-African Intellectual Activism during his Dar es Salaam Years, 1966–1974, in: Stichproben. Wiener Zeitschrift für kritische Afrikastudien, Nr. 38/2020, S. 101–129.
4 Stamm 2018, S. 55 f.
5 Steve Hahn: Zur Ware gemacht und wie Ware transportiert, in: Le monde diplomatique, 12.05.2006.
6 Babacar M'Baye: The Economic, Political, and Social Impact of the Atlantic Slave Trade on Africa, in: The European Legacy, Volume 11, 2006, S. 614.
7 Jürgen Osterhammel: Die Verwandlung der Welt. Eine Geschichte des 19. Jahrhunderts, München 2009, S. 233.

8 Rodney 1975, S. 118.
9 Adam Jones: Afrika bis 1850, Frankfurt am Main 2016, S. 225.
10 Winfried Speitkamp: Kleine Geschichte Afrikas, Stuttgart 2007, S. 149.
11 Zit. n. Ralph A. Austen: Sahara. Tausend Jahre Austausch von Ideen und Waren, Berlin 2012, S. 219.
12 Ahmadou Kourouma: Monnè. Schmach und Ärger, Zürich 2013 (Original: 1990), S. 63.

7. Politische Zeitreisen

1 Zu den Umfragen: Vgl. digitales Literaturverzeichnis.
2 Jones 2016, S. 112.
3 Bâ 1997, S. 192.
4 Césaire 2017, S. 39.
5 Ousmane Sy: Vorwärts Afrika. Plädoyer für einen Wandel von unten, Bad Honnef 2010, S. 127.
6 Transcript from an interview with Wole Soyinka on 28 April 2005. Online: Vgl. digitales Literaturverzeichnis
7 Chimamanda Ngozi Adichie: Die Hälfte der Sonne, München 2008, S. 221–223.
8 Ken Saro-Wiwa: Sozaboy, München 1997, S. 161.
9 Chinua Achebe: There Was a Country: A Memoir, London 2013, S. 74ff (eigene Übersetzung).
10 Das Video kursierte vor allem bei Facebook.
11 Nnamdi Kanu: «Nigeria ist kein zivilisiertes Land», in: Deutsche Welle, 26.06.2017.
12 Zit. n. Andreas Eckert: Nation, Staat und Ethnizität in Afrika im 20. Jahrhundert, in: Arno Sonderegger u. a. (Hrsg.): Afrika im 20. Jahrhundert. Geschichte und Gesellschaft, Wien 2011, S. 41.
13 Frantz Fanon: Die Verdammten dieser Erde, Frankfurt am Main 1981 (Original: 1961), S. 135, S. 96, S. 159, S. 168.
14 Sy 2010, S. 42, S. 68f.
15 Ebenda, S. 47.
16 Fanon 1981, S. 146.
17 Kourouma 2013, S. 94.
18 Zur Rede: Vgl. digitales Literaturverzeichnis.
19 Frantz Fanon: Schwarze Haut, weiße Masken, Wien 2013 (Original: 1952), S. 16.
20 Fanon 1981, S. 43, S. 51.
21 Sarr 2019, S. 88.

22 Césaire 2017, S. 27.
23 Bâ 1986, S. 218, S. 265.
24 Zu den Polizei-Umfragen: Vgl. digitales Literaturverzeichnis.
25 Toyin Falola: Colonialism and Violence in Nigeria, Indiana 2009, S. 185.

8. Fluchtursachen: Zwischenbilanz und Ausblick

1 Bericht der Fachkommission Fluchtursachen der Bundesregierung, 2021, S. 41.
2 Vgl. stellvertretend Sonja Buckel und Judith Kopp: Das Recht, nicht gehen zu müssen – Europäische Politik und Fluchtursachen. Studie im Auftrag der Arbeiterkammer Wien, 2021.
3 Georg Klute: Tuareg-Aufstand in der Wüste, Köln 2013, S. 279 ff.

9. Unabhängigkeitseuphorie und Krise der Demokratie

1 Mbembe 2016, S. 24, S. 85, S. 88.
2 Alexander Göbel: Der Chronist von Bamako, in: Deutsche Welle, 02.12.2009.
3 Zit. n. Hans Belting und Andrea Buddensieg: Ein Afrikaner in Paris. Léopold Sédar Senghor und die Zukunft der Moderne, München 2018, S. 49.
4 Schriftliches Statement am 18.03.2021: Vgl. digitales Literaturverzeichnis.
5 Diese Ausführungen stützen sich auf zwei Briefe an die deutsche Bundesregierung, die ich im Namen von Afrique-Europe-Interact im März 2020 und im April 2021 verfasst habe.
6 Brief an Afrique-Europe-Interact vom 14.02.2020.
7 Zu den China-Umfragen: Vgl. digitales Literaturverzeichnis.
8 Freiheit – Gleichheit – Mütterlichkeit, a. a. O.
9 Lagos – Das tägliche Wunder, a. a. O.
10 Zur Demokratie-Umfrage: Vgl. digitales Literaturverzeichnis.

10. Ökonomische Blockaden

1 Economic Commission for Africa Secretariat: Report of the conference on industrial coordination in West Africa (eigene Übersetzung). Vgl. digitales Literaturverzeichnis.
2 Thomas Sankara: Die Ideen sterben nicht! Reden eines aufrechten und visionären Staatsmannes, Berlin 2016, S. 213.
3 Zu den Wachstumsspurts vgl. Morten Jerven: Africa. Why economists get it wrong, London 2015.
4 Zur Kapitalflucht-Studie: Vgl. digitales Literaturverzeichnis.

11. Zwischen Agrarindustrie und Klimawandel

1 Empfehlen möchte ich unter anderem die Webseiten folgender Organisationen und Personen: Agrardebatte (Peter Clausing), Brot für die Welt (u. a. Blog von Francisco Marí), Buko Agrar, Europäisches Bürgerforum, Fairer Agrarhandel (Marita Wiggerthale), farmlandgrab, Fian, Forum Umwelt und Entwicklung, Germanwatch, Globe Spotting (Uwe Hoering), Grain, Inkota, Kritischer Agrarbericht, Land Portal, Misereor, Oakland Institute, Oxfam, Via Campesina und Welthungerhilfe.

2 Welthunger-Index 2020: Vgl. digitales Literaturverzeichnis.

3 Rosa-Luxemburg-Stiftung u. a. (Hrsg.): Falsche Versprechen: Die Allianz für eine grüne Revolution in Afrika (AGRA), Berlin u. a. 2020. Vgl. digitales Literaturverzeichnis.

4 Vgl. digitales Literaturverzeichnis.

5 Zur Klimawandel-Umfrage: Vgl. digitales Literaturverzeichnis.

12. Gewalteskalation im Sahel

1 Vgl. NoLager Bremen [unter Mitarbeit von Olaf Bernau]: Kritische Anmerkungen zu Helmut Dietrichs Aufsatz «Nord-Mali / Azawad im Kontext der Arabellion», in: Sozial.Geschichte online, Band 2013, Heft 11, S. 77–87.

2 Der Name ergibt sich aus einem W-förmigen Verlauf des Niger-Stromes in dieser Region.

3 Vgl. Tor A. Benjaminsen und Boubacar Ba: Fulani-Dogon Killings in Mali: Farmer-Herder Conflicts as Insurgency and Counterinsurgency, in: African Security, Volume 14, 2021, S. 4–26.

4 Die Studie liegt auf Französisch vor, sie kann über Billital Maroobé bezogen werden: www.maroobe.com.

5 Weitere Informationen zur Vielfachkrise im Sahel – inklusive Literaturhinweisen – finden sich auf meinem Sahel-Blog: www.olafbernau.de.

13. Was Europa Westafrika schuldet

1 Sahel-Ausschuss der Vereinigung für Afrikawissenschaften in Deutschland: Sahelländer in der Existenzkrise. Online: www.vad-ev.de/vad-sahel-ausschuss/ 2020.

2 Wole Soyinka: Die Last des Erinnerns, Düsseldorf 2001, S. 39 ff.

3 Felwine Sarr und Bénédicte Savoy: Zurückgeblieben. Über die Restitution afrikanischer Kulturgüter, Berlin 2019, S. 77, S. 89.

4 Olaf Bernau: «Es geht um Geben und Nehmen». Ein Gespräch mit Alassane Dicko, in: Südlink, März 2016, Nr. 175, Inkota-Dossier 17, S. 7.

Auswahlliteratur

An dieser Stelle sind überwiegend (deutschsprachige) Veröffentlichungen von allgemeinem Interesse aufgelistet. Zudem finden sich einige jener Titel, die für das Buch eine tragende Rolle spielen. Ein vollständiges Literatur- und Filmverzeichnis steht auf meiner Webseite zur Verfügung – einschließlich einer Fotostrecke zu einigen der im Buch angesprochenen Orte und Situationen: www.olafbernau.de

Adichie, Chimamanda Ngozi: Die Hälfte der Sonne, München 2008.

African Development Bank Group: West Africa Economic Outlook 2019, Abidjan 2019.

Armah, Ayi Kwei: Die Schönen sind noch nicht geboren, Wuppertal 1999 (Original: 1968).

Asche, Helmut: Die Wirtschaft Afrikas seit 1960, in: Bierschenk, Thomas; Spies, Eva (Hrsg.): 50 Jahre Unabhängigkeit in Afrika. Kontinuitäten, Brüche, Perspektiven, Köln 2012, S. 371–411.

Austen, Ralph: Sahara. Tausend Jahre Austausch von Ideen und Waren, Berlin 2012.

Bâ, Amadou Hampâté: Wangrins seltsames Schicksal oder die listigen Ränke eines afrikanischen Dolmetschers, Frankfurt am Main 1986 (Original: 1973).

Bâ, Amadou Hampâté: Oui, mon Commandant! Wuppertal 1997 (Original: 1994).

Benjaminsen, Tor A.; Ba, Boubacar: Fulani-Dogon Killings in Mali: Farmer-Herder Conflicts as Insurgency and Counterinsurgency, in: African Security, Volume 14, 2021, S. 4–26.

Bergstresser, Heinrich: Nigeria. Macht und Ohnmacht am Golf von Guinea, Frankfurt am Main 2010.

Byer, Doris: Mali. Eine Spurensuche, Wien 2014.

Césaire, Aimé: Über den Kolonialismus, Berlin 2017 (Original: 1950).

Cichon, Peter; Hosch, Reinhart; Kirsch, Fritz Peter (Hrsg.): Der undankbare Kontinent? Afrikanische Antworten auf europäische Bevormundung, Berlin 2010.

Cooper, Frederick: Africa since 1940. The Past of the Present, Cambridge 2019 (2. Aufl.).

Dembélé, Demba Moussa: Unkenntnis, Unverständnis oder bewusste Provokation?, in: Cichon u. a. (Hrsg.) 2010, S. 153–185.

Dorlöchter-Sulser, Sabine: Wandel von Livelihood-Systemen im Spannungsfeld von Struktur und Handeln. Eine historisch angelegte Livelihood-Analyse von 1960 bis 2010 am Beispiel der Region Dosso, Niger, Berlin 2014.

Eckert, Andreas: Nation, Staat und Ethnizität in Afrika im 20. Jahrhundert, in: Sonderegger, Arno u. a. (Hrsg.): Afrika im 20. Jahrhundert. Geschichte und Gesellschaft, Wien 2011, S. 40–59.

Fanon, Frantz: Die Verdammten dieser Erde, Frankfurt am Main 1981 (Original: 1961).

Fiedler, Anke: Migration von Subsahara-Afrika nach Europa: Motive, Informationsquellen und Wahrnehmung deutschen Engagements. Stuttgart, ifa (Institut für Auslandsbeziehungen) 2018.

Gaye, Serigne-Bamba: Conflicts between farmers and herders against a backdrop of asymmetric threats in Mali and Burkina Faso, Bamako 2018.

Grohs, Gerhard: Stufen afrikanischer Emanzipation. Studien zum Selbstverständnis afrikanischer Eliten, Stuttgart 1967.

de Haas, Hein; Flahaux, Marie-Laurence: African migration: trends, patterns, drivers, in: Comparative Migration Studies, 2016, 4:1, S. 1–25.

Hallum, Christian; Obeng, Kwesi W.: The West Africa inequality crisis. How West African governments are failing to reduce inequality, and what should be done about it, Oxfam-Studie, 2019.

Jakob, Christian; Schlindwein, Simone: Diktatoren als Türsteher Europas. Wie die EU ihre Grenzen nach Afrika verlagert, Berlin 2017.

John, Elnathan: An einem Dienstag geboren, Heidelberg 2017.

Kane, Cheikh Hamidou: Der Zwiespalt des Samba Diallo, Frankfurt am Main 1980 (Original: 1961).

Kappel, Robert; Döver, Melike: Hürden für die Industrialisierung in Afrika, GIGA Focus Afrika, November 2015.

Kourouma, Ahmadou: Monnè. Schmach und Ärger, Zürich 2013 (Original: 1990).

Krings, Thomas: Agrarwissen bäuerlicher Gruppen in Mali/Westafrika. Standortgerechte Elemente in den Landnutzungssystemen der Senoufo, Bwa, Dagon und Samono, Berlin 1991.

Manchuelle, Francois: Willing migrants. Soninke labor diasporas, 1848–1960, Ohio 1997.

Loimeier, Roman: Religiöse Gelehrte an der Macht, in: Eckert, Andreas u. a. (Hrsg): Afrika 1500–1900. Geschichte und Gesellschaft, Wien 2010, S. 136–153.

Mbembe, Achille: Kritik der Schwarzen Vernunft, Berlin 2014.

Mbembe, Achille: Ausgang aus der langen Nacht. Versuch über ein entkolonialisiertes Afrika, Berlin 2016.

Mbolela, Emmanuel: Mein Weg vom Kongo nach Europa. Zwischen Widerstand, Flucht und Exil, Wien 2015.

Memmi, Albert: Der Kolonisator und der Kolonisierte. Zwei Portraits. Frankfurt am Main 1980 (Original: 1966).

Obert, Michael: Regenzauber. Auf dem Niger ins Innere Afrikas, München 2005.

Ouologuem, Yambo: Das Gebot der Gewalt, Zürich 2019 (Original 1968).

Rauch, Theo: Entwicklungspolitik. Braunschweig 2009.

Rodney, Walter: Afrika: Die Geschichte einer Unterentwicklung, Berlin 1975 (Original: 1972).

Rosa-Luxemburg-Stiftung u. a. (Hrsg.): Falsche Versprechen: Die Allianz für eine grüne Revolution in Afrika (AGRA), Berlin u. a. 2020.

Sahel-Ausschuss der Vereinigung für Afrikawissenschaften in Deutschland: Sahelländer in der Existenzkrise, www.vad-ev.de/vad-sahel-ausschuss/.

Sankara, Thomas: Die Ideen sterben nicht! Reden eines aufrechten und visionären Staatsmannes, Berlin 2016.

Salgado, Sebastião: Sahel. The end of the road. London 2004.

Saro-Wiwa, Ken: Sozaboy, München 1997.

Sarr, Felwine: Afrotopia, Berlin 2019.

Sarr, Felwine, Savoy Bénédicte: Zurückgeblieben. Über die Restitution afrikanischer Kulturgüter, Berlin 2019.

Schicho, Walter: Handbuch Afrika. Westafrika und die Inseln im Atlantik, Frankfurt am Main 2001.

Schmid, Bernhard: Frankreich in Afrika. Eine (Neo)Kolonialmacht in der Europäischen Union zu Anfang des 21. Jahrhundert, Münster 2011.

Smith, Mike: Boko Haram, Der Vormarsch des Terror-Kalifats, München 2015.

Sounaye, Abdoulaye: Salafi revolution in West Africa, Leibniz-Zentrum Moderner Orient, working paper Nr. 19, 2017.

Soyinka, Wole: Die Last des Erinnerns, Düsseldorf 2001.

Stamm, Volker: Die Ökonomie der Ackerbauer, Viehhalter und Fischer. Grundzüge einer Agrargeschichte der westafrikanischen Savannenregion (ca. 1000–ca. 1900), Oldenbourg 2018.

Stoller, Paul; Olkes, Cheryl: Im Schatten der Zauberer, Bern/Wien 2019 (Original 1987).

Sy, Ousmane: Vorwärts Afrika. Plädoyer für einen Wandel von unten, Bad Honnef 2010.

Takou Ndie, Rodrigue Péguy: Die Suchenden, Münster 2018.

Toulmin, Camilla: Land, Investment and Migration. Thirty-five years of village life in Mali, Oxford 2020.

UN-Habitat: State of African Cities, Re-imagining sustainable urban transitions, 2014.

UNDP (United Nations Development Programme): Journey To Extremism In Africa: Drivers, incentives and the tipping point for recruitment, New York 2017.

UNDP (United Nations Development Programme): Scaling Fences: Voices of irregular african migrants to Europe, 2019.

United Nations: International Migration Report 2017 (Highlights), New York 2017.

USAID: Climate change risk profile: West Africa. Fact Sheet (27 Seiten), Dezember 2018.

Wiedemann, Charlotte: Mali oder das Ringen um Würde. Meine Reisen in einem verwundeten Land. München. 2014.

Wiedemann, Charlotte: Viel Militär, weniger Sicherheit. Mali – fünf Jahre nach Beginn der Intervention, Studie Heinrich Böll Stiftung, Januar 2018.